中国特色
四川大学中国特色社会
20

多重目标下财政政策与货币政策的

动态优化研究

张衔 钟鹏 徐强 章明 著

四川大学出版社
SICHUAN UNIVERSITY PRESS

图书在版编目（CIP）数据

多重目标下财政政策与货币政策的动态优化研究 /
张衔等著. 一 成都：四川大学出版社，2024.1
（中国特色社会主义政治经济学丛书）
ISBN 978-7-5690-3288-8

Ⅰ．①多… Ⅱ．①张… Ⅲ．①财政政策－研究－中国
②货币政策－研究－中国 Ⅳ．① F812.0② F822.0

中国版本图书馆 CIP 数据核字 (2020) 第 004742 号

书　　名：多重目标下财政政策与货币政策的动态优化研究
Duochong Mubiao xia Caizheng Zhengce yu Huobi Zhengce de Dongtai Youhua Yanjiu
著　　者：张 衔 钟 鹏 徐 强 章 明
丛 书 名：中国特色社会主义政治经济学丛书

丛书策划：梁 平
选题策划：王 玮 张宇琛
责任编辑：王 玮 张宇琛
责任校对：于 俊
装帧设计：墨创文化
责任印制：王 炜

出版发行：四川大学出版社有限责任公司
　　　　　地址：成都市一环路南一段 24 号（610065）
　　　　　电话：(028) 85408311（发行部）、85400276（总编室）
　　　　　电子邮箱：scupress@vip.163.com
　　　　　网址：https://press.scu.edu.cn
印前制作：四川胜翔数码印务设计有限公司
印刷装订：四川省平轩印务有限公司

成品尺寸：170mm×240mm
印　　张：16.5
字　　数：315 千字

扫码获取数字资源

版　　次：2024 年 2 月 第 1 版
印　　次：2024 年 2 月 第 1 次印刷
定　　价：78.00 元

四川大学出版社
微信公众号

目　录

1 导论

1.1 研究背景

财政政策和货币政策是政府进行宏观调控的主要工具，其中财政税收政策是政府财政政策重要的调控手段。财政税收政策和货币政策的调整所引发的经济效应一直都是理论界和政策制定者关注的焦点。

首先，就财政税收政策而言，从理论上讲，税收对经济运行的扭曲效应是客观存在的，以亚当·斯密为代表的古典学派一直主张政府应该坚持"税收中性"原则，尽可能减少税收对经济运行的干预。但是，市场经济的实践证明，"守夜人"式的政府是空想，即使在斯密时代也不成立，更不用说大危机后的资本主义经济。

我国建设的是在中国共产党领导下的社会主义市场经济，政府在经济活动中发挥着重要作用。税收是政府通过财政政策发挥调节经济运行的重要工具和手段，就政府税收及税收政策而言，对经济活动有重要的调节意义。首先，由于市场机制并非完全有效，"市场失灵"需要政府运用税收政策调节经济运行，这种调节产生的收益效应可能高于税收扭曲效应所造成的损失；其次，市场自发调节会造成社会成员和地区之间过大的收入差距，政府通过税收和转移支付，可以缩小这种差距，促进共同富裕；第三，为保证经济运行和公共安全，政府需要提供相应的公共产品。由于税收是政府财政收入的基本来源，增税可以增加财政收入，使政府有更大的财力执行调节经济运行的职能；减税则会导致政府财政收入的减少，从而制约政府通过公共支出发挥调节经济运行和增进社会福利等的作用。这些情况表明，政府税收政策的目标具有多元性，并且税收政策之间也可能存在矛盾。

纵观我国改革开放 40 多年来的税收制度改革历程，从表层来看，除个别税种的调整是为了实现调节收入分配差距的目标以外，政府多是强调调节经济运行是税收政策调整的核心目标，很少提及税收政策组织财政收入这一基础性目标。在理论上，为发挥以税收为核心的财政政策对经济运行的调控作用，政府应该采取逆周期的税收政策，经济上行时采取适度从紧的财税政策，增加税收并减少公共支出，而当经济下行时则采取适度宽松的财税政策，减少税收并增加公共支出。但是，自 1994 年实施分税制改革以来，尽管我国经济运行出现过几次周期性波动，税收收入却一直保持高速增长的态势①，居民和企业普遍反映税负较重。从税收弹性系数来看，1994 年到 2014 年的 21 年间，我国的宏观税负连续多年保持高于国内生产总值（GDP）的增长速度，税收弹性系数均处于大于 1 的高位区间之内，均值高达 1.50，这就意味着我国税收的平均增长速度接近 GDP 增速的 1.5 倍。特别是，1997 年中期爆发的亚洲金融危机对我国经济造成了严重的冲击，出口和国内消费需求面临巨大压力。为应对危机带来的经济下行压力，保持经济平稳运行，我国从 1998 年开始实施了较大规模的积极财政政策，政府公共支出规模迅速扩大，但并没有削弱税收的增长速度。相反，税收增长速度在此后连续几年出现了加速增长的态势，1998 年到 2001 年三年间，我国的税收弹性系数均值水平超过了 2。这就表明，尽管政府强调税收政策调节经济运行的目标，但从政策实际实施的效果来看，似乎组织财政收入的目标更加凸显。②

2008 年世界性金融危机以后，我国经济增速快速回落，经济面临硬着陆的风险。为应对危机对我国经济的影响，我国实施了有史以来规模最大的一轮刺激性财政政策，提出了总额为 4 万亿元的投资计划，政府财政支出大幅增加。与此同时，为了更好地运用税收政策工具，发挥其经济的调节作用，实现

---

① 通常认为，税收收入有小、中、大三种不同的统计口径。小口径宏观税负水平是指狭义的税收收入占国内生产总值的比重；中口径宏观税负水平是指政府财政收入占国内生产总值的比重；大口径宏观税负水平是指政府全部收入占国内生产总值的比重。鉴于数据的可获得性，本书在此处提及的税收收入均是指中口径的税收收入。

② 部分学者认为，我国税收多年保持高于经济增长速度现象与长期以来一直采取的"以支定收"的刚性税收预算制度不无关系，各级政府采用基数法来编制税收预算，即当年税收计划数额 = 上年实际税收数额 ×（1 + 税收增长系数）± 特殊因素。其中税收增长系数不仅包括对经济增长的预期，还会重点考虑政府满足政府公共支出的需求。"税收计划刚性"现象也很好地反映出组织财政收入一直是我国税收政策调整的核心目标之一。参见骆向兵、王哲：《计划刚性、多维博弈与税收持续高增长》，《经济研究参考》2012 年第 52 期。

经济平稳增长，我国从 2009 年开始，循序渐进地实施了一系列的"有增有减"的结构性减税政策。但实际上，结构性减税政策并没有大幅度降低我国的宏观税负水平，而仅仅是在一定程度上降低了税收的增长速度。从经验数据来看，2009 年到 2012 年四年间，我国的税收弹性系数也介于 1.17 至 1.36 之间，税收增长速度虽然下降了，但仍然快于经济增长速度。随着结构性减税政策的不断落实，我国的税收增长速度逐步放缓，2013 年和 2014 年的税收增长速度几乎与经济增长速度持平，2015 年到 2017 年三年间的税收弹性系数均小于 1。因此，选择结构性减税政策并不完全是政府出于刺激经济增长这一单一政策目标而实行的减税政策，而是在经济下行压力和财政支出规模不断扩大的背景下，政府税收政策多元目标均衡的结果。

近年来，我国以"结构性减税"为主基调的税收政策调整取得了一定效果，但是整体效果仍然偏弱（陈小亮，2018）。同时，我国税收政策调整还面临着经济下行和财政支出不断扩大的双重压力。一方面，由于结构性矛盾，我国仍然面临着较大的经济下行压力。排除疫情的影响，从主要宏观经济指标来看，我国 2018 年一至四季度的 GDP 增速分别为 6.8%、6.7%、6.5% 和 6.4%，逐季下降；2018 年 12 月的制造业采购指数（PMI）下降到 49.4%，这是时隔 29 个月之后 PMI 指数再次跌至荣枯线以下，景气度减弱；规模以上工业企业利润自 2018 年 4 月以来已经连续 7 个月增速放缓，其中 11 月同比下降 1.8%，是 2016 年以来首次下降。另一方面，在连续实施多年积极的财政政策后，我国的赤字规模不断扩大，由 2008 年的 1262.3 亿元，增长到 2022 年的 56906 亿元，增长了约 44.1 倍。[①] 政府的财政支出压力不断上升，而且政府仍然面临着医疗、教育和环保等民生领域不断增长的刚性支出需求。因此，我国需要进一步调整和优化宏观税收政策，以更好地实现政府宏观政策目标。

其次，就货币政策而言，货币政策在维护物价稳定、经济增长、充分就业和国际收支平衡等方面发挥着重要作用。然而，多重货币政策目标之间涉及相互关系问题。一般来说，从长期看，四大货币政策目标之间是一致的或互补的：经济增长产出增加，有利于稳定物价、实现充分就业和国际收支平衡；物价稳定使资源的稀缺性得到正确反映，有利于资源的合理配置和经济的持续增长；充分就业使资源得到充分利用，有利于经济增长；国际收支平衡使本国资源和国际资源都能得到充分利用，从而有利于稳定物价和经济增长。但是，从

---

① 数据来源：国家统计局年度数据（https://data.stats.gov.cn/easyquery.htm? cn = C01&zb = A0208&sj = 2022）。

短期看，这四大政策目标之间的确存在着矛盾或冲突，即政策目标之间具有相互替代性。

第一，根据菲利浦斯曲线，充分就业与通货膨胀（稳定物价）之间存在替代关系。由于充分就业与经济增长具有互补性，因此，充分就业与稳定物价之间的冲突也表现为经济增长与稳定物价之间的冲突。

第二，当国内出现经济高增长并引起对进口品的过度需求，就可能导致贸易逆差。在不能通过资本项目进行弥补的情况下，就会导致国际收支失衡。当国内出现经济紧缩，为刺激经济增长而采取的扩张性政策则可能引起通货膨胀，进而导致国际收支失衡。

第三，为消除国内通货膨胀而实施的紧缩政策，在恢复国际收支平衡的同时，又可能导致国内经济衰退。这些情况表明，在短期内，追求一个目标可能会妨碍另一个目标的实现或使该目标的实现变得更加困难。因此，四大货币政策目标在短期内不可能同时实现，这就要求我国在调整我国货币政策最终目标的同时，必须根据实际情况采取"相机抉择"或"临界点控制"来确定货币政策的优先目标，即对货币政策目标进行优化。

同时，由于国际次贷危机的爆发，传统货币政策受到挑战，"货币政策＋宏观审慎政策"的"双支柱"政策框架雏形逐渐开始出现。早在 2007 年，美国费城联储前主席 Plosser 就将货币政策和金融稳定作为央行的"双支柱"；伦敦政治经济学院的 Grauwe 和欧洲政策研究所的 Gros 于 2009 年建立了一个能够权衡价格稳定与金融稳定目标的"双支柱"策略。虽然有些国家的央行采用"金融稳定＋价格稳定"的"双支柱"提法，另一些国家的央行采用"货币政策＋审慎政策"的"双支柱"提法，还有一些国家的央行表面上没有明确使用"双支柱"概念，但在实际宏观调控的操作中已经具备了"货币政策＋宏观审慎政策"的"双支柱"框架内涵[①]。

我国"双支柱"调控框架的提法最早出现在中国人民银行 2016 年第四季度发布的《中国货币政策执行报告》中，当时称为"货币政策＋宏观审慎政策双支柱的金融调控政策框架"[②]。随后在 2017 年第三季度发布的《中国货币政策执行报告》中，人民银行对这一概念作了专题论述。在"双支柱"调控

---

① 李波：《构建货币政策和宏观审慎政策双支柱调控框架》，中国金融出版社，2018 年，第 293 - 294 页。

② 中国人民银行货币政策分析小组：《中国货币政策执行报告（2016 年第四季度）》，中国人民银行网站 http://www.pbc.gov.cn//goutongjiaoliu/113456/113469/3254786/index.html。

框架中，货币政策"支柱"主要是针对宏观经济的"总量"政策，着眼于调节总需求，"瞄准"通货膨胀和产出波动做出政策响应，以维护物价稳定；宏观审慎政策"支柱"主要是针对金融系统的"结构性"政策，采用审慎政策工具调节经济与金融体系的"顺周期"和系统重要性机构"大而不倒"问题，以防范和化解系统性风险，维护金融体系稳定。可见，"双支柱调控框架"是货币政策和宏观审慎政策相互协调、相互补充、相互促进，共同形成的整体政策调控框架。

20 世纪 90 年代以来，如 Mishkin（1996）所说，发达资本主义国家用货币政策取代财政政策成为稳定产量和减少通货膨胀首选的宏观调控政策，财政政策退居次要地位。这虽然是长期实行凯恩斯主义的政府积极干预思想，频繁使用扩张性的财政政策，导致较大预算赤字，限制了进一步运用财政政策的能力。但与新自由主义取代凯恩斯主义而主导了发达资本主义国家的宏观经济政策有直接关系。否定或降低财政政策作用的主要理由，是在当代通过税收和财政支出政策来稳定经济存在很大困难。因为"李嘉图等价"效应，理性主体不一定会根据财政政策效应改变其行为模式，甚至出现挤出效应，这就需要财政政策持续较长的时间才能产生效果。而货币政策会在短时期内显著影响真实经济，Bernanke 和 Blinder（1992）的实证分析表明：货币政策变化对真实经济产出的冲击持续大约两年或更长时间。[1] 但是，基于新凯恩斯主义的研究，在信息不完全条件下，作为中央银行货币政策重要传导中介的商业银行，基于自身利益考虑而采取的信贷配给策略，会对中央银行的货币政策产生不利影响。[2]

我国一直实行财政政策与货币政策协调配合的宏观经济调控政策。但是，根据实际情况，有些时候更强调财政政策，有些时候又更强调货币政策。随着我国经济进入高质量发展阶段，从外循环为主转为内外双循环、以内循环为主的战略，对协调财政政策与货币政策提出了新的要求。虽然在以往的宏观调控实践中，财政政策与货币的协调配合运用对我国宏观经济的全面稳定增长起到了积极的作用，但政策的组合效果仍有很多待优化、提升、完善之处。从动态优化视角重新研究财政政策与货币政策的协调与优化问题，具有重大的现实意义。

---

① 参见 B. Bemanke & A. Blinder, 1992, The Federal Funds Rate and the Channels of Monetary Transmission, American Economic Review, American Economic Association, vol. 82（4）, 901 – 21。

② 参见 Stiglitz and Weiss, Credit Rationing in Markets with Imperfect Information, American Economic Review, 71（3）, June 1981, pp. 393 – 410；见本书第七章 7.2、7.4 节。

1.2 国内外文献研究

1.2.1 财政税收政策相关文献研究

财政税收政策作为一国宏观经济政策的重要组成部分，是国家为实现一定时期的经济社会目标对经济运行进行干预调节的重要手段。特别是自凯恩斯主义革命以来，关于税收政策的宏观经济效应研究，一直是经济学家们关注的焦点，长期以来，学术界围绕财政税收政策的多元化政策目标下不同的政策目标，对税收政策的经济效应做了大量的理论和经验研究。

其一，政府利用财政税收工具可以及时和可靠地筹集到财政资金，为"政府机器"的运转提供经济基础，保障政府为履行公共事务职能而提供公共产品和服务的资金需要，即基于税收组织财政收入的目标，研究财政税收政策的财政收入效应。通过定量估计典型的拉弗曲线来讨论最优宏观税负水平。拉弗曲线描绘了政府财政收入与税率之间的关系，当税率较低时，提高税率会增加政府财政收入；但是，当税率过高时，提高税率反而会对经济增长产生抑制效应，缩减税基，从而导致政府财政收入下降。因此，当税率超过财政收入最大化对应的最优税率阈值时，政府应该采取减税策略，以产生同时满足调节经济和组织财政收入的拉弗效应。

但是，在理论与经验研究中，由于理论分析框架和经验数据的差异，关于减税政策能否带来拉弗效应存在着分歧。例如，Scully（1996）基于简单的计量经济学模型，通过经验数据拟合得到拉弗曲线，运用计量方法研究了新西兰的最优税负水平。研究发现，新西兰的实际税负高于经济增长最大化的税负水平，但是政府税收收入最大化对应的税负水平远高于经济增长最大化所要求的税负水平。

Nutahara（2015）在一个新古典增长模型中，基于日本的实际经济参数，分别研究了资本所得税、劳动所得税和消费税变动的财政收入效应。研究发现，劳动所得税和资本所得税符合典型的拉弗曲线形态，劳动所得税的实际税率在曲线峰值的左侧，资本所得税的实际税率接近或位于曲线峰值的右侧，而财政收入确实关于消费税率单调递增的。因此，日本政府为了提高财政收入，通过提高消费税融资是最优的选择，适当提高劳动所得税和降低资本所得税也会对税收总额产生积极效应。

与国外文献广泛关注减税政策能否产生财政收入增加的拉弗效应不同，国内只有少量文献关注了我国税收政策的财政收入效应，并得出了一致的结论：我国实际税负水平并非位于拉弗曲线的税收禁区之内。例如，马拴友（2002）基于我国 1979—1999 年的数据，分析了我国宏观税负与税收收入和投资率之间的关系。研究发现，我国税收收入最大化对应的拉弗税率为 34%，但投资最大化对应的税率为 18.7%，因此不宜为了促进财政收入而过快提高宏观税负水平。彭鹏（2013）在一个简化了的凯恩斯主义宏观经济模型基础上，基于我国 1990—2011 年的数据，运用联立方程模型对我国宏观经济政策效果进行了分析。结果表明，虽然我国的宏观税负水平并未进入拉弗曲线所描述的禁区，减税会导致税收水平下降或者是税收增速下降，但是宏观税收水平不利于居民消费和投资，对经济运行产生了负面作用。

其二，在市场经济条件下，政府财政税收政策的调整将会改变劳动、资本等生产要素以及消费品和服务的价格，对居民、家庭和厂商等微观经济主体的行为产生激励或抑制效应，从而实现政府调节经济运行宏观政策目标，即基于效率目标，研究税收政策的经济增长效应。研究财政税收政策的经济增长效应的文献主要分为考察宏观税负水平变动产生的经济增长效应和考察税收结构变动的经济增长效应两类。

考察宏观税负水平变动产生的经济增长效应。关于税收的经济增长效应研究的文献众多，但是由于理论假设和分析框架的不同，难以得出一致的结论。

20 世纪 50 年代，以 Solow 和 Swan 为代表的经济学家基于新古典经济学理论，在假设储蓄率、技术进步和人口增长率是外生给定的情况下，构建了新古典增长模型。Solow（1956）首先在新古典增长理论框架下，考察了税收对经济增长的影响。研究发现，尽管短期内税收会对价格和工资的关系产生影响，从而对经济运行带来扭曲效应，但从长期来看，由于经济的增长完全取决于外生给定的储蓄率和技术进步，税收水平的变动不会对长期经济增长产生影响。此后，部分学者对新古典增长理论分析框架进行了拓展，如 Cass（1966）采用 Ramsey 关于消费者效用最大化的分析方法，假定储蓄率由消费者效用最大化决策内生决定，但这并没有改变经济增长完全由外生给定的技术进步决定的结果，因此包括税收政策在内的宏观经济政策变动不会产生长期经济增长效应。新古典增长模型并不能解释经济的持续增长问题。

20 世纪 80 年代以来，以 Lucas 和 Barro 等为代表的经济学家开始突破新古典增长理论将相关变量外生化的假设，认为储蓄率、技术进步和人口增长率等变量是由微观经济主体的决策行为决定的，进而形成了内生经济增长理论。在内生经济增长理论框架内，政府可以通过宏观经济政策影响微观经济主体的决策行为，进而影响经济增长。由此，内生经济增长模型为分析研究税收政策的经济效应提供了广阔的平台。Lucas（1990）在 Chamley（1981）模型中，同时考虑人力资本生产和内生增长，考察了税收变动对经济增长的影响。研究发现，税收水平的变化可能会改变经济增长率的长期均衡水平，但是这种改变在数量上是微乎其微的。Barro（1990）最早将政府的生产性公共支出以流量形式引入科布-道格拉斯生产函数，通过模型推导发现，经济增长率与税负水平成倒 U 型函数关系，且当税负水平与公共支出的产出弹性相等时，经济增长率最大。Futagami 等人（1993）在 Barro 的基础上，将政府的生产性公共支出以存量形式引入科布-道格拉斯生产函数中，得出了与 Barro 一致的结论，即经济增长最大化对应的税率等于公共资本的产出弹性。

考察税收结构变动的经济增长效应。尽管有少部分文献研究认为，税收政策是"中性"的，税收结构变动对经济增长没有显著影响。例如，Harberger（1964）认为，美国的储蓄率和经济增长率并没有因税收结构的变化而变化，税收政策对经济增长的影响并不大。Mendoza 等人（1997）进一步验证了这一结论，他们基于 1966—1990 年经济合作与发展组织（OECD）18 个成员国的经验数据，考察了不同税种变动的经济增长效应。研究发现，尽管资本所得税和劳动所得税下降会带来投资增长和经济增长效应，但是这种效果是十分微弱的，数值模拟结果显示，如果相关税收下降 10 个百分点，将会带动投资增长 0.5 到 1.5 个百分点，但是却只会带来 0.1 到 0.2 个百分点的经济增长效应。但是大多数文献的研究结果还是表明，税收结构变动对经济增长具有显著的影响，通过适当的税收政策优化税收结构能够促进经济增长。例如，Y Lee 和 RH Gordon（2005）采用 1970—1997 年的跨国统计数据，探讨了税收政策对经济增长率的影响。研究发现，企业所得税的下降会导致各国未来的经济增长率显著增长。具体而言，企业所得税降低 10 个百分点将会导致经济增长率提高 1 到 2 个百分点。Manhal（2018）基于约旦 1980—2015 年的经验数据，分析了税收结构对经济增长的影响。研究发现，企业所得税和个人所得税对经济增长具有扭曲效应，大大降低了短期和长期的人均增长，而关税和消费税则对人均收入增长产生积极效应。因此，税收结构改革应该降低所得税而提高消费税和关税。

其三，政府可以通过财政税收政策调整，来影响和改变收税负担在不同社会成员间的分布，从而达到调节社会收入分配差距和增进社会福利的政策目标，即兼顾效率与公平目标，研究税收政策的社会福利效应。近年来，国外文献除了基于效率目标关注研究税收政策的经济增长效应，兼顾效率与公平目标，考察税收政策的社会福利效应也逐渐成为研究的热点。与经济增长不同，社会福利既包括全体居民实际的物质生活条件，也包括不同阶级和收入群体的主观感受。因此，近年来相关国内文献从全体居民完全同质视角、不同代际居民视角、居民异质视角三个方面讨论，具体研究方法见第二章第三节。

1.2.2 货币政策相关文献研究

货币政策是国家宏观调控的另一重要手段，当前学术界基本都同意货币政策变动存在多重政策效应，在存在多种货币政策目标的情况下，部分学者认为应选择最优货币政策目标作为货币政策最终目标，例如：余建干和吴冲锋（2014）[①] 通过构建混合型新凯恩斯模型研究发现相机抉择的货币政策是我国最优的货币政策类型且认为产出稳定应作为首选货币政策目标；卞志村和高洁超（2014）[②] 基于新凯恩斯模型框架认为我国货币政策效应取决于货币政策目标和社会预期行为的双重作用。

同时，关于货币政策的中介目标存在争议，其中，凯恩斯学派认为利率是商品市场和货币市场中介，货币政策当局可以通过货币政策工具来调节利率水平的变动来影响总需求，再通过乘数效应影响总产出，实现货币政策最终目标。托宾则进一步从货币的内生性证明了利率作为中介目标的优越性；相反，货币学派主张以货币供给为中介目标。在信息不完全条件下，货币政策当局通常不能准确观察并预期引起货币量或利率变化的随机冲击的来源。在这种情况下，货币政策当局将面临是选择货币供给量还是选择利率作为中介目标的难题。普尔（Poole，1970）的经典分析（普尔基本分析）给出了货币政策当局在这种随机状态下进行决策的一般规则（普尔规则）。萨金特和华莱士（1975）、布兰查德和费希尔（1989）对基本普尔分析的拓展证明，即使考虑到这些因素的作用，普尔基本分析得出的决策规则也是成立的，并且在许多不同场合下都是非常有用的（弗里德曼和哈恩，2002）。

另外，在国际次贷危机发生之后，各种学者和组织都开始反思货币政策目标，发现在传统中央银行货币政策与微观审慎监管之间存在着一块巨大的监管"空白"，货币政策 + 宏观审慎政策的"双支柱调控框架"成为危机后各国监管当局广泛使用的政策组合。但在"双支柱"调控框架下，关于金融监管组

---

① 余建干、吴冲锋：《中国最优货币政策的选择、比较和影响——基于混合型新凯恩斯模型的实证研究》，财经研究 2014 年第 10 期。

② 卞志村、高洁超：《适应性学习、宏观经济预期与中国最优货币政策》，《经济研究》2014 年第 4 期。

织结构的构建，国内外学术界存在截然不同的看法，如，Nier（2009）、Crockeet（2000）、Blanchard et al.（2010）、Ingves（2011）等从货币政策有效性角度提出该由央行统一承担；Allen et al.（2009）、Bean（2011）、Goodhart（2011）、Ponce & Rennert（2015）等从"最后贷款人"角度也提出同样主张。然而，Borio et al.（2002）、Borio & White（2009）、Lars E. O. Svensson（2015）等从目标冲突、声誉损害等角度认为央行不应兼任审慎监管职能。多数国内学者认为该由央行统一负责（吴晓灵，2011；李波，2016；卜永祥，2016；易宪容，2018）；部分学者认为该由"金稳会"负责（欧俊等，2017；陈三毛和钱晓萍，2017）；也有部分观点认为应该由银监会负责（李源，2016）。学界的分歧反映了我国金融监管架构改革面临的一个核心问题之一是"缺乏与中国金融体系运行实际相适应的、被广泛接受的金融风险管理理念和管理框架的理论体系"（张承惠，2016）。因此，我国"货币政策 + 宏观审慎政策"的"双支柱"调控框架存在优化空间。

1.3 研究思路与结构安排

1.3.1 研究思路

本书主要探究我国财政政策和货币政策如何在多重目标视角下实现动态优化，全书主要分为两部分，一部分是财政税收政策，在系统梳理相关税收政策理论的基础上，归纳出政府税收政策的主要目标，从而基于税收政策动态目标均衡的视角，从理论上对拉弗曲线进行补充改进，构建出税收政策的动态目标均衡的一般理论，并对税收政策目标均衡演变的一般趋势及其动态调整的影响因素进行了分析；沿着我国税收制度变迁的路径，分析我国税收政策目标动态演变的特征，并基于经验数据对我国的宏观税负和税制结构进行了全方位的描述性统计分析，以验证我国税收政策目标过去的演变特征和分析我国税收政策目标未来的演变趋势；结合本书的理论分析以及我国当前面临的经济形势，针对我国的税收及相关政策调整提出具有前瞻性和可操作性的优化建议。

另一部分是货币政策，归纳介绍了相关的货币模型，为货币政策动态分析奠定了理论基础；阐述了货币政策的多重目标及其相互关系，通过分析货币政策传导机制，探究货币政策如何通过影响中介目标优化货币政策多重目标，并在后文中为货币政策最终目标的调整提出了对策建议；由于国际次贷危机的爆发，开始反思货币政策目标，同时，提出了"双支柱"调控框架；基于传统货币政策和微观审慎监管的局限性，以及宏观审慎监管分别与货币政策、微观审慎监管两者之间的协调问题，提出金融监管组织结构改革的必要性；结合博弈论视角下的"双支柱"调控框架中金融多头监管的动态博弈，以及英国、美国、印度和我国的货币金融监管体制，为完善我国金融监管协调的具体制度安排提出了相关对策建议。

1.3.2　结构安排

本书共分为九章，每章的主要研究内容如下。

第一章　导论。主要介绍了本书的研究背景和国内外研究现状，说明了全书的研究思路和章节安排。

第二章　财政税收政策动态分析的理论基础。介绍了一个简单的财政税收政策分析动态模型，以对政府目标函数的讨论为切入点，简述最优税收理论模型，并综述近年来关于财政税收政策动态分析的研究文献。从而为财政税收政策动态分析奠定理论基础。

第三章　财政税收政策的动态目标均衡理论分析。归纳和界定政府实施税收政策所期望实现的主要政策目标；在评析 Laffer 曲线的基础上，提出了具有双侧税收禁区的理论模型，并分析政府在税收政策目标均衡条件下的动态税收政策选择；分析税收政策目标均衡的动态调整影响因素及其一般趋势，进而形成系统的税收政策动态目标均衡理论。

第四章　我国财政税收政策的目标均衡：演变、现状与趋势分析。沿着我国税制结构的变迁路径，分析我国税收政策目标的历史演变特征；基于经验统计数据对我国的宏观税负和税制结构进行描述性统计分析，以作为我国税收政策目标演变和现状分析的经验证据；结合我国当前的历史发展阶段和面临的国内外经济形势，从规范分析的角度得出我国税收政策目标的短期和长期动态调整趋势。

第五章　目标均衡视角下我国税率水平变动的经济效应分析。本章将构建包括家庭、厂商和政府的三部门动态随机一般均衡模型，基于税收政策目标均衡视角，估计我国宏观税负水平的最优动态区间（区间Ⅱ），并通过数值模拟的方法分析宏观税负变动冲击下的经济效应。

第六章　货币政策动态分析的理论基础。归纳介绍了相关的货币模型，为货币政策动态分析奠定了理论基础。

第七章　货币政策目标与传导的动态分析。阐述了货币政策的多重目标以及多重目标之间的相互关系；并通过分析货币政策传导机制，探究货币政策如何通过影响中介目标优化货币政策最终目标；在国际次贷危机爆发后，基于对货币政策目标的反思，提出了"双支柱"调控框架。

第八章　货币金融监管体制的动态优化分析。基于"双支柱"调控框架。分析了传统货币政策和微观审慎监管的局限性，以及宏观审慎监管分别与货币政策、微观审慎监管两者之间的协调问题，引出了金融监管组织结构改革的必要性；阐述了博弈论视角下的"双支柱"调控框架中金融多头监管的动态博弈；梳理了英国、美国、印度以及我国的货币金融监管体制，为货币政策和"双支柱"调控框架的进一步完善提供现实基础。

第九章　结论与展望。对本书的研究结论做总结概括，并提出未来展望。

2 财政税收政策动态分析的理论基础

本章将介绍一个简单的财政税收政策分析动态模型，以对政府目标函数的讨论为切入点，简述最优税收理论模型，并综述近年来关于财政税收政策动态分析的研究文献，从而为财政税收政策动态分析奠定理论基础。

2.1 财政税收政策分析动态模型

这里给出一个简单的财政税收政策分析动态模型，在模型中需要将政府作为一个行为主体，并对模型中家庭、厂商和政府等经济主体的行为进行分析，并据此分别建立各个行为主体的目标函数和约束条件。各个行为主体均是在预算约束、技术约束或资源约束的条件下，基于自身效用最大化目标做出决策行为。其中，家庭为完全竞争的市场提供劳动和资本（厂商生产的两大要素），并从中获得资本收益和劳动报酬，然后在家庭预算约束的限制下，通过选择消费和投资以及劳动和闲暇时间的比例获得跨期最大化效用；厂商通过租用家庭提供的劳动和资本，以及无偿使用政府提供的生产性公共资本进行生产，并支付劳动报酬和资本利息，在技术约束条件下追求利润最大化；政府需要承担消费性公共支出和生产性公共资本支出，并通过对资本收入、劳动收入和消费征税进行融资，政府在预算平衡的约束下，通过选择不同的税负水平或调整税收结构来实现既定的宏观政策目标。

2.1.1 行为主体概述

2.1.1.1 家庭

假设一个经济体中包含众多具有相同偏好（同质）的家庭，这样通过分

析其中一个家庭的行为，然后通过简单加总就可以得到总体行为。假设家庭效用函数是关于消费和闲暇的凹函数

$$U(C_t, N_t \bar{H} - L_t) = \gamma \log C_t + (1 - \gamma) \log(N_t \bar{H} - L_t)$$

其中，N_t 代表家庭总量，$\bar{H}$ 代表可任意支配的总时间，L_t 代表总的劳动时间，$1 - L_t$ 代表居民的闲暇时间，C_t 代表居民消费，γ 为消费在效用函数中占的比重，$\gamma \in (0,1)$。

理性的居民在预算约束下，通过选择消费和储蓄的比例、闲暇和劳动供给使其一生获得的效用贴现和最大化

$$\max_{\{C_t, L_t\}} E_t \sum_{t=0}^{\infty} \beta^t \left[\gamma \log C_t + (1 - \gamma) \log(N_t \bar{H} - L_t) \right]$$

其中 β 为效用贴现因子。

假定居民将所有收入用于消费和投资（储蓄），居民预算约束为

$$C_t + I_t = (1 - \tau) R_t K_t + (1 - \tau) W_t L_t - \tau C_t + G_t$$

其中，I_t 代表居民投资（储蓄），K_t 代表第 t 期的资本存量，τ 表示政府对各要素课税的平均水平，G_t 表示政府消费性公共支出。

2.1.1.2 厂商

厂商作为经济系统中生产部门的代表，负责向市场提供包括消费资料和生产资料在内的社会总产品。我们考虑社会总产品生产需要劳动、私人资本和公共资本三种要素，其中劳动和私人资本通过家庭部门有偿提供，而公共资本由政府无偿提供。由于假定家庭部门是生产要素的所有者，因此厂商必须雇佣劳动和租用私人资本，并为之提供劳动报酬和资本收益，劳动和私人资本的市场价格由技术水平和偏好决定。厂商筹集资本、雇佣劳动和政府生产性公共资本组合生产。厂商通过选择最优的私人资本和劳动力要素投入，以获得利润最大化，其决策的目标函数为

$$\max_{\{K_t, L_t\}} \pi_t = Y_t - R_t K_t - W_t L_t$$

其中 R_t、W_t 分别为内生化的资本和劳动报酬。

将政府生产性资本支出引入生产函数，并假定生产函数是满足柯布-道格拉斯形式的，即

$$Y_t = A_t K_t^{\alpha_1} L_t^{\alpha_2} Z_t^{\alpha_3}$$

其中，K_t、L_t、Z_t 分别代表私人资本存量、劳动力数量和生产性公共资本存量，$\alpha_j (j = 1, 2, 3)$ 表示各生产要素对应的产出弹性。

由此，厂商基于利润最大化的决策问题可以描述为

$$\max_{\{K_t, L_t\}} \pi_t = A_t K_t^{\alpha_1} L_t^{\alpha_2} Z_t^{\alpha_3} - R_t K_t - W_t L_t$$

2.1.1.3 政府

政府通过调整平滑的有效税率水平对劳动所得、抵扣过后的私人资本收益和消费征税，为消费性公共支出、生产性公共资本支出和生产性转移支付融资，则政府通过税收获得的财政收入总额可以表示为

$$F_t = \tau \left[(R_t - \delta_k) K_t + W_t L_t + C_t \right]$$

其中，F_t 为政府税收收入（财政支出）。

假定政府每期均保持预算平衡，政府把从微观经济主体征收的扭曲性税收全部用于当期公共支出，则政府的每期预算约束为

$$F_t = G_t^c + IZ_t$$

$$IZ_t = \theta F_t$$

其中，IZ_t 为政府生产性公共资本支出，θ 为表示政府生产性公共资本支出占财政支出总额的比例。

生产性公共资本是以存量的形式存在的（折旧率不等于 1），其积累方程为

$$Z_t = (1 - \delta_z) Z_{t-1} + IZ_{t-1}$$

其中，δ_z 为生产性公共资本折旧率。

根据上述对家庭、厂商和政府等经济主体的行为进行分析，并据此分别建立各个行为主体的目标函数和约束条件后，假定市场处于均衡状态下，家庭和厂商最优决策的一阶条件得到满足；政府的预算约束得到满足；经济系统中的其他可行性条件约束得到满足。通过求解上述优化问题，即可得到一个包含若干内生经济变量和外生税收政策变量 τ 的、由动态方程组组成的动态模型系统。在对模型的参数进行估计以后，就可以运用模型模拟政府宏观财政政策变动的经济效应。

2.1.2 政府的税收与支出

2.1.2.1 最优税收模型

假定代表性行为人（家庭、个人或企业）的最大化效用函数为

$$\max \int_0^\infty u(c, l) e^{-\beta t} dt \tag{2.1}$$

受到如下累积方程的约束

$$\frac{dk}{dt} + \frac{db}{dt} = r(1 - \tau_k)(k + b) + w(l - \tau_w) l - c \tag{2.2}$$

其中，c 为私人消费，l 为劳动供给，b 为政府债券持有量，k 为资本存量，r 为真

实利率（资本收益率），w 为真实工资率，τ 为税率，τ_k 和 τ_w 分别为资本税率和个人税率。初始条件为

$$k(0) = k_0, b(0) = b_0$$

采用新古典生产函数

$$f(k,l)$$

因此

$$w = f_l(k,l), r = f_k(k,l)$$

现值汉密尔顿函数为

$$H = u(c,l) + \lambda[r(1-\tau_k)(k+b) + w(l-\tau_w)l - c] \tag{2.3}$$

最优化条件为

$$u_c(c,l) = \lambda \tag{2.4}$$

$$u_l(c,l) = -w(l-\tau_w)\lambda \tag{2.5}$$

$$\lambda' = -\lambda(1-\tau_k)r + \lambda\beta \tag{2.6}$$

横截性条件为

$$\lim_{t\to\infty}\lambda k e^{-\beta t} = 0$$

$$\lim_{t\to\infty}\lambda b e^{-\beta t} = 0$$

由式（2.4）和式（2.5）可以有如下形式的解

$$c = c(\lambda, w(1-\tau_w)) \tag{2.7}$$

$$l = l(\lambda, w(1-\tau_w)) \tag{2.8}$$

利用式（2.7）和式（2.8），可以将 c 和 l 代入效用函数 u，生成如下间接效用函数

$$u[c(\lambda, w(1-\tau_w)), l(\lambda, w(1-\tau_w))] \equiv v[\lambda, w(1-\tau_w)]$$

这是用边际效用和税后真实工资率表示的代表性行为人的最优效用水平。

政策制定者的最优税收问题是最大化代表性行为人的福利，即

$$\max \int_0^\infty v[\lambda, w(1-\tau_w)]e^{-\beta t}dt$$

约束条件是

$$b' = g + r(1-\tau_k)b - \tau_k rk - \tau_w wl$$

$$k' = f(k,l) - c - g$$

以及

$$\lambda' = -\lambda(1-\tau_k)r + \lambda\beta$$

其中，g 是政府支出。拉格朗日函数 H 为

$$H \equiv \mathrm{e}^{-\beta t} v [\lambda, w(1 - \tau_w)] + \eta_1 \mathrm{e}^{-\beta t} [f(k, l) - c - g - k']$$

$$+ \eta_2 \mathrm{e}^{-\beta t} [g + r(1 - \tau_k)b - \tau_k rk - \tau_w wl - b']$$

$$+ \eta_3 \mathrm{e}^{-\beta t} [-\lambda' - \lambda(1 - \tau_k)r + \lambda\beta] + \varphi \mathrm{e}^{-\beta t} r(1 - \tau_k)$$

最优化条件为

$$\eta_1 f_k - \eta_2 \tau_k r_1 = -\eta' + \beta\eta_1 \tag{2.9}$$

$$\eta_2 r(1 - \tau_k) = -\eta_2' + \beta\eta_2 \tag{2.10}$$

$$\frac{\partial v}{\partial \lambda} + \eta_1 (f_l l_\lambda - c_\lambda) - \eta_2 \tau_w w l_\lambda = -\eta_3' + \eta_2 (1 - \tau_k)r \tag{2.11}$$

$$-\frac{\partial v}{\partial \tau_w} - \eta_1 (f_l l_{\tau_w} - c_{\tau_w}) + \eta_2 \tau_w l_{\tau_w} = 0 \tag{2.12}$$

$$-(b - k)\eta_2 + \lambda\eta_3 - \varphi = 0 \tag{2.13}$$

方程（2.9）、方程（2.10）和方程（2.11）是关于 k, b 和 λ 的动态效率条件，方程（2.12）和方程（2.13）是关于税率 τ_w 与 τ_k 的最优条件。

在时刻为 0，消费者的边际效用 λ 的初始值不受约束，从而 $\eta_3(0) = 0$。乘数 η_2 代表公共债务的边际社会价值，等于由扭曲性税收替代总量税收的边际价值，即征税的边际超额负担。式（2.13）意味着 $\varphi(0) > 0$，使得约束 $r(1 - \tau_k) \geqslant 0$ 在初始意义上是束紧的。因此，在第一时刻，应当按最大可行率 $\tau_k = 1$ 对资本征税。

假定效用函数为如下形式

$$u(c, l) \equiv \frac{1}{1 - \sigma} c^{1-\sigma} + L(1 - l)$$

且 φ 满足如下形式的微分方程

$$\varphi' = \beta\varphi + \frac{c}{\sigma} Z \tag{2.14}$$

其中

$$Z \equiv \lambda - \eta_1 + \sigma\eta_2$$

$$Z' = Z(\beta - r(1 - \tau_k)) + (\eta_1 - \eta_2)\tau_k \tag{2.15}$$

由于在一个时间间隔内，约束 $r(1 - \tau_k) \geqslant 0$ 并不束紧，因此，$\varphi \equiv 0$。由式（2.14）可知，这意味着 $Z \equiv 0$。在式（2.15）中，条件 $Z \equiv 0$ 意味着 $\tau_k = 0$，使得当约束不束紧时，应当不对资本征税。

2.1.2.2 政府支出

首先，建立一个基本模型。

假定经济中存在完备的资本市场，代表性消费者的目标是最大化如下效用

函数

$$\max \int_0^\infty u(c,l,g)\,\mathrm{e}^{-\beta t}\,\mathrm{d}t \tag{2.16}$$

约束条件为

$$\frac{\mathrm{d}a}{\mathrm{d}t} = ra + wl - c - T \tag{2.17}$$

其中，a 为消费者的资产，T 为政府税收，其余变量同前定义。将政府支出引入效用函数是因为政府支出可以带来消费者效用的改善。

生产函数采用新古典生产函数

$$y = f(k,l)$$

$$f_k > 0\,,f_l > 0\,,f_{kk} < 0\,,f_{ll} < 0$$

假定生产函数是一次齐次的，有

$$f_{kl} > 0$$

因此，资本存量的增加可以使劳动的边际生产率增加，劳动的增加可以使资本的边际生产率增加。

企业选择资本存量和劳动以最大化利润，即

$$\max_{k,l} f(k,l) - rk - wl$$

得到最优条件

$$r = f_k(k,l)\,,w = f_l(k,l)$$

在宏观经济均衡时，消费者的资产等于拥有的资本和政府债券之和，即 $a = k + b$。将企业的最优行为代入消费者预算约束方程，得到均衡时的优化问题

$$\max \int_0^\infty u(c,l,g)\,\mathrm{e}^{-\beta t}\,\mathrm{d}t$$

约束条件为

$$\frac{\mathrm{d}k}{\mathrm{d}t} + \frac{\mathrm{d}b}{\mathrm{d}t} = f(k,l) + rb - c - T$$

初始条件约束为

$$k(0) = k_0\,,b(0) = b_0$$

构建现值汉密尔顿函数

$$H = u(c,l,g) + \lambda[f(k,l) + rb - c - T]$$

最优条件为

$$u_c(c,l,g) = \lambda \tag{2.18}$$

$$u_l(c,l,g) = -\lambda f_l(k,l) \tag{2.19}$$

$$\lambda' = -\lambda f_k(k,l) + \lambda\beta = \lambda(\beta - r) \qquad (2.20)$$

横截性条件为

$$\lim_{t\to\infty}\lambda k e^{-\beta t} = 0$$

$$\lim_{t\to\infty}\lambda b e^{-\beta t} = 0$$

其次，考虑政府行为。

政府是经济中一个重要的行为人，政府在每个时点上做出支出、税收和融资决策。政府的预算约束为

$$\frac{\mathrm{d}b}{\mathrm{d}t} = g + rb - T$$

上式右端是政府的一种财政赤字表示，它表明政府赤字要由发行新的债券来弥补。由于经济中的产出或者由公众消费，或者由政府消费，或者转化为投资，因此，代表性行为人和政府的收入－支出关系满足式（2.21）

$$f(k,l) = c + k' + g \qquad (2.21)$$

这也是产品市场的均衡条件。

由式（2.18）和式（2.19），可以将消费和劳动供给表示成汉密尔顿乘子、资本和政府支出的函数，即得到如下控制变量解

$$c = c(\lambda,k,g) \qquad (2.22)$$

$$l = l(\lambda,k,g) \qquad (2.23)$$

这就是短期均衡路径。通过全微分可以得到如下结论

$$\frac{\partial c}{\partial \lambda} = \frac{u_{cc} + \lambda f_u + u_{cl}f_l}{D} < 0, \quad \frac{\partial l}{\partial \lambda} = \frac{u_{cl} + u_{cc}f_l}{D} > 0$$

$$\frac{\partial c}{\partial k} = \frac{\lambda u_{cl}f_{kl}}{D}, \quad \frac{\partial l}{\partial k} = \frac{\lambda u_{cc} + f_{kl}}{D} > 0$$

$$\frac{\partial c}{\partial g} = \frac{u_{cl}u_{lg} - u_{cg}(u_u\lambda f_u)}{D}, \quad \frac{\partial l}{\partial g} = \frac{u_{cl}u_{cg} - u_{cc}u_{lg}}{D}$$

其中

$$D = u_{cc}(u_u + \lambda f_u) - u_{cl}^2 > 0)$$

可以看出，随着财富的边际效用 λ 的增加，短期消费会下降，劳动供给会增加以求得更多的工资收入来积累财富，即

$$\frac{\partial c}{\partial \lambda} < 0, \frac{\partial l}{\partial \lambda} > 0$$

同时，资本存量的增加使得劳动的边际产出率增加，也使工资增加，从而促使劳动供给增加，即

$$\frac{\partial l}{\partial k} > 0$$

但是，资本存量增加对消费的影响是不确定的。如果劳动力供给的增加提高了消费的边际效用，则资本存量的增加会增加消费

$$\frac{\partial c}{\partial k} > 0$$

如果劳动力的增加降低了消费的边际效用，则资本存量的增加会减少消费

$$\frac{\partial c}{\partial k} < 0$$

通常假定消费的边际效用随着闲暇时间的减少而增加，即满足

$$u_{cl} < 0$$

因此，闲暇时间减少时，消费增加的机会更大一些。政府消费支出对代表性行为人的影响需要结合个体关于效用和生产的具体行为决策来确定。

在完全竞争的资本市场上，短期利率一定等于资本的边际产出。因此，由式（2.20）可以得到

$$\beta - \frac{\lambda'}{\lambda} = r = f_k \tag{2.24}$$

式（2.24）左边是极大化路径上消费的效用收益率。

进一步假定劳动供给在时间上是固定的，这时财富的边际效用的变化率可以表示为

$$\frac{\lambda'}{\lambda} = \frac{u_{cc} c'}{u_c} \tag{2.25}$$

令 $\eta(c)$ 为边际效用对消费的弹性系数，则

$$\eta(c) = \frac{c u_{cc}}{u_c}$$

在时刻 t 和时刻 s 两点之间边际效用关于消费的替代弹性定义为

$$\sigma(c_t, c_s) = \frac{u'(c_s)/u'(c_t)}{c_s/c_t} \frac{\mathrm{d}(c_s/c_t)}{\mathrm{d}[u'(c_s)/u'(c_t)]}$$

当 $s \to t$ 时，有

$$\sigma(c_t) = \lim_{s \to t} - \frac{u'(c_s)/u'(c_t)}{c_s/c_t} \frac{\mathrm{d}(c_s/c_t)}{\mathrm{d}[u'(c_s)/u'(c_t)]}$$

$$= - \lim_{s \to t} \frac{u'(c_s)}{c_s} \frac{\mathrm{d}(c_s)}{u''(c_s)\mathrm{d}(c_s)}$$

$$= - \frac{u'(c_t)}{c_t u''(c_t)}$$

$$= - \frac{1}{\eta(c_t)}$$

可见，$\sigma = - \frac{1}{\eta}$ 表示最优消费路径上边际效用关于消费的瞬时替代弹性。将式（2.25）代入式（2.24）得到

$$\frac{cu_{cc}c'}{cu_c} = \beta - r$$

因此，在最优消费路径上的消费变化率满足下列条件

$$\frac{c'}{c} = \frac{1}{\eta(c)}(\beta - r)$$

上式表明，在最优消费路径上，当利率大于时间偏好率时，消费减少；当利率小于时间偏好率时，消费增加。最优消费路径的这种特征就是凯恩斯－拉姆齐规则。

将短期均衡式（2.22）和式（2.23）代入方程（2.21）和方程（2.20），得到资本存量和财富的边际值的动态方程

$$k' = f(k, l(\lambda, k, g)) - c(\lambda, k, g) - g \tag{2.26}$$

$$\lambda' = \lambda\beta - \lambda f_k(k, l(\lambda, k, g)) \tag{2.27}$$

上述微分系统可以描述最优轨迹上消费和劳动供给的动态轨迹，也可以决定经济系统的产出动态。

令 $k' = 0$，$\lambda' = 0$，得到均衡点 $(\bar{k}, \bar{\lambda})$，其特征可表示为

$$f(\bar{k}, l(\bar{\lambda}, \bar{k}, g)) = c(\bar{\lambda}, \bar{k}, g) + g \tag{2.28}$$

$$f_k(\bar{k}, l(\bar{\lambda}, \bar{k}, g)) = \beta \tag{2.29}$$

式（2.28）表明，在均衡时投资等于零，产出可以满足私人消费和政府购买的需要。式（2.29）表明，在长期内稳态要求资本的边际生产率等于效用的时间偏好率，这是保证产出中不再进行投资和现有资本存量不再衰减的基本条件。

在均衡点 $(\bar{k}, \bar{\lambda})$ 附近将式（2.26）和式（2.27）构成的微分系统线性展开

$$\begin{pmatrix} k' \\ \lambda' \end{pmatrix} = \begin{pmatrix} a_{11} & a_{12} \\ -\bar{\lambda}a_{21} & -\bar{\lambda}a_{22} \end{pmatrix} \begin{pmatrix} k - \bar{k} \\ \lambda - \bar{\lambda} \end{pmatrix} \tag{2.30}$$

其中

$$a_{11} = f_k + f_l l_k - c_k > 0$$

$$a_{12} = f_l l_\lambda - c_\lambda > 0$$

$$a_{21} = f_{kk} + f_{kl}l_k < 0$$
$$a_{22} = f_{kl}l_\lambda > 0$$

微分方程组（2.30）的特征方程是

$$\mu^2 + (a_{11} + a_{22}\bar{\lambda})\mu - \bar{\lambda}(a_{11}a_{22} - a_{12}a_{21}) = 0$$

特征根 μ_1 和 μ_2 满足

$$\mu_1 < 0, \ \mu_2 > 0, \ \mu_1 > |\mu_2|, \ \mu_1 + \mu_2 = \beta$$

代表性行为人动态模型在均衡点附近的鞍点路径是

$$k(t) = \bar{k} + C_1 e^{\mu_1 t} + C_2 e^{\mu_2 t}$$

$$\lambda(t) = \bar{\lambda} - \frac{\bar{\lambda}a_{21}}{\bar{\lambda}a_{22} + \mu_1}C_1 e^{\mu_1 t} - \frac{\bar{\lambda}a_{21}}{\bar{\lambda}a_{22} + \mu_2}C_2 e^{\mu_2 t}$$

由于 $\mu_1 < 0$，$\mu_2 > 0$，因此均衡是鞍点稳定的。

最后，政府行为的影响。

下面对均衡时政府行为的影响进行分析。

情况一：政府的持久行为的影响。

对式（2.28）和式（2.29）求全微分，得到政府公共支出水平的改变对均衡时的资本存量和财富的边际值的影响

$$\frac{d\bar{k}}{dg} = \frac{a_{22}}{\Delta} - \frac{u_c f_l^2 f_{kl}}{D\Delta}\frac{d}{dg}(\frac{u_c}{u_g})$$

$$\frac{d\bar{\lambda}}{dg} = -\frac{a_{21}}{\Delta} + \frac{\frac{\bar{y}}{\bar{l}}f_{kk}(u_{cl}u_{cg} - u_{cc}u_{gl})}{D\Delta} + \frac{f_{kk}(u_{ll}u_{cg} - u_{cl}u_{gl})}{D\Delta}$$

其中，$\Delta = a_{11}a_{22} - a_{12}a_{21} > 0$，$D = u_{cc}(u_{ll} + \bar{\lambda}f_{ll}) - u_{cl}^2 > 0$，$a_{22} = f_{kl}l_\lambda > 0$，$a_{21} = f_{kk} + f_{kl}l_k < 0$，$a_{11} = f_k + f_l l_k - c_k < 0$，，$a_{12} = f_l l_\lambda - c_\lambda > 0$。

情况二：政府的暂时行为的影响。

假定在时刻 $t = 0$，对应的政府支出为 g_1，此时提高政府支出水平，到达时刻 T 后，政府支出水平重新回到初始水平。这样，政府支出行为可以表示为

$$g = \begin{cases} g_2, t \leq T \\ g_1, t > T \end{cases}$$

出于简化，假定效用函数为 $u(c,g)$，微分方程组为

$$\begin{pmatrix} k' \\ \lambda' \end{pmatrix} = \begin{pmatrix} f_k & -\frac{1}{u_{cc}} \\ -\bar{\lambda}f_{kk} & 0 \end{pmatrix}\begin{pmatrix} k - \bar{k} \\ \lambda - \bar{\lambda} \end{pmatrix}$$

初始均衡点为 $(\bar{k}_0, \bar{\lambda}_0)$，对应的政府支出为 g_2 时的均衡点为 $(\bar{k}_1, \bar{\lambda}_1)$，最优路径分为两部分：政府支出处于高水平时的路径和到达时刻 T 时政府支出回到原来水平时的路径。

解微分方程组，当 $0 \leqslant t \leqslant T$ 时

$$k(t) = \bar{k}_1 + C_1 e^{\mu_1 t} + C_2 e^{\mu_2 t}$$

$$\lambda(t) = \bar{\lambda}_1 + u_{cc}\mu_2 C_1 e^{u_1 t} + u_{cc}\mu_1 C_2 e^{u_2 t}$$

当 $t > T$ 时，

$$k(t) = \bar{k}_0 + C_1' e^{\mu_1 t} + C_2' e^{\mu_2 t}$$

$$\lambda(t) = \bar{\lambda}_0 + u_{cc}\mu_2 C_1' e^{\mu_1 t} + u_{cc}\mu_1 C_2' e^{\mu_2 t}$$

其中，μ_1, μ_2 为特征根，C_1, C_2, C_1', C_2' 为待定常数。

由横截性条件有 $C_2' = 0$，由初始条件有 $k_0 = \bar{k}_1 + C_1 + C_2$，在时刻 T 资本存量和财富的边际值的路径是连续的，即

$$\bar{k}_1 + C_1 e^{\mu_1 T} + C_2 e^{\mu_2 T} = \bar{k}_0 + C_1' e^{\mu_1 T}$$

$$\bar{\lambda}_1 + u_{cc}\mu_2 C_1 e^{\mu_1 T} + u_{cc}\mu_1 C_2 e^{\mu_2 T} = \bar{\lambda}_0 + u_{cc}\mu_2 C_1' e^{\mu_1 T}$$

于是得到路径

当 $0 \leqslant t \leqslant T$ 时，

$$k(t) = k_0 + \frac{e^{-\mu_2 T}[e^{\mu_2 t} - e^{\mu_1 t}](\bar{\lambda}_1 - \bar{\lambda}_0)}{u_{cc}(\mu_2 - \mu_1)}$$

$$\lambda(t) = \bar{\lambda}_1 + \frac{e^{-\mu_2 T}[\mu_1 e^{\mu_2 t} - \mu_2 e^{\mu_1 t}](\bar{\lambda}_1 - \bar{\lambda}_0)}{u_{cc}(\mu_2 - \mu_1)}$$

当 $t > T$ 时，

$$k(t) = k_0 + \frac{e^{\mu_1 t}[e^{-\mu_2 T} - e^{-\mu_1 T}](\bar{\lambda}_1 - \bar{\lambda}_0)}{u_{cc}(\mu_2 - \mu_1)}$$

$$\lambda(t) = \bar{\lambda}_1 + \frac{\mu_2 e^{\mu_1 t}[e^{-\mu_1 T} - e^{-\mu_2 T}](\bar{\lambda}_1 - \bar{\lambda}_0)}{u_{cc}(\mu_2 - \mu_1)}$$

2.1.2.3 稳定化政策

第一，稳定化政策的基本方程。

假设国民收入期初时处于合意水平，然后总需求突然出现外生的减少，导致实际收入偏离合意收入。菲利浦斯用实际值对合意值的偏离来度量收入的变化。为建立比较标准，首先给出没有政府支出时，经济系统的自发行为。

不考虑政府支出时经济系统的基本模型是

$$Y' = \alpha(D - Y) , \ \alpha > 0$$

$$D = (1 - l)Y, \ 0 < l < 1$$

其中，D 是总需求，α 是反应系数，表示总需求与当期产出之间偏差的调整速度，$1 - l$ 是边际消费倾向。第一个方程表明，当总需求超过当期产出时，产量将会增加。第二个方程表示总需求与产出成正比。引入外生干扰 u 可以得到

$$D = (1 - l)Y - u$$

将 u 正则化为 1，并将上式代入第一式，得到

$$Y' + \alpha l Y = - \alpha$$

这是一个一阶微分方程，它的通解是

$$Y(t) = A e^{-\alpha l t} - \frac{1}{l}$$

假设开始时收入处于合意水平，因此，$Y(0) = 0$，从而 $A = \frac{1}{l}$，于是

$$Y(t) = \frac{1}{l}(e^{-\alpha l t} - 1)$$

由于 $\alpha l > 0$，所以，当 $t \to +\infty$ 时，$Y(t) \to \frac{1}{l}$。

注意到 $-\frac{1}{l}$ 是 $Y' + \alpha l Y = -\alpha$ 的均衡值，所以它的运动是稳定的。

下面考虑存在政府支出时的情况。这时，需求方程变为

$$D = (1 - l)Y + G - u$$

其中 G 为实际政府支出。G 由如下方程确定

$$G' = \beta(G^* - G) \quad (\beta > 0)$$

其中，G^* 为政府支出的理论值，由政府采用的支出政策决定，β 为反应系数，表示对潜在的政府支出与实际政府支出偏差的反应速度。

稳定化模型由如下方程组构成

$$\begin{cases} Y' = \alpha(D - Y) \\ G' = \beta(G^* - G) \\ D = (1 - l)Y + G - u \end{cases}$$

将方程组的第三式代入第一式并整理，得到

$$Y' + \alpha l Y + \alpha u = \alpha G$$

对上式关于时间求导，可得

$$Y'' + \alpha l Y' = \alpha G'$$

将 $G' = \beta(G^* - G)$ 两端乘以 α

$$\alpha G' + \alpha\beta G = \alpha\beta G^*$$

再将 $Y' + \alpha l Y + \alpha u = \alpha G$ 和 $Y'' + \alpha l Y' = \alpha G'$ 代入，得到稳定化政策的基本方程

$$Y'' + (\alpha l + \beta)Y' + \alpha\beta l Y - \alpha\beta G^* = -\alpha\beta$$

第二，稳定化政策的类型。

类型 1：比例稳定政策。

将 $G^* = -f_p Y$ 代入基本方程，整理后得

$$Y'' + (\alpha l + \beta)Y' + \alpha\beta(l + f_p)Y = -\alpha\beta$$

其特解为

$$\bar{Y} = -\frac{1}{l + f_p}$$

特征方程为

$$\lambda^2 + (\alpha l + \beta)\lambda + \alpha\beta(l + f_p) = 0$$

其系数符号的顺序是 + + +，因此，稳定性得到保证。

要确定动态类型，必须研究判别式

$$\Delta_1 = (\alpha l + \beta)^2 - 4\alpha\beta(l + f_p)$$

不难看出，f_p 越大，就越有可能使 $\Delta_1 < 0$，即运动是振荡的。更确切地说：

$$\text{当} f_p < \frac{(\alpha l - \beta)^2}{4\alpha\beta} \text{时，} \Delta_1 > 0$$

$$\text{当} f_p = \frac{(\alpha l - \beta)^2}{4\alpha\beta} \text{时，} \Delta_1 = 0$$

$$\text{当} f_p > \frac{(\alpha l - \beta)^2}{4\alpha\beta} \text{时，} \Delta_1 < 0$$

不存在稳定政策时，均衡产出为 $-\frac{1}{l}$，而引入比例稳定政策后，均衡产出为 $-\frac{1}{l + f_p}$。由于 $f_p > 0$，新均衡产出的绝对值变小了。这说明，由总需求中外生减少所引起的收入下降，比没有稳定政策时的下降要小。显然，f_p 越大，稳定政策的效果越明显。

单纯比例稳定政策有两个弱点：（1）它不能完全消除收入的减少；（2）当 f_p 太大时，将产生激发振荡，尽管振荡是衰减的。一方面，为了消除产出的下降，f_p 越大越好；但另一方面，f_p 太大又会产生衰减振荡，这是矛盾的。

类型 2：混合比例 - 导数稳定政策。

将 $G^* = -f_p Y - f_d Y'$ 代入基本方程，得到

$$Y'' + (\alpha l + \beta + \alpha\beta f_d) Y' + \alpha\beta(l + f_p) Y = -\alpha\beta$$

其特解仍为

$$\bar{Y} = -\frac{1}{l + f_p}$$

特征方程是 $\lambda^2 + (\alpha l + \beta + \alpha\beta f_d) \lambda + \alpha\beta (l + f_p) = 0$。系数符号的顺序也是 $+ + +$，因此，当 t 增大时，$Y(t)$ 将收敛于特解，即稳定得到保证。要判定时间路径是单调的还是振荡的，依赖于下面判别式的符号

$$\Delta_2 = (\alpha l + \beta + \alpha\beta f_d)^2 - 4\alpha\beta(l + f_p)$$

现在来比较单纯比例与混合比例－导数政策的效果。由于均衡产值 $\bar{Y} = -\frac{1}{l + f_p}$ 是一样的，因而就收入的减少而言，增加导数政策并无作用。增加导数政策后，f_d 越大，判别式 Δ_2 中的平方项越大，因而越不容易出现 $\Delta_2 < 0$，亦即 $Y(t)$ 的运动越不容易出现振荡。因此，f_d 抵消了 f_p 引起的振荡倾向。

当 $\Delta_2 < 0$，即运动出现振荡时，混合政策下的振荡将比单纯比例政策下的振荡衰减得更快。这是因为，振荡衰减的快慢由复根实部的绝对值决定，实部的绝对值越大，衰减得越快。在单纯比例政策时，复根实部为 $-\left(\frac{1}{2}\right)(\alpha l + \beta)$，而混合比例－导数政策时，复根实部为

$$-\left(\frac{1}{2}\right)(\alpha l + \beta + \alpha\beta f_d)$$

显然，后者的绝对值大于前者的绝对值。

类型 3：积分稳定政策。

将 $G^* = -f_i \int_0^t Y \mathrm{d}t$ $(f_i > 0)$ 代入基本方程，得到

$$Y'' + (\alpha l + \beta) Y' + \alpha\beta l Y + \alpha\beta f_i \int_0^t Y \mathrm{d}t = -\alpha\beta$$

对上式两边求导，消去积分得到

$$Y''' + (\alpha l + \beta) Y'' + \alpha\beta l Y' + \alpha\beta f_i Y = 0$$

这是齐次方程，$Y = 0$ 是其特解。因此，Y 的变化是围绕着 0 的。如果运动是稳定的，那么，由于总需求中外生减少而引起的收入减少，最终将会完全消失。这是其他稳定政策办不到的。上式的特征方程是

$$\lambda^3 + (\alpha l + \beta) \lambda^2 + \alpha\beta l \lambda + \alpha\beta f_i = 0$$

由于所有系数都是正的，因此没有正根。如果出现不稳定的运动，则只可能是

爆发性振荡运动。由于所有系数为正，得到关键性的稳定条件

$$\alpha\beta l(\alpha l + \beta) - \alpha\beta f_i > 0$$

由 $\alpha\beta > 0$，得到等价的稳定条件

$$f_i < (\alpha l + \beta) l$$

于是，当干预系数 f_i 小于关键的临界值 $(\alpha l + \beta) l$ 时，积分稳定政策便成功。反之，当 f_i 大于等于关键值 $(\alpha l + \beta) l$ 时，积分稳定政策将使收入 Y 围绕合意值做非衰减振荡运动。因此，积分稳定政策成功时，能完全消除外生干扰的影响，但也存在发生不稳定的风险。

现在再来看将积分政策与其他政策混合使用的效果。例如，当积分政策与比例政策结合使用时，有

$$G^* = -f_i \int_0^t Y \mathrm{d}t - f_p Y$$

代入菲利普斯基本方程

$$Y'' + (\alpha l + \beta) Y' + \alpha\beta (l + f_p) Y + \alpha\beta f_i \int_0^t Y \mathrm{d}t = -\alpha\beta$$

对等式两边求导得到

$$Y''' + (\alpha l + \beta) Y'' + \alpha\beta (l + f_p) Y' + \alpha\beta f_i Y = 0$$

这也是齐次方程，其特征方程是

$$\lambda^3 + (\alpha l + \beta) \lambda^2 + \alpha\beta (l + f_p) \lambda + \alpha\beta f_i = 0$$

所有系数皆为正，不会出现正根。由此得到关键性稳定条件

$$\alpha\beta (\alpha l + \beta)(l + f_p) - \alpha\beta f_i > 0$$

或者等价地

$$f_i < (\alpha l + \beta)(l + f_p)$$

显然，临界值 $(\alpha l + \beta)(l + f_p)$ 比单纯积分政策时的临界值 $(\alpha l + \beta) l$ 更大。因此，混合积分-比例稳定政策减少了爆发性（非衰减）振荡的风险。

稳定化政策及其类型是菲利普斯式的。由于市场经济的性质不同，上述政策原理需要结合我国的实际情况进行调整。在实际的财政政策实践中，政府财税政策的选择必定是以既定的宏观政策目标为前提的。而政府的既定政策目标又往往具有多重性，并根据实际情况的发展变化进行动态调整。因此，近几十年来，理论界一直围绕着政府的动态目标函数进行探讨，不同的政府政策目标函数界定镶嵌到财政政策的动态模型中，自然会得到不同的最优财政政策变量解，以及迥然不同的数值模拟结果。

2.2 最优税收规则和最优税收理论简介

最优税收理论就是在一定的理论前提假设下，对税收原则进行取舍或均衡考虑后，基于政府政策抉择的视角，讨论最优的宏观税负水平或税收结构的优化策略，以实现社会福利最大化。而社会福利既包含客观的全社会物质财富总量，也包含主观的个体认知，政府实现社会福利最大化的宏观政策必须考量公平和效率两大因素。因此，效率原则与公平原则一直是影响税收理论的核心，从效率原则和公平原则二者之间的偏离或者均衡出发，构造不同的社会福利函数，将会推导出截然不同的理论结果和政策结论，近百年来经济学家们对此进行了深刻的思考，形成了不少理论成果。关于税收与社会福利的论述，最具代表性的有偏向公平原则的埃奇沃斯规则、偏向效率原则的拉姆齐规则，以及兼顾公平与效率的米尔利斯最优税收理论。这些理论为动态财政政策分析模型中关于政府目标函数的界定提供了方向。

2.2.1 埃奇沃斯规则

19 世纪末，英国统计学家和经济学家弗朗西斯·伊西德罗·埃奇沃思基于福利经济学理论，研究了最优所得税问题。在收入的边际效用递减的理论要求下，埃奇沃思假定社会总收入不变，且个人效用函数是关于收入的凸函数，社会福利等于具有相同形式的个人效应函数的简单加总。社会福利函数可以简单表述为

$$W = U_1 + U_2 + \cdots + U_n$$

最优税收问题就是政府在取得一定的税收收入的限制下，采取何种税收制度使得全社会的社会福利最大化。由于假定具有不同收入水平的个人具有相同的效用函数形式，且收入的边际效用递减，因此社会福利最大化就必然要求收入分配的绝对平均主义。埃奇沃斯规则下，最优的所得税制度就是采用高额累进制制度，尽可能地将高收入群体的财富向低收入群体转移，实现收入均等化，以达到社会总效用的最大化。

埃奇沃斯规则显然是在效率与公平原则的取舍中，完全偏向了公平原则。埃奇沃斯规则对研究如何通过税收制度来调节社会收入分配具有重要的启发意义，但是其理想化的理论假设却存在很多缺陷。其一，不同收入群体的个人效用函数是不同的；其二，埃奇沃斯规则下，显然最优的最大边际税率为100%，说明当收入达到一定层次时，所得的收入都将用来交税，这样将促使

高收入者放弃劳动而选择闲暇；其三，社会总收入不变的假定，就意味着税收政策和收入分配状况对经济增长没有意义，完全忽略了税收对经济运行的调节作用。

2.2.2　拉姆齐规则

英国福利经济学家拉姆齐在他 1927 年发表的《对税收理论的贡献》一文中，提出了"反弹性"的最优商品税规则，即拉姆齐规则。拉姆齐规则的主要理论假设是在完全竞争的封闭市场中，只存在一个家庭（经济中每个家庭都具有相同的偏好结构），为保证通过税收获得既定的财政收入，政府除征收商品税外，不再征收其他扭曲性税收。最优税收问题就是在取得一定的税收收入的限制下，选择什么样的商品税收结构制度，使得全社会的社会福利最大化。上述问题可用形式化为

$$\max W = \sum U(q_1, q_2, \cdots, q_s, w)$$

$$\text{s.t.} \quad \sum_{i=1}^{s} t_i x_i = R$$

其中，W 为社会福利函数，它等于若干个同质的家庭效用函数之和，U 为家庭间接效用函数，$(q_1, q_2, \cdots, q_s)$ 为商品序列的含税价格，w 为劳动工资率，t_i 为政府征收的商品税率，R 为既定的政府收入量。

在上述假设的前提下，拉姆齐通过数学推导发现，社会福利最大化对应的商品税收结构应该是"反弹性"的，即对具有不同需求弹性的商品采取与之弹性系数相反的税率，需求弹性高的商品应该少征税或者不征税，需求弹性底的商品应该提高税率。这样的目的在于让应税商品的产出应税收入的扭曲而等比例减少，从而使得税后的效率损失最小化，社会福利最大化。

拉姆齐规则假定全社会只存在一个家庭（经济中每个家庭都具有相同的偏好结构），没有考虑不同收入水平家庭的边际消费效用不同的问题，这就从源头上规避了税收的收入分配调节作用。因此，拉姆齐规则显然是在效率与公平原则的取舍中，完全偏向了效率原则。拉姆齐规则在现实中很难实行，因为"反弹性规则"意味着需求弹性高的奢侈品税率低下，而需求弹性低的生活必需品的税率会很高。这不但无助于缩小社会贫富差距，还会使得富人越富、穷人越穷，社会公平和正义将会不复存在。

2.2.3　米尔利斯最优税收理论

在效率原则和公平原则的偏向取舍中，埃奇沃斯规则和拉姆齐规则是走向

两个极端的代表。埃奇沃斯规则完全没有考虑社会总收入的增长对社会福利的贡献问题，而拉姆齐规则直接忽略了不同个体之间的收入分配差距问题。为探究出一套在公平原则与效率原则之间均衡的税收制度，英国经济学家米尔利斯在 20 世纪 70 年代初期自己独立发表或与戴德蒙合作发表的系列文章中，形成了著名的米尔利斯最优税收理论。米尔利斯在理论上，仍然假定市场完全竞争，且个人效用是关于收入边际递减的，但米尔利斯做出了一些开创性的假设：将每个家庭的效用函数异质化，假定每个家庭具有不同的偏好，在社会总福利函数的设定中，富人效用函数较小的权重，穷人较高的权重；效用函数不仅与收入有关，还与闲暇相对应的工作时间有关，工资率和个人对工作时间的选择内生决定社会总收入。上述问题可形式化为

$$\max W = \frac{1}{1-\beta} \sum_{i=1}^{n} (U_i)^{1-\beta}$$

$$\text{s.t.} \quad \sum_{j=1}^{j} t_j \sum_{i=1}^{n} x_i^j = R$$

其中，W 为社会福利函数，它等于若干个不同质的家庭效用函数的加权之和，U 为家庭间接效用函数，β 可视为社会公平参数，$\beta \in (0,1)$，t_i 为政府征收的商品税率，R 为既定的政府收入量。

从上述模型设置中可知，单个家庭的效用函数对全社会的社会福利函数的贡献量为

$$W_i = \frac{1}{1-\beta} (U_i)^{1-\beta}$$

则其关于家庭效用函数具有如下性质：

$$\frac{\partial W_i}{\partial U_i} = (U_i)^{-\beta} > 0;$$

$$\frac{\partial^2 W}{\partial U_i^2} = -\beta (U_i)^{-1-\beta} < 0;$$

这就意味着具有较高效用的家庭，其效用的单位增加对社会福利函数的贡献值小于具有较低效用的家庭。

在这些理论假设下，米尔利斯的推导结论包含两大类税收政策主张：一是商品税方面，对劣质品实行补贴，对奢侈品课以重税；二是在所得税优化上，提出了倒"U"形最优所得税模式，即对低收入和高收入群体采用较低的边际税率，对中等收入群体适当提高边际税率。低收入家庭在社会福利函数中的权重较大，因此采取较低的边际税率有助于提高社会福利水平；对高收入水平采取较高边际税率将会激励他们选择更多的闲暇，从而会抑制税收水平，反而不

利于增进社会福利。

从理论上分析，这些税收政策主张结论与米尔利斯在模型设定上兼顾考虑税收的效率原则与公平原则密不可分。米尔利斯最优税收理论在商品税方面主要考虑了公平的原则，而在所得税方面则对二者进行了很好的均衡考虑。例如，如果对高收入群体实行累进制税制的话，就会促使其增加闲暇时间，对产出水平产生反向激励，因此主张对高收入群体实行较低的边际税率，以激励其选择更少的闲暇时间。米尔利斯最优税收为处理效率原则与公平原则的均衡问题提供了一种可行的模式，但仍然存在许多争议之处，例如完全竞争的市场假设还是从源头上将税收工具对市场失灵的修正功能排除在研究范畴之外。

2.3 财政税收政策动态分析的研究动态

在最优税收理论模型的启示下，近年来，不少文献也尝试着在一定的理论假设上，设定不同类型的社会福利函数，运用动态财政政策分析模型对最优财政税收政策进行理论和数值模拟分析。其中，借鉴米尔利斯的最优税收理论，即除基于效率目标关注研究税收政策的经济增长效应外，兼顾效率与公平目标，考察税收政策的社会福利效应也逐渐成了研究的热点。与经济增长不同，社会福利既包括全体居民实际的物质生活条件，也包括不同阶级和收入群体的主观感受。因此，无论是在理论研究还是在实证分析中，社会福利函数的界定在整个研究框架中具有举足轻重的地位，社会福利函数集中体现了政府的宏观经济政策目标的多重性。本书基于此，将近年来相关研究文献分为如下三类。

第一类文献是假定全体居民是完全同质的，具体表现在两个方面：一是具有相同的偏好，因此个体之间的效用函数没有差异；二是居民具有无限生命，且不考虑代际差异。因此，居民的跨期效用函数为

$$U = \int_0^\infty e^{-\rho t} u(c_t, l_t) dt$$

其中，ρ 为贴现因子，$u(c_t, l_t)$ 为关于消费和劳动时间选择的居民在第 t 期的效用函数，社会福利函数是单个居民效用函数的简单加总。这一类文献又可以分为两小类：一类假设政府公共支出是外生的，另一类假设政府公共支出是内生的。Chamley（1986）在新古典外生增长模型中，研究了税收政策变动对社会福利的影响。假设政府公共支出是外生的，将生产函数设定为关于资本和劳动的二元函数，假定政府通过选择征收资本所得税、劳动所得税和发行公债为既定的外生公共支出融资。Chamley 通过模型推导发现，为了实现社会福利最大

化（居民效用最大化），当经济收敛于稳态时，长期资本最优税率应该为零①。

Lucas（1990）在 Chamley 的基础上，构建了包含人力资本生产和物质资本生产的两部门内生增长模型，得出了与 Chamley 相同的结论。② Milesi-Ferretti 和 Roubini（1995）将这一结果推广到一种更广泛的内生增长模型，考虑了除劳动和资本所得税之外的消费税。研究发现，劳动所得税和消费税的最优长期税率也为零。③ Angelopoulos 等人（2008）在 Lucas 的分析框架下，构建了一个包含详细的财政支出结构的动态随机一般均衡模型，假定政府财政支出包括公共消费、转移支付、基础设施投资和教育支出，其中基础设施投资以影响全要素生产力的形式进入生产函数，教育支出促进人力资本增长。Angelopoulos 等人在该模型下，基于英国 1970—2005 年的参数数据，考察了税收结构变动的经济增长效应和社会福利效应。研究发现，如果税收政策的目标是通过改变相对税率来促进长期增长，那么它应该在降低劳动力税的同时增加资本税或消费税，以弥补劳动税收收入的损失。相比之下，福利促进政策将是削减资本税，同时增加劳动力或消费税，以弥补资本税收入的损失④。

Barro（1990）在其构造的包含政府的生产性公共支出的内生增长模型中，考察了税负水平与社会福利的关系。假设政府公共支出是内生的，将生产函数设定为关于资本和政府支出的二元函数。Barro 通过模型推导发现，社会福利与税负水平成倒"U"形函数关系，且社会福利最大化与经济增长最大化对应的税收水平是一致的，即社会福利最大化对应的税负水平与公共支出的产出弹性相等⑤。Greiner 和 Hanusch（1998）在 Barro 的基础上，将公共资本以存量形式引入生产函数，假定税收用于公共资本投资、投资补贴和转移支付。他们的研究发现，社会福利最大化对应的税率水平高于经济增长最大化对应的税率水平；而社会福利最大化对应的投资补贴率却低于经济增长最大化对应的投资补贴率。因此，公共资源通过税收政策从非生产性资源向生产性资源分配总会

---

① Chamley Christophe. The Welfare Cost of Capital Income Taxation in a Growing Economy. Journal of Political Economy, June 1981, 89（3）：468-496.

② Robert E. Lucas, Jr. Supply-Side Economics：An Analytical Review. Oxford Economic Papers, 1990, 42（2）：293-316.

③ GM Milesi-Ferretti, N Rubini. Growth Effects of Income and Consumption Taxes. Journal of Money, Credit and Banking, 1998, 30（4）：721-744.

④ Konstantinos Angelopoulos, James Malley, Apostolis Philippopoulos. Tax structure, growth, and welfare in the UK, Sire Discussion Papers, 2008, 64（2）：237-258.

⑤ Robert J. Barro. Government Spending in a Simple Model of Endogeneous Growth. Journal of Political Economy, 1990, 98（5）：103-26.

提高经济增长率，但却不一定带来更高的社会福利，经济增长最大化与福利最大化对应的平衡增长路径并不相同。[①] Azacis 和 Gillman（2010）在 Barro 的分析框架下，构造了包含劳动税和资本税的内生增长模型，对三个波罗的海国家的税制改革进行模拟分析，他们的研究表明，单独减少个人所得税或对个人和资本所得税实行平等的税率的税制改革对经济增长和社会福利都会有积极的影响。[②]

第二类文献是在第一类文献的基础上，考虑了税收政策对不同代际居民福利的影响差异。假定在时刻 T 出生的居民的终生福利函数为

$$U_T = \int_T^\infty e^{-(\rho-\lambda)t} u[c(t),l(t)] dt$$

其中，ρ 为贴现因子，λ 为人口自然增长率，$u(c_t, l_t)$ 为关于消费和休闲时间选择的居民在第 t 期的效用函数。例如，GrÜner 和 Heer（2000）在 Lucas 的分析框架下，研究了财产税税率变动对不同代际居民福利的影响。研究发现，财产税税率变动对不同代际居民福利的影响是不同的。具体而言，在美国的实际经济参数环境下，如果税率由初期的 0.36 一次性下降到 0.32，将会对前 43 年出生的居民产生正的社会福利效应，但却对之后出生的居民产生负的社会福利效应；如果税率由初期的 0.36 一次性上升到 0.50，将会对前 76 年出生的居民产生负的社会福利效应，但却对之后出生的居民产生正的社会福利效应。[③] Gómez（2007）在同时包含人力资本生产和物质资本生产的两部门模型中，基于美国的实际经济参数，计算出了当代居民福利最大化对应的最优税收结构，从目前税收结构转变为最优税收结构意味着资本所得税下降约四分之一，劳动所得税下降约一半，而消费税应该提高约六倍。[④] Gómez（2007）还采用了GrÜner 和 Heer 关于税收政策对不同代际间居民福利水平影响的分析方法，分析了最优税收结构对不同代际的居民产生的社会福利效应的差异。政府实施最优税收结构政策需要很长一段时间才能实现福利收益，而转向其他结构的税收政策虽然对长期福利水平产生负面效应，但是却会在短时间内提高福利水平。

① A Greiner, H Hanusch. Growth and Welfare Effects of Fiscal Policy in an Endogenous Growth Model with Public Investment, International Tax & Public Finance, 1998, 5 (3): 249 – 261.

② H. Azacis, M. Gillman. Flat tax reform: The Baltics 2000 – 2007. Journal of Macroeconomics, 2010 (32): 692 – 708.

③ Hans Peter Grüner, Burkhard Heert. Optimal flat-rate taxes on capital-a re-examination of Lucas'supply side model. Oxford Economic Papers, 2000, 52 (2): 289 – 305.

④ Gómez Manuel A. Optimal tax structure in a two-sector model of endogenous growth. Journal of Macroeconomics, June 2007, 29 (2): 305 – 325.

例如，如果不对消费征税，那么在最初阶段出生的人会获得较高的福利水平，但是对于后代人来说，福利水平会降低到目前税收结构下可以达到的水平以下。政府的政策计划范围往往较短，这会影响政府采用最优税收政策的意愿[1]。

第三类文献改变了关于居民同质的假设条件，假定居民是异质的，由于个人收入水平或工作能力的差异，不同性质居民面对的同一效用函数的选择是不同的，政府可以对不同性质的居民采取差异化的税收政策，其目标函数是全社会福利水平最大化。Mirrlees（1971）最早在静态模型中，考察了居民异质条件下政府税收政策的社会福利效应问题。所有居民面对的效用函数是相同的，居民通过选择消费和休闲使个人效用最大化，但居民个人的收入和他具有的工作能力禀赋有关，因此其选择受到税前收入和所得税制度的影响。假定社会福利函数为

$$W = \int_0^\infty G[u_n(c_n, l_n)] f(n) \, \mathrm{d}n.$$

其中，n 代表个人的工作能力，u_n 为具有工作能力 n 的个人关于消费和劳动选择的个人效用函数，$G(u_n)$ 为个人效用对社会福利的贡献，$f(n)$ 表示对具有工作能力 n 的居民数量的测度。政府必须通过税收组织一定的财政收入，同时选择实施最优税收政策以实现社会福利最大化。Mirrlees 通过模型推导和数值模拟发现，所得税并不是调节收入分配差距的有效工具，采用累进制所得税并不是实现社会福利最大化的有效途径，最优所得税应该是近似于线性的（边际税率不变），政府对低于免税水平的居民进行财政补助[2]。Judd（1985）在动态模型中，考察了居民异质条件下税收政策的社会福利效应问题。假设存在两类不同的居民，政府可实施差异化的税收政策，使得全社会跨期效用函数最大。假设社会福利函数是两种不同类型居民效用的加权平均函数，具有如下形式

$$W = \alpha \int_0^\infty \mathrm{e}^{-R^1} u^1(c_t^1, l_t^1) \, \mathrm{d}t + (1 - \alpha) \int_0^\infty \mathrm{e}^{-R^2} u^2(c_t^2, l_t^2) \, \mathrm{d}t$$

其中，α 表示政府赋予第一类居民的福利权重值。Judd 的研究表明，尽管考虑了居民的异质性，当经济收敛于平衡路径时，社会福利最大化对应的最优资本

① Gómez Manuel A. Optimal tax structure in a two-sector model of endogenous growth. Journal of Macroeconomics, June 2007, 29（2）: 305 - 325.

② JA Mirrlees. An Exploration in the Theory of Optimum Income Taxation. Review of Economic Studies, 1971, 38（2）: 175 - 208.

所得税税率对不同类型的居民都为零。① Conesa 和 Krueger（2002）进一步在动态一般均衡模型中验证了 Mirrlees 的结论，并且考察了税收改革对不同代际居民福利的影响差异。

Conesa 和 Krueger 丰富了居民异质条件的假设，假设不同居民在财富存量、工作能力方面都存在差异，并且存在随机的劳动生产率风险，然后基于美国的实际经济参数模拟了税收政策的社会福利效应。研究表明，累进税收制度可以部分替代确实的保险市场，促进社会福利的平均分配，但累进税收制度也会扭曲劳动和资本积累，因此政府必须进行权衡。就美国的实际经济环境而言，为实现社会福利最大化，应采取接近于 19.5% 的线性税率和 3 700 美元的起征点的税收政策，这一税收改革所带来的社会福利增长相当于消费水平增长 0.4%。然而这种改革对不同代际居民的影响是不同的，从当前的高累进税率改革为线性税率相当于降低了低收入和高收入群体的平均税收负担，而增加了中等收入群体的税收负担，这种改革会使得美国目前活着的大多数人遭受福利损失，因此在政治上很难实行。②

2.4 相关研究述评

本书在前面首先简要介绍了财政政策的动态分析模型，在这个简单的模型中政府的税收政策是以参数的形式存在的，如果将税收政策参数（税率）作为政府决策的外生变量，在设定政府目标函数后，即可讨论政府的最优宏观财政政策抉择，以实现其目标函数最大化。然后简述了具有代表性的三大最优税收理论，即偏向公平的埃奇沃斯规则、偏向效率原则的拉姆齐规则，以及兼顾公平与效率的米尔利斯最优税收理论模型，这些理论模型为财政政策动态分析模型中政府目标函数的设定提供了方向。最后梳理了近年来运用动态财政政策分析模型对最优财政税收政策进行理论和数值模拟分析的代表性文献。

从上述理论模型和动态研究文献的梳理中可以看出，关于财政政策研究的不同理论和实证分析结论与其对政府目标函数的设定有关，目标函数的设定不同，自然会对应着不同的财政政策选择。而其政府目标函数设定差异的本质在于对税收的效率原则和公平原则是偏向还是均衡。从仅仅注重公平的埃奇沃斯

① KL Judd. Redistributive taxation in a simple perfect foresight model. Journal of Public Economics, 1985, 28（1）：59-83.

② JC Conesa, D Krueger. On the optimal progressivity of the income tax code. Journal of Monetary Economics, 2006, 53（7）：1425-1450.

规则和仅仅注重效率的拉姆齐规则，再到兼顾公平与效率的米尔利斯最优税收理论，我们不难发现，在财政政策的动态理论分析中均衡考虑公平与效率原则已成为当今理论界的共识。而事实上，在实际经济活动中，政府除了考虑税收政策的经济增长和社会福利目标，还必须重视税收组织财政收入的政策目标，政府的税收政策往往是多重目标均衡下相机抉择行为的产物。

现代税收原则理论将财政收入原则、效率原则和公平原则视为税收的三大原则，但是三大原则之间既具有统一性也具有对立性。这就意味着政府制定税收政策的目标是多元目标均衡的，且这种均衡会随着经济和社会发展以及国家面对的国内外矛盾的演变而动态变化。在研究税收政策的经济效应时，必须要从动态均衡的视角对政策目标进行经济解读，任何在单一政策目标视角下的理论研究以及与其结论对应的政策建议都将是片面和有失偏颇的。

3 财政税收政策的动态目标均衡理论分析

财政税收政策效应的评价取决于对政府税收政策目标的界定。本章将首先归纳和界定政府实施税收政策所期望实现的主要政策目标；然后在评析 Laffer 曲线的基础上，提出具有双侧税收禁区的理论模型，并分析政府在财政税收政策目标均衡条件下的动态税收政策选择；最后分析财政税收政策目标均衡的动态调整影响因素及其一般趋势，进而形成系统的财政税收政策动态目标均衡理论。

3.1 财政税收政策选择中的政府目标界定

税收作为政府参与社会分配的重要工具，在社会经济活动中发挥着多重职能，通常认为组织财政收入、调节经济运行和调节收入分配是税收的三大主要功能（马斯格雷夫，2003；王玮，2010）。由于公共物品的外部性以及市场失灵的问题，自由市场在资源配置中并不能实现最优化，在充分发挥市场"看不见的手"的自发调节作用外，还必须更好地发挥政府"看得见的手"的宏观调控作用，以预防或应对市场自发调节导致的经济波动、环境污染和由贫富差距导致的社会动荡问题。税收工具由于具备多重功能属性，越来越成为政府发挥有效调节作用的重要手段之一。现代税收原则理论认为，税收政策应该兼顾财政收入、效率和公平三大原则。本书在现代税收原则理论的基础上，将税收政策的主要目标归纳为三个方面：组织财政收入目标、促进经济增长目标、增进社会福利目标。

3.1.1　基础目标：组织财政收入

国家作为建立在一定经济基础之上的上层建筑，其本身是不直接从事生产活动的，国家为了获得维持其有效运转的物质资料，必须强制性地从居民和企业等微观经济主体那里征收一部分物质资料，财政收入是国家机器有效运转的根本保证。国家机器的运转必须是持续不断的，需要有相对稳定的财政收入来源。税收作为一种筹集财政资金的工具，除具有强制性和无偿性两大特征外，还具有稳定性特征，即税收制度对课税对象、税率和征收方式的安排都是相对固定的，不会发生经常性变动；通常情况下，课税对象的范围比较广泛。在微观经济主体的生产经营活动顺利进行的条件下，税收能保障相对稳定的财政收入来源。因此，相对于行政费用收入、罚没收入和捐赠收入等其他筹集财政资金的途径，税收在稳定性方面具有明显的比较优势。尽管在短期内，政府可以通过发行债券等赤字财政手段筹集一部分财政资金，但从长期来看这一途径并不可持续。从历史来看，税收是国家筹集财政资金的重要途径。因此，组织财政收入是税收政策的基础性目标。

在市场经济体制下，组织财政收入是税收发挥对经济和社会调节作用的基础。因此，税收政策组织财政收入目标直接制约着促进经济增长目标和增进社会福利目标的实现。这就意味着税收组织财政收入的同时，就被赋予了越来越复杂的宏观调控职能。反过来，税收组织财政收入的多寡则影响着国家宏观调控的能力。

3.1.2　核心目标：促进经济增长

尽管组织财政收入是税收政策固有的基础性目标，但是从税收理论的演变历程来看，无论是英国古典经济学派、凯恩斯学派，还是制度经济学派和供给学派，都侧重对实现经济增长的税收政策理论进行研究。其原因在于只有经济实现增长才能实现物质财富的积累，从而扩大税基和税源。因此，税收的经济增长目标是税收组织财政收入和增进社会福利目标的基础。

经济增长是一个国家进步的标志，是人类社会发展进程中永恒的追求目标。当今世界，无论是发展中国家还是发达国家，促进经济增长都是国家宏观经济政策希望实现的核心目标之一，只是由于不同发展阶段的国家的要素禀赋不同，导致其选择实现经济增长的方式不同罢了。根据马克思的经济理论，规模扩大的再生产分为外延式扩大再生产和内涵式扩大再生产①。外延式扩大再生产是指生产场所的扩大,内涵式扩大再生产是指生产资料效率提高的再生产。扩大再生产也就是经济增长过程,一般来说,一个国家在经济建设的起步阶段往往采取粗放型的外延经济增长方式来实现资本积累和技术进步,然后逐步转变为集约型的内涵经济增长方式。由于经济增长方式的惯性作用,政府的宏观调控政策对实现经济增长方式的转变至关重要。此外,资本主义生产方式下,市场自发的调节机制不可避免会导致经济"过热"或"过冷",政府需要通过宏观调控尽可能地熨平经济波动,实现经济平稳增长。

税收作为国家宏观经济调控的重要手段之一,促进经济增长必然是税收政策的着力点。为此,税收政策实现经济增长目标的途径主要有如下三个。

第一,控制宏观税负水平,降低税收对经济效率的扭曲。国家必须通过征税来维持国家机器的运转,国家机器有效运转是经济实现增长的保障,但反过来,过度的税收必然会导致经济效率的损失。税收本质上是国家通过政治权利参与国民收入的分配,过度的税收必然影响市场微观主体的资本积累,影响再生产活动中资本和劳动要素的投入量,限制扩大再生产活动的进行。因此,国家应该提高行政管理效率,在满足财政必要支出需求的前提下,尽可能限制宏观税负水平,降低企业和居民的税收负担,从而拉动投资、消费和出口,实现经济增长。

第二,调整税收结构,引导经济增长方式转变。我国过去几十年的经济增长主要依赖的是粗放型的外延扩大再生产方式,多年来的经济增长方式已经形成了路径依赖。传统产业往往具有周期短、风险小和见效快的特点;而新兴产业则一般投资周期长、技术和市场风险高。微观主体的短视行为必然导致市场自发实现经济增长方式转变的过程是缓慢的,时间成本高。因此,从长远考虑,国家需要通过宏观经济政策的引导,利用市场对资源的配置机制,引导资源向战略性新兴产业流动,实现产业结构优化。在税收政策方面,一方面可以调整税收结构,通过不同税种间税率的增减变动,改变市场要素价格,引导资金流动;另一方面,可以对战略性新兴产业进行税收减免优惠,激发微观主体的投资活力。总之,合理应用税收政策,可以影响微观主体的投资决策行为,优化产业结构,加快经济发展方式的转变。

第三,实施相机抉择的税收政策,保持经济稳定。根据萨缪尔森关于税收的"自动稳定器"理论,如果实行累进制税收制度,保持税收的弹性,则可

---

① 马克思:《资本论》(第二卷),人民出版社,2004年,第192页。

以调节经济的周期性波动。一方面，当经济处于上升通道时，累进制税收制度可以自发地提高宏观税负水平，控制私人部门的流动性，防止经济泡沫化；另一方面，当经济处于下行通道时，累进制税收制度可以自发地降低宏观税负水平，释放流动性，抑制经济下滑。理论上，累进制税收制度确实可以发挥"自动稳定器"作用，但由于实践中的技术难度，仅仅依靠累进制税收制度还远远不够。除了累进制税收制度，国家还需要基于反周期调节原则，根据财税政策的整体需要，实施一系列相机抉择的税收政策。通过宏观税负和税收结构的增减调控政策对社会总需求和总供给进行调节，实现经济平稳和均衡增长。

3.1.3 终极目标：增进社会福利

社会福利的内涵界定，理论界从不同角度和目的出发，给出了许多不同的解释。本书从国家宏观调控的角度出发，将社会福利界定为：一国公民为生存、发展和享受而对物质文化资料产生了需求，这种需求的满足感就是社会福利。社会福利既包含对物质资料的客观需求，也包含公民心理层面的主观感知，它是人们改善生活水平愿望的反映。虽然，经济增长是改善社会福利的必要条件，但是，经济增长与社会福利的提高并不是完全统一的。从税收政策的政策目的来讲，可从如下三个方面调整税收政策，实现改进社会福利的政策目标。

其一，改善居民消费水平。为改善居民消费水平，可以实行诸如以下几点税收政策：通过对主要消费品产业实行税收优惠政策，可增加消费品供给，满足居民的消费需求；降低个人所得税税率，特别是中低收入群体的所得税税率，改善全社会有效需求状况；对与民生息息相关的进口商品实行税收减免政策。

其二，调节收入分配差距。社会福利包括居民心理层面的主观感知，收入分配差距是影响居民主观感知的主要因素，收入分配差距过大将会是破坏政治和社会稳定的重大隐患。从效用理论来讲，居民收入的边际效用递减规律意味着收入分配差距扩大会降低社会总效用水平。国家需要通过宏观经济政策来调控社会收入分配差距，而税收政策是调节收入分配差距的主要宏观政策工具。税收政策主要可以从如下几个方面对社会收入分配差距进行调节：在所得税方面实行累进制税收制度，加大对高收入群体的税收力度；适当开征财产税税种，例如遗产税和房产税等；在流转税方面，对高档消费品实行较高税率，而对需求弹性低的普通消费品实行较低税率或税收减免政策。

其三，保护生态环境。随着生产力水平的不断提高，人们愈加关注生态环境保护问题，忽视环境保护而一味追求经济增长，将会导致环境污染，从而影响人的身体健康和生活质量，降低社会福利水平。生态环境保护问题已经是当今世界主要国家关注的重点问题。税收政策在生态环境的保护方面可以发挥重要作用，例如，征收资源税，有利于资源集约化利用，降低经济增长的环境代价；对绿色产业的生产、流通和消费环节实行税收减免优惠政策，引导经济向绿色发展转变；开征环境保护税，对污水、废气、噪音和废弃物等进行征税，减少污染物排放，推进生态文明建设。

尽管经济增长是增进社会福利的基础，但是一味地追求经济增长却并不一定能改善大多数人的生活水平，增进社会福利。西方资本主义国家为维护资产阶级的利益，一开始并没有实行累进制所得税制度，因为累进制税收制度并不利于资本积累。但是在发展过程中，由于阶级对立加剧威胁到了资产阶级的统治地位，不得不采取累进制税收制度及其他社会福利政策，以缓解社会矛盾。

3.1.4　不同目标间的对立统一关系分析

组织财政收入目标、促进经济增长目标、增进社会福利目标这三大财税收政策目标之间存在着客观联系，根据马克思主义的唯物辩证法，税收政策的三大目标之间具有对立和统一的矛盾关系。分析不同税收目标之间的对立统一关系，对理解和分析宏观税收政策具有重要意义。

组织财政收入目标与促进经济增长目标之间的对立统一关系。统一性：经济增长必然促进社会物质财富的增加，从而为税收提供了更为广泛的税基和税源，有利于增加税收收入水平；反过来，经济增长需要政府维护公共秩序和建设基础设施等，国家必须通过税收组织财政收入来维持运转。对立性：国家基于组织财政收入目标而提高税率水平，将会降低微观市场主体的生产积极性，对投资、消费和出口带来消极影响；国家为刺激经济增长而降低税率水平，则会影响组织财政收入目标的实现，导致国家财政赤字风险加大。

促进经济增长目标与增进社会福利目标之间的对立统一关系。统一性：只有经济实现增长，才能积累更多的物质财富，以满足社会福利支出的需要。对立性：粗放型经济增长方式会对生态环境造成破坏，影响社会福利水平，而如果采取更加关注环境健康的集约型经济增长方式，加强对环境污染的管控，则会放缓经济增长速度；为增进社会福利，调节收入分配差距，必然会制约经济增长目标，例如采取累进制所得税制度，高收入群体必然会选择更多的闲暇时间，从而对产出产生反向激励作用。

组织财政收入目标与增进社会福利目标之间的对立统一关系。统一性：一方面，国家通过财政收支手段，参与到国民收入的初次分配和再分配过程中，首先，在初次分配过程中，主要通过征收生产税来调节初次分配；其次，在再分配过程中，通过累进制税收制度和设置财产税税种等手段，缓解社会收入分配差距；通过提供无差别的安全、教育和医疗等社会公共产品，保障社会福利水平；另一方面，通过开征资源税、环境保护税等税种，在增加税收收入的同时，保护了生态环境，有利于增进社会福利。对立性：财政收入是国家对社会物质资料的无偿征收，必然会降低居民对物质资料的支配能力，影响居民自主消费水平。居民因税收而降低的消费水平可以通过国家无偿提供的社会公共消费品得以补偿，但这受国家意志的制约。

从长期来看，税收政策的主要目标必然是统一的，但是从短期来看，税收政策的主要目标之间又具有对立性。基于单一目标的税收政策必然会因为不同目标之间的对立性而产生严重的负面政策效应，因此，政府税收政策的目标取向必然是多目标均衡的。由于税收制度的安排体现了国家意志，在不同的经济和社会发展阶段，不同政治体制下的政府具有不同的政策目标取向，会选择不同的税收制度安排以实现其不同的政策目标。因此，这种均衡是在一定的历史发展阶段，受政治、经济和社会环境的影响的国家意志的体现。

3.2 财政税收政策的目标均衡理论构建

财政税收政策不同目标之间的矛盾关系意味着国家在制定税收政策时面临着"鱼与熊掌不可兼得"的选择困境，国家必须基于对政治、经济和社会发展现状的了解和分析，制定出多目标均衡的税收政策。20世纪70年代，供给学派的代表人物阿瑟·拉弗（Arthur Laffer）提出了著名的拉弗曲线，拉弗曲线理论似乎找到了同时实现财政收入和经济增长最大化目标的最优宏观税负水平。然而，拉弗曲线理论在美国的政策实践并不完美。本书在这一部分将首先较为深入地对拉弗曲线进行评析，分析其理论的局限性；然后基于税收政策多目标均衡的观点，提出双侧税收禁区理论。

3.2.1 拉弗曲线评析

拉弗曲线描述了一条税收收入关于税率水平变动的倒"U"形曲线（如图3-1所示），其理论含义可以解释为：当税率为100%时，企业和居民收入全部上缴国家，理性的微观经济主体将会因无利可图而停止生产，这就意味着100%的税率与0税率税收政策都会导致国家无法取得任何的税收收入。因此，在0和100%之间会存在一个税收收入最大化对应的最优税率水平。当税率过高时（处于曲线右侧的税收禁区内），提高税率会大大影响微观经济主体的积极性，企业减少投资，劳动者选择更多的闲暇而减少劳动时间，从而导致全社会的产出水平下降、税基缩减，国家的税收收入不增反降；反之，如果此时降低税率，会极大地刺激微观经济主体的积极性，会引导更多的资本和劳动力资源投入再生产活动中，税基的扩大将会抵消税率下降对税收收入的影响，国家税收不降反升。拉弗曲线的右侧称为"税收禁区"，只要税率水平位于禁区之内，减税政策是税收政策组织财政收入目标和促进经济增长目标共同的需求。

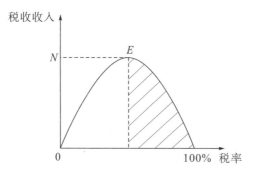

图 3-1　拉弗曲线

阿瑟·拉弗提出的拉弗曲线理论有其特殊的时代背景，20 世纪 30 年代的"大萧条"危机过后，西方主要资本主义国家都采取了凯恩斯主义理论的政策主张，采取积极的宏观政策，从需求端对经济进行调整，但是，20 世纪 70 年代的"滞涨"危机对凯恩斯主义提出了挑战，如何摆脱"滞涨"危机成了理论界关注的重点。20 世纪 70 年代中后期，美国的宏观税负水平超过了 50%，正是基于对美国宏观税率水平位于拉弗曲线右侧的税收禁区的判断，阿瑟·拉弗勾勒出拉弗曲线是为了说服美国政府采取减税政策。拉弗曲线是在特定历史背景下，基于特定的政策主张的产物，具有历史的局限性，主要体现在以下两个方面：一是在"滞涨"危机背景下，供给学派的减税理论实际上是对古典学派反对政府干预思想的一种回归，即假定企业和私人的收入分配效应优于国家预算分配效应[1]，忽略了凯恩斯主义关于市场存在失灵现象的论述；二是对拉弗曲线左侧的非税收禁区的关注不够，仅仅从拉弗曲线的简洁表述形式来看，税率并非越低越好，因为如果税率位于曲线左侧的话，增税意味着税收收入的上升，但拉弗曲线并没有对此时增税对经济增长的影响进行合理的描述。

由于没有注意到拉弗曲线的历史局限性，因此在理论研究和政策实践中存

---

① 参见郝硕博：《拉弗曲线探析》，《财经问题研究》2000 年第 6 期。

在着对拉弗曲线的错误理解和应用。其主要原因在于完全将组织财政收入和促进经济增长这两大即统一又对立的税收政策目标等同化。在政策实践上，20世纪80年代，美国政府长达近10年的减税政策，使美国率先摆脱了滞涨危机，但是政府的税收收入并没有如同拉弗曲线描述的那样实现同步增长，相反，美国政府又开始不断地陷入财政赤字危机。在理论研究上，部分学者将拉弗曲线顶点对应的税率水平视为最优税率水平，或者直接将拉弗曲线的纵轴由税收收入改为经济发展水平。这样，拉弗曲线就又回到了单一税收政策目标的分析框架中。

拉弗曲线的贡献在于，从根本上改变了理论界对税收收入与税率之间存在线性关系的看法，描述了当税率水平位于右侧的税收禁区之间时，减税是组织财政收入和促进经济增长的共同政策需求。但是，拉弗曲线本质上仅仅生动形象地勾勒出了税收收入与税率水平变动的定性关系，并不能一般地应用于同时考虑多个税收政策目标下的理论分析。为了更好地分析多目标均衡下的税收政策，必须对拉弗曲线进行改进和拓展。

3.2.2 双侧税收禁区理论模型

拉弗曲线是一条以税收收入为目标函数的曲线，并没有体现出其他税收政策目标函数与税率水平变动的关系。为了在多目标均衡下讨论最优的宏观税负水平，有必要从理论上同时探讨其他税收政策目标函数与税率水平变动的关系。本书将我国现阶段的税收政策目标界定为组织财政收入、促进经济增长和增进社会福利三大目标。由于增进社会福利目标与组织财政收入目标和促进经济增长目标具有内在统一性，而且彼此间的矛盾主要是通过税收结构而非宏观税负水平进行调节，为简化讨论，本书在这一部分不失一般性地将税收政策目标界定为组织财政收入和促进经济增长两大目标。

供给学派的减税理论之所以侧重于论述税率变动与税收收入的关系，是因为其继承了古典学派的税收中性思想，即国家应该在满足基本公共支出需求的基础上，应尽可能地降低税负水平，以减少政府对市场配置资源的扭曲效应。这种对市场机制完全有效的假设与经济实际运行情况并不完全吻合。国家主要基于税收而获取财政收入，财政支出对社会生产有着积极的作用，这种作用主要体现在三个方面：（1）国家提供的国防、外交和治安等非生产性公共产品，是微观主体从事生产活动的基础保障；（2）除了非生产性公共产品，国家还必须提供道路、桥梁等基础设施类的生产性公共产品；（3）在供水、供电等部分自然垄断行业，国家对资源的配置效率优于市场的配置效率，需要国家资本主导参与。因此，在讨论促进经济增长目标的税率水平时，有必要将国家对产出水平的作用考虑在内。

就我国的实际情况而言更是如此。我国仍然处于社会主义初级阶段，社会主义市场经济体制虽然已经建立，但仍需要不断完善。从财政支出结构来看，在基础设施建设、产业结构引导和科学研究等生产性支出占比仍然占据重要地位，财政支出具有明显的生产建设性。当前，我国正处于转向高质量发展的关键阶段，一方面要坚持市场对资源配置的决定性作用，另一方面也必须更好地发挥政府的作用。过度地夸大市场作用而削弱政府的作用都是不可取的。因此，十分有必要考虑到国家财政支出对促进经济增长的积极作用。

为求语言表述上的逻辑严密性，本书将借助数学语言工具，通过构建数学模型，分析多目标均衡下的最优宏观税负水平。

阿瑟·拉弗和他的学生维克托·坎托、道格拉斯·乔伊尼斯在 1981 年用数学模型对拉弗曲线的数学表达式进行了推导[①]。假设政府通过对生产要素收入按一定比例征税来筹集财政收入，并且财政收入完全以中性的形式返回经济中（政府支出完全采取转移支付的形式返还给个人），不产生任何的收入效应。在这样的假设条件下，生产部门通过市场机制选择最优的资本和劳动两要素的数量和比例进行生产，其生产函数为

$$Q = K^{\alpha} L^{(1-\alpha)} \tag{3.1}$$

从生产函数的形式来看，与上述对供给学派的理论基础一致，即完全忽视了政府支出对社会产出的作用。而 Scully 在 1996 年采用计量手段实证研究新西兰的最优税率水平时，创造性地假定社会总产出水平受政府提供的公共产品和市场微观主体提供的私人产品共同决定，并假定生产函数满足科布-道格拉斯函数形式。Scully 通过数学推导，分别求出了经济增长最大化和税收收入最大化对应的最优税率水平，并通过数值拟合的形式，讨论了新西兰的最优宏观税负水平（Scully，1996）。尽管 Scully 的实证分析方法在理论界受到了质疑[②]，但其将政府支出引入生产函数的形式无可厚非，这对本书研究具有重要的启示作用。因此，本书将引用 Scully 的模型分析框架，用以讨论多目标均衡下的最优宏观税负水平。

---

① 参见维克托·A. 坎托、道格拉斯·H. 乔伊尼斯、阿瑟·B. 拉弗：《税率、生产要素之运用以及市场生产》，《现代国外经济学论文选（第五辑）》，商务印书馆，1984 年。

② Roderick Hill 认为 Scully 的实证方法对宏观统计数据十分敏感，不同年份的数据回归结果差异太大，这就导致其可能产生对最优税率的虚假估计。参见 Roderick Hill：Optimal taxation and economic growth：a comment，Public Choice，2008（134）：419 – 427.

假定全社会的总产出水平由国家和私人的生产建设性投资水平决定，社会总产出函数满足柯布-道格拉斯函数形式：

$$Y_t = A (G_t)^\alpha (PI_t)^\beta \tag{3.2}$$

其中，A 表示代表生产技术水平的要素投入产出率，由于本书在这一部分仅做短期分析，因此假定 A 为常数；G 表示政府税收收入，PI 表示私人部门对社会总产出的支配部分，假定这两部分都全部投入社会再生产①；α 和 β 分别表示两种不同生产要素的边际产出弹性。

国家的财政收入完全依赖税收方式来筹集，因此，税率水平也决定了社会总产出在国家和私人两部门之间的分配结构：

$$G_t = \tau Y_{t-1} \tag{3.3}$$

$$PI_t = (1 - \tau) Y_{t-1} \tag{3.4}$$

其中，τ 表示宏观税负水平。将式（3.3）和式（3.4）代入式（3.2）即可得出社会总产出 Y 关于宏观税负水平 τ 的函数表达形式：

$$Y_t = A (\tau Y_{t-1})^\alpha [(1 - \tau) Y_{t-1}]^\beta \tag{3.5}$$

假定上一期的社会产出水平 Y_{t-1} 既定的情况下，式（3.5）的一阶微分表达式为

$$\frac{\partial Y_t}{\partial \tau} = A Y_{t-1}^{\alpha + \beta} \tau^{\alpha - 1} (1 - \tau)^{\beta - 1} [\alpha - (\alpha + \beta) \tau] \tag{3.6}$$

于是，当 $\tau < \dfrac{\alpha}{\alpha + \beta}$ 时，$\dfrac{\partial Y_t}{\partial \tau} > 0$，产出水平随着宏观税负水平的提高而上升；当 $\tau > \dfrac{\alpha}{\alpha + \beta}$ 时，$\dfrac{\partial Y_t}{\partial \tau} < 0$，产出水平随着宏观税负水平的提高而下降；令 $\dfrac{\partial Y_t}{\partial \tau} = 0$，则可以求出产出水平最大化对应的最优税率水平

$$\tau^* = \frac{\alpha}{\alpha + \beta} \tag{3.7}$$

因此，社会总产出 Y 关于宏观税负水平 τ 的函数图像应该是倒"U"形。

Scully 基于上述模型推导结果，通过计量的手段对新西兰的两类生产要素的边际产出弹性系数 α 和 β 进行拟合估计后，得出了产出水平最大化对应的最

---

① Scully 特别证明了：尽管政府和私人对社会总产品的支配都不可能全部用于再生产，还必须利用一部分进行消费，但这并不影响最后对最优税率的求解结果，因此可以对社会总产出函数进行如此简单的假设。参见 Gerald W. Scully: Taxation and economic growth in New Zealand, Pacific Economic Review, 1: 2 (1996), pp. 169–177.

优宏观税负水平 τ^*，并且还顺便给出了税收收入最大化对应的最优宏观税负水平 τ^{**} 的表达形式。国家税收收入 G 与关于宏观税负水平 τ 的函数表达形式为

$$G_t = A \cdot \tau \cdot (\tau Y_{t-1})^{\alpha} \left[(1 - \tau) Y_{t-1} \right]^{\beta} \tag{3.8}$$

式（3.8）的一阶微分表达式为

$$\frac{\partial G_t}{\partial \tau} = A Y_{t-1}^{\alpha + \beta} \tau^{\alpha} (1 - \tau)^{\beta - 1} \left[(1 + \alpha) - (1 + \alpha + \beta) \tau \right] \tag{3.9}$$

令 $\dfrac{\partial G_t}{\partial \tau} = 0$，则可以求出产出水平最大化对应的最优税率水平

$$\tau^{**} = \frac{1 + \alpha}{1 + \alpha + \beta} \tag{3.10}$$

显然 $\tau^{**} > \tau^*$，即税收收入最大化对应的最优宏观税负水平高于产出水平最大化对应的最优税率水平。

事实上，尽管 Scully 没用基于其模型分析国家税收收入 G 与关于宏观税负水平 τ 的函数图像形状，但实际上基于式（3.9）可以容易得知，当 $\tau < \dfrac{1 + \alpha}{1 + \alpha + \beta}$ 时，$\dfrac{\partial G_t}{\partial \tau} > 0$，税收水平随着宏观税负水平的提高而上升；当 $\tau > \dfrac{1 + \alpha}{1 + \alpha + \beta}$ 时，$\dfrac{\partial G_t}{\partial \tau} < 0$，税收水平随着宏观税负水平的提高而下降。因此其函数图像仍然是倒"U"形，与拉弗曲线的形状相一致。

基于以上分析，本书将拉弗曲线关于反映税收收入与宏观税负水平关系的单一曲线描述，拓展为包含反映社会产出与宏观税负水平关系的双曲线形状描述。该双曲线图像的定性表达形式可由图 3-2 给出。

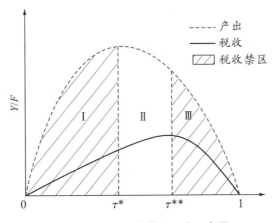

图 3-2　双侧税收禁区理论示意图

图3-2中实线表示税收收入与宏观税负水平的关系，即拉弗曲线；虚线表示社会总产出水平与宏观税负水平的关系。上图可以形象地反映出，在同时考虑组织财政收入和促进经济增长两大税收政策目标时，税收禁区将不再仅仅是拉弗曲线所描述的位于税收收入最大化对应的最优税率水平右侧的高税率税收禁区（图中区域Ⅲ所示），而是在其左侧区域内仍然存在着另一个低税率税收禁区（图中区域Ⅰ所示）。在税收政策多目标均衡下，最优税率应该在图中区域Ⅱ内进行选择。本书将上述理论分析称为"双侧税收禁区理论"，具体而言，可对其进行如下三点阐述。

第一，当实际税率位于区域Ⅰ内时，提高税率水平可同时满足税收组织财政收入和促进经济增长两大政策目标需求；反之，如果降低税率水平，不但会降低税收收入水平，还会对社会总产出水平造成消极影响。当实际税率位于区域Ⅰ内时，为促进经济增长而降低税率水平的政策将会适得其反。因为此时税收收入水平的下降会降低国家的财政收入，国家在财政赤字的压力下，对生产建设性的财政支出将会受到限制，影响国家宏观调控作用的有效发挥。加之市场并非完全有效，在国家的宏观调控职能不能有效发挥的情况下，社会总产出水平必然受到影响。一种极端情况是：如果税率为零，那么税收收入为零则意味着社会处于无政府状态，缺乏国家制度保障的绝对自由社会的交易成本将急剧上升，社会生产组织方式将退回到原始社会阶段，社会总产出水平将无限趋近于零。

第二，当实际税率位于区域Ⅲ内时，降低税率水平可同时满足税收组织财政收入和促进经济增长两大政策目标需求；反之，如果继续提高税率水平，不但会对社会总产出水平造成消极影响，还会降低税收收入水平。区域Ⅲ与拉弗曲线所描述的税收禁区是完全重合的。因此，其理论逻辑也是完全一致的，即减税将会激发市场微观主体的积极性，促进投资和消费水平，拉动经济增长；与此同时，虽然税率水平下降，但是社会总产出水平的上升将会扩大税基和税源，实现税收收入的增长。一种极端情况是：如果税率为100%，那么意味着微观主体将无法获得任何的剩余价值，社会生产活动将停滞，国家税收也将归零。

第三，当实际税率位于区域Ⅱ内时，税率水平的增减变动将无法同时满足税收组织财政收入和促进经济增长两大政策目标需求。当税率水平下降时，社会产出水平可能会提高，但是税收收入水平将会下降；反之，当税率水平上升时，社会产出水平将会下降，但是税收收入水平将会上升。因此，此时的最优税率水平选择既不是满足经济增长最大化的税率水平 τ^*，也不是满足税收收入最大化的税率水平 τ^{**}，最优税率水平将取决于国家税收政策的目标均衡，介于经济增长最大化的税率水平和税收收入最大化的税率水平 τ^* 之间。

3.2.3 目标均衡下的政策选择

基于上文提出的双侧税收禁区理论，国家通过税收政策调控宏观税负水平时，必然会分以下两个基本的步骤。第一步，判断既有的宏观税负水平是否处于税收禁区之内，如果既有的宏观税负水平处于左侧的税收禁区（区域Ⅰ），则上调宏观税负水平，使其进入非税收禁区（区域Ⅱ）；如果既有的宏观税负水平处于右侧的税收禁区（区域Ⅲ），则下调宏观税负水平，使其进入非税收禁区（区域Ⅱ）；如果既有的宏观税负水平处于非税收禁区（区域Ⅱ），则进入第二步。第二步，在非税收禁区（区域Ⅱ）内，国家基于对经济发展需求及社会主要矛盾的判断，寻求一个满足税收政策多目标均衡的最优宏观税负水平。

关于宏观税负水平是否处于税收禁区之内的判断并不容易，极易产生主观误判。从制度的需求端看，除社会贫富差距较大时，低收入群体有提高高收入群体课税的需求外，在正常情况下，无论是企业还是个人，仿佛都只会期望国家下调宏观税负水平。因为，作为有限理性的市场微观经济主体，宏观税负水平的下调，意味着在初次分配中，国家获得更少的全社会剩余价值，而自己能分配到更多的剩余价值。当宏观税负水平并非处于右侧的税收禁区（区域Ⅲ）时，如果国家完全顺应市场微观经济主体有限理性诉求，那么可能会导致国家整体利益的损失。从供给端看，按照公共选择理论的观点，政府及其代理人也具有"经济人"的特征，当宏观税负水平处于右侧的税收禁区（区域Ⅲ）时，政府在财政幻觉的作用下仍然可能提高税率，政府过度的干预行为也会导致国家整体利益的损失。因此，国家对宏观税负水平的判断，不仅要倾听企业和居民的声音，还应当从国家战略出发，做出理性的判断。

3.3　财政税收政策目标均衡演变的趋势与动态调整影响因素

根据本书上一节中构建的双侧税收禁区理论，最优宏观税负水平应该位于非税禁区之内，但非税禁区是一个区间而非一个最优的固定值。政府税收政策的选择是基于多目标均衡的结果，这种均衡结果会受到若干因素的影响，随着时间的变化而动态变化。因此，政府的最优税收政策选择是动态的。接下来，本书将分析税收政策目标演变的一般趋势，以及在短期内影响税收政策目标均衡动态调整的相关因素。

3.3.1 一般趋势：经济发展水平

根据马克思主义政治经济学原理，税收政策属于上层建筑的范畴，它必然由经济发展水平（生产力）决定的经济基础（生产关系）所决定。尽管在部分历史阶段，部分国家的经济发展水平出现了下滑，但总体来讲，随着科学技术的进步，各国的经济发展水平是不断提高的。随着经济发展水平的提高，既有生产关系的矛盾将会越来越尖锐，并将制约生产力的进一步发展。国家为促进经济发展和维护社会稳定，必须通过宏观政策来调节生产关系的矛盾。生产关系包含生产资料所有制关系、交换关系、产品的分配关系，以及由它直接决定的消费关系。尽管生产资料所有制关系是整个生产关系的基础，生产资料所有制关系决定了分配关系，但国家凭借政治权利强制参与国民收入分配的过程中，可以在一定程度上改变完全基于生产要素的分配格局，进而缓解生产关系矛盾，维持经济和社会发展。税收是政府参与国民收入分配的主要工具，在不同历史阶段拥有不同经济发展水平的国家，政府面对不同的社会矛盾会选择不同的税收政策以达到税收政策目标的均衡。

就税收政策的三大目标而言，促进经济增长目标与一国经济发展水平本身就是相辅相成了，当经济发展水平较低时，政府无疑会偏向促进经济增长的税收政策目标。而对于组织财政收入这一基础性目标，尽管税收是政府顺利履行其职能的基本保证，无论一国处于什么样的发展阶段，组织财政收入都是税收政策最为基础的目标，但是，政府通过税收工具组织财政收入的多寡取决于其需要履行的职能范围的大小。而政府的职能范围取决于一国经济的发展水平，随着经济发展水平的提高和社会矛盾的加剧，政府的职能范围也会不断扩大，政府势必会不断强化税收政策组织收入的目标，以满足其不断增长的财政支出需求。对于增进社会福利目标而言，只有经济发展水平的提高，才能为政府实现增进社会福利的政策目标提供物质保障。

因此，经济发展水平决定了税收政策目标演变的一般趋势。分析西方发达国家过去多年的经验数据可知，一般而言，随着经济的不断发展，政府税收政策目标均衡的演变大致会经历三个阶段。

第一个阶段：经济发展处于起步阶段，政府宏观经济政策会在公平与效率的取舍中偏向于效率，政府的税收政策会偏向于促进经济增长目标，而在一定程度上偏离增进社会福利目标。由于税源匮乏和税收不可避免地对经济运行造成扭曲效应，政府往往在经济发展的起步阶段采取低税率策略，特别是降低对资本的课税水平，以促进资本积累和降低对市场机制的扭曲作用，实现促进经济增长的政策目标。同时，为维持财政预算平衡，国家不得不控制社会福利方面的财政支出。例如，对资本、劳动和消费等课税对象采取较低的边际税率，鼓励投资和消费；减免出口关税或实行出口退税政策，鼓励出口。这种低税率税收政策在促进经济增长的同时，必然会导致国家宏观税负水平处于较低的状态，而有限的财政收入难以保证政府在调节收入分配、保护生态环境等其他增进社会福利方面有效发挥作用。

第二个阶段：经济发展处于高速增长期，政府税收政策从促进经济增长目标向增进社会福利目标动态偏离，税收政策目标呈现多元化特征。随着经济发展水平的快速提高，社会矛盾也不断凸显，政府的职能范围也不断扩大，这主要体现在四个方面：一是经济发展愈加依赖政府在生产性基础设施、生产性公共服务等方面的投入；二是居民的物质文化需求不断提高，需要政府提供更加完善的医疗、教育、城市设施等公共产品；三是社会贫富差距不断扩大，对社会稳定构成威胁，需要政府通过税收工具进行有效调节；四是早期粗放式的经济发展模式导致资源匮乏和环境污染问题，政府需要通过税收手段进行引导。政府公共财政支出在绝对数量和相对比例上都会不断增加，政府需要通过税收工具组织更多的税收收入以满足公共财政支出的需求，税收政策组织财政收入的政策目标势必进一步得以强化。税收政策的职能目标将会从促进经济增长目标逐步向增进社会福利目标偏离。这种税收政策目标的偏离表现为宏观税负水平的快速上升。

关于政府税收政策目标均衡演变的第二个阶段，也从政府规模扩张的视角进行验证，税收政策的职能目标将会从促进经济增长目标逐步向增进社会福利目标偏离，意味着政府规模会不断扩张。19世纪80年代，德国经济学家阿道夫·瓦格纳基于对许多国家宏观经验数据的统计分析，提出了政府财政支出扩张的法则——瓦格纳法则。瓦格纳法则认为，由于市场失灵和外部性的存在，随着一国经济发展水平的提高，政府在干预经济运行和提供公共产品方面的职能不断扩张，政府财政支出会相对增加。政府规模的扩张意味着税收政策会逐步从促进经济增长目标向增进社会福利目标动态偏离，税收组织财政收入这一基础性目标会不断得以强化。此后，不少学者基于不同国家的经验数据分析，证实了瓦格纳法则的合理性。例如，Veverka（1963）基于英国1790—1961年的经验数据验证了瓦格纳法则、Bird（1971）基于加拿大1870—1965年的经验数据验证了瓦格纳法则、Gould（1983）基于日本1960—1979年的经验数据验证了瓦格纳法则。[①]

第三个阶段：经济发展进入成熟期，经济和社会治理体制较为完善，政府职能范围较为固定，税收政策目标均衡稳定地偏向于最大化社会福利水平。这一阶段的宏观税负水平会收敛到一个较高的稳定水平。从政府规模来看，上述验证瓦格纳法则的文献都是选择工业化进程阶段的经验数据，而并非选择了整个经济增长的过程（戚昌厚，2018）。从逻辑上来讲，在整个经济增长过程中，政府的绝对规模（税收总额）会不断增长，但政府的相对规模（宏观税负）不可能没有边界。因此，当经济发展到一定程度过后，政府的相对规模会收敛到一个较为稳定的水平。

从发达国家近几十年的经验数据来看，由于其处于后工业化阶段，政府职能范围相对稳定，税收政策目标偏向于最大化最近社会福利，政府的相对规模（宏观税负）保持在一个稳定的范围之内。其中，加拿大、法国、德国、意大利、美国和英国由于早已处于后工业化时期，宏观税负水平基本维持在一个较高的平稳水平（见表 3-1），税收政策目标均衡偏向于社会福利最大化；澳大利亚和韩国的工业化进程相对落后，澳大利亚的宏观税负水平从 1970 年的 24.6% 快速增长到 1986 年的 35.2%，然后一直维持在 32% 到 36% 之间动态变化（见图 3-3）；韩国由于 20 世纪六七十年代才开始其工业化进程，在 1978 年以前，宏观税负水平一直处于 20.3% 以下的较低水平，从 1979 年开始，其宏观税负水平一直不断增长，直到 2008 年以后，其宏观税负开始保持在 33% 左右的稳定水平（见图 3-3）。

表 3-1　世界主要发达国家 1995—2017 年宏观税负水平统计表[②]

时期	加拿大	法国	德国	意大利	美国	英国
1995 年	0.430	0.497	0.452	0.446	0.332	0.333
1996 年	0.436	0.510	0.454	0.450	0.336	0.332
1997 年	0.443	0.509	0.451	0.466	0.339	0.337
1998 年	0.444	0.505	0.452	0.453	0.342	0.352
1999 年	0.443	0.510	0.460	0.456	0.342	0.360
2000 年	0.440	0.503	0.456	0.442	0.346	0.368
2001 年	0.425	0.503	0.438	0.441	0.338	0.368
2002 年	0.411	0.496	0.433	0.438	0.314	0.357

[①]　参见戚昌厚：《政府规模与经济发展水平之间的关系——关于瓦格纳法则的文献综述》，《现代管理科学》2018 年第 2 期。

[②]　数据来源：经济合作与发展组织（OECD）数据库。

时期	加拿大	法国	德国	意大利	美国	英国
2003 年	0.411	0.493	0.436	0.439	0.308	0.356
2004 年	0.409	0.494	0.426	0.433	0.311	0.370
2005 年	0.410	0.499	0.428	0.430	0.325	0.381
2006 年	0.414	0.504	0.430	0.441	0.333	0.380
2007 年	0.413	0.499	0.430	0.453	0.334	0.383
2008 年	0.399	0.500	0.434	0.452	0.325	0.392
2009 年	0.405	0.500	0.443	0.459	0.301	0.372
2010 年	0.393	0.500	0.430	0.457	0.307	0.383
2011 年	0.392	0.511	0.438	0.457	0.311	0.384
2012 年	0.393	0.521	0.443	0.479	0.310	0.376
2013 年	0.391	0.531	0.445	0.481	0.332	0.386
2014 年	0.394	0.533	0.445	0.479	0.332	0.376
2015 年	0.406	0.532	0.445	0.477	0.333	0.380
2016 年	0.404	0.532	0.448	0.465	0.329	0.385
2017 年	0.400	0.538	0.450	0.464	0.338	0.391

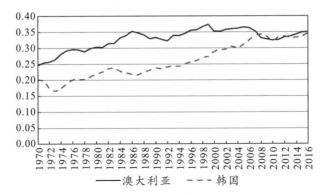

图3-3　澳大利亚和韩国1970—2016年宏观税负变动趋势图[①]

3.3.2　动态调整的影响因素

从上述分析可知，一国经济发展水平决定了政府税收政策目标均衡演变的一般趋势。但是宏观税负水平并非完全随着经济发展水平的变动而单调变动，而是表现出短期波动的特征，这是由于政府的税收政策目标还要受制于其面临的国内外政治、经济和社会环境。本书将在短期内影响税收政策目标均衡动态调整的主要因素归纳为经济波动、财政状况、民生与政治需求和国际税收竞争。

---

① 数据来源：经济合作与发展组织（OECD）数据库。

3.3.2.1 经济波动

经济发展水平反映的是在抽象掉短期波动情况下经济变量的长期一般趋势，但从短期来看，由于资本主义经济制度固有的矛盾，在投资、消费、技术进步以及人们预期变化的冲击下，经济变量往往会围绕长期趋势上下波动。促进经济增长是政府税收政策的核心目标，为消除经济波动的影响，政府会在短期内调整税收政策目标，通过税收政策的调整，尽可能地熨平经济波动，保持经济稳定运行，促进经济可持续发展。

20世纪30年代发生的资本主义经济危机让人们意识到古典经济学派的税收理论与实际经济运行情况不相符，在缺乏政府通过税收政策等手段对市场进行干预的情况下，市场自动调节机制无法实现经济稳定运行。凯恩斯学派认为经济危机的主要原因在于有效需求不足，而税收政策则是刺激有效需求的重要手段。无论是汉森等人提出的补偿性税收政策还是萨缪尔森提出的发挥累进税收制度的自动稳定器作用，都体现了凯恩斯学派"相机抉择"的税收政策思想，在经济衰退时期采取减税政策以刺激经济增长，在经济繁荣时期采取增税政策以限制经济过分扩张和泡沫的形成。而供给学派认为，政府过度干预经济运行是导致20世纪70年代滞涨危机的罪魁祸首，主张实施大幅度减税政策，通过刺激有效供给来刺激经济复苏，并且从长期来看减税带来的税基增加将会增加税收收入。尽管供给学派反对政府过度干预，但并不意味着其赞同古典学派的思想，相反，主张减税政策也是政府干预思想的一种体现，体现了政府通过减税政策实现其特定的政策目的。

凯恩斯学派和供给学派的税收理论对近几十年间世界主要国家的税收政策影响深远，政府税收政策目标会基于对经济波动特征的判断和预期而发生动态变化。经济波动已经成为影响政府税收政策目标决策的重要因素。一般而言，在经济出现衰退征兆时，政府税收政策目标将会偏向促进经济增长，而暂时偏离组织财政收入（实施赤字财政政策）和增进社会福利目标，适当采取减税措施，以刺激经济增长；而当经济出现过热征兆时，政府政策目标将会偏向组织财政收入，而并不追求经济的短期过快增长，适当采取增税措施，以增加财政收入和增进社会福利。以美国为例，其现行税收制度早在20世纪80年代就已成形，但其税收制度并不是一成不变的，历届政府根据经济波动情况动态调整税收政策目标，进行了多次税收制度改革。20世纪80年代，里根政府为应对滞胀危机，采取了供给学派的减税政策主张，成功使美国走出了危机。21世纪初，小布什政府为防止美国经济衰退，实行了大规模的减税措施，但效果并不明显。2008年金融危机发生后，美国经济出现衰退，奥巴马政府延续了上届政府的主要减税措施，并增加了部分刺激经济增长的减税计划，使得美国经济逐步恢复。

3.3.2.2　财政状况

组织财政收入是税收政策的基础性目标，组织财政收入是税收发挥对经济和社会调节作用的基础，是政府机器得以正常运转的基本保障。尽管汉森的税收补偿理论和拉弗曲线理论都认为基于促进经济增长目标的税收政策可以实现政府财政收支的动态平衡，但实际的经济运行情况相当复杂，财政收支的动态平衡周期可能过长。当政府财政支出压力突破其所能承受的边际时，政府的税收政策目标将会偏离促进经济增长目标，而偏向组织财政收入，以维持自身正常运转。

以美国为例，近半个世纪以来，美国的税制改革多是偏向促进经济增长目标，以减税为主，但其税收政策目标并不是一味地偏向促进经济增长。在里根政府执政的后期，尽管经济刚刚复苏，但财政赤字不断扩大，联邦政府出现了多次"关门危机"，政府采取了诸如取消部分税收优惠等加税措施。2012 年以后，美国经济开始出现复苏，但由于多年的扩张性财政政策导致政府财政赤字高企，奥巴马政府不得不适当地调整税收政策目标，在延续企业所得税减免的基础上，提高了个人所得税和资本所得税的边际税率，以增加政府的财政收入。

美国里根政府后期和奥巴马政府的增税政策皆是在经济出现复苏迹象之后，这时促进经济增长的政策目标并不急切。但即使一国经济陷入危机，政府在面临巨大财政压力的情况下，必须优先选择有利于组织财政收入的税收政策，以解燃眉之急，因为只有在政府正常运转的情况下，才能发挥其维护社会稳定和调节经济运行的作用。例如，2008 年全球金融危机过后，希腊的经济泡沫破灭，尽管此时经济严重衰退，经济下滑程度远高于同期的其他经合组织（OECD）成员国（图 3 - 4），希腊政府所面对的财政赤字和公共债务达到历史新高，使得其无力再采取扩张性的财税政策。当世界主要国家为应对经济危机采取减税政策的时候，希腊政府在巨大的财政压力下不得不采取包括增税在内的紧缩性财政政策。希腊 2009 年的宏观税负水平为 30.6%，低于经合组织成员国 32.9% 的平均水平；从 2009 年到 2012 年短短的三年间内，希腊的宏观税负水平已经快速增长到 35.5%，而同期的经合组织成员国平均宏观税负水平几乎维持不变；到 2017 年希腊的宏观税负水平已高达 39.4%（图 3 - 5）。

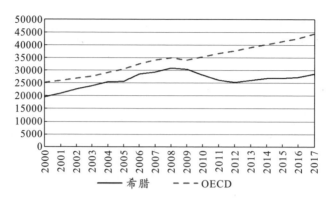

图 3-4　希腊 2000—2017 年间人均国内生产总值变动趋势图（单位：美元）

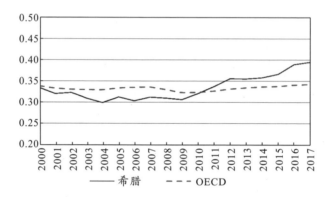

图 3-5　希腊 2000—2017 年间宏观税负水平变动趋势图

　　政府的财政压力除了来自经济波动，还可能来自像战争之类的突发性因素。例如，在第二次世界大战期间，政府的战争开支巨大，财政支出与日俱增。尽管赤字财政政策可以暂时缓解财政压力，但却不可持续，增税仍然是各主要参战国政府不得不采取的税收政策。因此，在战争时期，政府的税收政策目标将会聚焦于组织财政收入而偏离促进经济增长和增进社会福利目标，以满足战争开支的需要。以美国为例，罗斯福政府在 1940 年实行了大规模的增税政策，大幅降低了个人所得税的起征额，公司税、财产税、消费税等主要税种都上调 10% 以上。[1]　美国联邦政府的宏观税负水平由 1941 年的 7.3% 快速增长到 1945 年的 23.5%。[2]　除美国以外，其他主要参战国也在战争期间大幅提升

———————

　　[1]　参见 Jerry W. Markham，Financial history of the United States，Armonk，N. Y.：M. E. Sharpe C2002：p. 438.
　　[2]　参见同上。

了税收水平。[1]（见图 3 - 6）

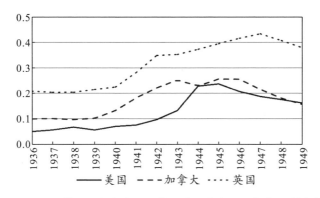

图 3 - 6　美国、英国和加拿大"二战"前后的宏观税负水平变动趋势[2]

3.3.2.3　民生与政治需求

税收政策不仅是宏观调控的重要手段和政府机器运转的基础保障，也攸关社会发展和民生保障。由于税收政策涉及每一个社会成员的切身利益，民众对税收政策的诉求自然也就成了政府不得不重视的政治问题。如果说财政压力可能导致政府破产的话，那么处理不好民生与政治需求则可能导致政权更迭。因此，政府需要综合考虑民生和政治需求，动态调整税收政策的目标。

民生与政治需求对政府税收政策的影响有积极的一面。例如，政府为获得政治支持，积极运用税收政策调节经济运行，增加民众收入；制定促进就业和保护生态环境的税收政策；通过税收组织财政收入以更好提供医疗、教育和养老等公共产品；运用税收政策调节收入，缩小社会收入分配差距等。

但正如本书分析的那样，政府税收政策的组织财政收入、促进经济增长和增进社会福利三大目标之间既是统一的也是对立的，而不同目标之间的对立性又往往使得民生与政治需求对政府税收政策产生消极的影响。税收政策是众多个体理性选择下的集体抉择，而个体理性选择往往生成集体非理性抉择的"囚徒困境"。从个体理性的视角来看，政府应该尽可能地减轻税收负担并提供尽可能多的公共产品，而这其中的矛盾性往往是被个体所忽略的。因此，当

---

[1]　由于其他主要参战国的统计数据缺失，本书只根据相关经验数据计算了美国、英国和加拿大三国在第二次世界大战前后的宏观税负水平变动情况。其中，美国和加拿大的宏观税负水平采用的是联邦政府收入与国民生产总值（GNP）的比值，而英国的宏观税负水平则采用的是政府收入与国内生产总值（GDP）的比值。

[2]　B. R. 米切尔编：《帕尔格雷夫世界历史统计》（美洲卷，1750—1993 年）、《帕尔格雷夫世界历史统计》（欧洲卷，1750—1993 年），贺力平译，经济科学出版社，2002 年。

政府为抑制经济泡沫或应对公共债务危机而实行紧缩性税收政策时，往往会遇到较大的政治阻力。例如，在希腊债务危机中，政府的紧缩性财政政策缩减了社会公共福利支出并增加了税收，引发了大规模的民众抗议，债务危机演变成严重的政治危机。此外，在实行"西式"民主政治制度的国家，政党之间为了选票竞争，常常利用税收政策来迎合民生需求，以获得政权或巩固政权。政府实施减税政策、增加公共产品供给和转移支付可以迎合民众的支持，反之则可能成为众矢之的。例如，塔夫特（1978）和米克赛尔（1978）的研究都认为，政府往往在选举年（选举之前）增加转移支付以获得民众支持，而在非选举年（选举后）增加税收。[①]

3.3.2.4 国际税收竞争

在经济全球化的背景下，跨国企业基于对成本和收益的判断会选择有利于利润最大化的投资目的地，而一国税收政策无疑是影响跨国企业投资抉择的重要因素。由于不同国家包括税收政策在内的投资环境不同，在公共产品供给和劳动力成本相当的情况下，资本往往会流向税收负担较低的国家。一国为了阻止本国既有的资本流出，并尽可能多的吸引外国资本到本国来投资，以提升本国的国际竞争力，往往会采取税收减免等优惠措施。国际税收竞争就是各国为了争夺国际资本而竞相采取减税政策措施。因此，在全球化背景下，一国政府的税收政策目标选择将不得不考虑国际税收竞争的影响，并且越来越容易受到其他国家宏观税收政策的影响。

从国家之间博弈的角度来看，无论是发展中国家还是发达国家都具有通过减税政策来获得国际竞争优势的动机。对于发展中国家而言，尽管可能具备劳动力成本或自然资源等方面的比较优势，但是在基础设施和法律制度等公共产品供给方面与发达国家有一定差距。因此，发展中国家为了吸引外资发展本国经济，往往对外资采取税收减免优惠，如我国在改革开放初期便实行了内外不同的两套税收制度。由于发达国家之间的投资环境差异较小，税收政策便成为诱导发达国家资本流动的重要因素。因此，无论一国政府是基于国内经济调整的考虑，还是直接基于国际竞争的考虑，实行大规模减税政策时，便会迫使其他国家调整税收政策目标，加入国际税收竞争。从西方发达国家之间近几十年的税收竞争来看，一般都是由头号资本主义强国美国率先挑起的。例如，20世纪 80 年代里根政府的大规模减税政策和 21 世纪初叶小布什政府的大规模减税政策。相较于美国而言，欧洲发达国家在医疗、教育、养老等社会保障方面

---

① 参见丹尼斯 C. 缪勒：《公共选择理论》，杨春学等译，中国社会科学出版社，1994 年。

的刚性财政支出更大，欧洲国家普遍偏向于采取高税率政策以实现增进社会福利的政策目标。但是，当美国实行大规模减税政策后，欧洲诸国政府不得不打破原来的税收政策目标均衡，通过跟进美国的减税政策以防止资本大规模流失，维持欧洲经济的稳定。

2008 年全球金融危机过后，美国经济面临制造业衰败和国内失业率高企的问题，经济增长面临较大压力。2017 年，美国特朗普政府上台以后，美国政府的税收政策目标均衡发生了较大的调整。在"美国优先"理念的指引下，特朗普政府实行了近 30 年来最大规模的减税政策。从政策目标来看，特朗普政府的减税政策是政府税收政策目标均衡在短期内由增进社会福利目标向促进经济增长目标发生一定偏离的体现。美国政府的减税政策在短期内可能导致社会福利的下降，如特朗普政府下调所得税的最高边际税率，以及为节约财政开支而废除奥巴马政府时期的医保法案，都可能加剧社会收入分配差距和阶级对立。特朗普政府的减税政策一方面是基于供给学派的经济学理论，希望通过消减美国国内企业的成本来改善"供给"状况，由"供给"自动创造需求，从而促进美国就业和经济增长[①]；另一方面，则是希望通过减税在国际税收竞争中获得比较优势，引导跨国资本回流美国，进而恢复美国制造业，促进就业增长。特朗普政府发起的新一轮国际税收竞争，势必会影响包括中国在内的世界其他主要国家税收政策目标均衡的动态调整。

---

① 参见何禹希：《特朗普税改下国际税收竞争思考》，《合作经济与科技》2018 年第 7 期。

4 我国财政税收政策的目标均衡：演变、现状与趋势分析

本书在这一章将首先沿着我国税制结构的变迁路径，分析我国税收政策目标的历史演变特征，然后基于经验统计数据对我国的宏观税负和税制结构进行描述性统计分析，作为我国税收政策目标演变和现状分析的经验证据，最后结合我国当前的历史发展阶段和面临的国内外经济形势，从规范分析的角度得出我国税收政策目标短期和长期的动态调整趋势。

4.1 我国的税制变迁与税收政策目标的历史演变

我国的税收制度变迁是政府主导下的强制性制度变迁，税收制度变迁反映的是政府对税收职能认识的不断深化和对税收政策目标的调整。本节将首先回顾新中国成立以来我国不同历史时期的税收制度变迁历程，然后基于新制度经济学理论，对我国税收制度变迁的成因进行分析，以揭示我国税收政策目标及其变化规律，最后特别从目标均衡的视角对结构性减税政策进行分析。

4.1.1 我国税制变迁概述

新中国成立以来，为顺应我国经济体制改革的要求，更好地发挥税收职能，促进经济和社会的稳定发展，我国税收制度改革也在不断推进。从计划经济时代下，仅仅将税收作为组织财政收入方式之一的单一税收制度，到市场经济体制下，保障税收充分发挥组织财政收入、调节经济运行和调节社会收入分配等现代税收职能的全面税收制度，我国的税收制度不断发展，并正处于不断调整和完善的进程中，以适应经济发展形势变化的新要求。从我国税收制度变迁的历史进程来看，可以将我国税收制度变迁划分为四个不同的历史时期：

1949—1978 年计划经济时期的税制变迁、1979—1993 年有计划的商品经济时期的税制变迁、1994—2008 年社会主义市场经济体制时期的税制变迁，以及 2008 年全球金融危机过后，我国进入经济转型时期的税制变迁。

4.1.1.1 1949—1978 年的税制变迁

1949 年新中国刚刚成立时，我国面对两个方面的财政支出压力：一是经过抗日战争和解放战争之后，百废待兴，政府需要筹集资金恢复生产建设；二是，周边安全形式十分严峻，国防开支巨大。为保证恢复生产和国防开支需求，巩固新建立起来的政权，需要建立一套以组织财政收入为主要目标的税收制度。1950 年初，政务院颁布了《全国税政实施要则》，对全国各地极不一致的税收制度加以整理，统一征收 14 个税种，即货物税、工商业税、盐税、关税、存款利息所得税、薪给报酬所得税、印花税、遗产税、交易税、屠宰税、房产税、地产税、特种消费行为税、使用牌照税。形成了以流转税和所得税为主，对所有制成分不同企业区别对待的税收体系，初步确立了全国统一的税收制度。

此后，经过三年的努力，我国的国民经济状况得到一定的改善，但经济形势也在悄然发生改变。虽然在《全国税政实施要则》实施后，工商税收逐年增加，但是在财政收入结构中所占比例却明显下滑。为进一步增加财政收入，恢复私营经济的活力，1953 年，我国对税收制度进行了修正，开始试行商品流通税，并修订了货物税、工商业税等税种。从经济发展角度分析，这次税收制度改革对增加税收收入，促进商品流通和激发私营经济活力都具有积极意义。

1956 年社会主义改造基本完成后，我国的经济结构发生了根本性的转变，公有制经济占据了绝对优势，纳税主体由原来的以私营工商企业为主转变为以公有制企业为主。税收制度必须进一步改革，以适应经济结构的变化。从 1958 年开始，我国对税收制度进行了较大力度的改革。但由于认识上的一些偏差，加上当时受苏联"非税论"的影响，税收在我国经济中的地位和作用被逐步淡化。此次税收制度改革遵从保证税收收入、合并税种和简化税制的思想，将原来的商品流通税、货物税、营业税、印花税合并为工商统一税，取消了利息所得税和文化娱乐税，税种数量进一步消减为 9 种，即工商统一税、工商所得税、盐税、关税、屠宰税、牲畜交易税、车船使用牌照税、城市房地产税、集市交易税等。由于富农经济的消灭，此次改革还将农业税进行了统一，取消了原来实行的累进农业税收制度。1958 年的税收制度改革使我国的税制结构由流转税与所得税转变为以流转税为主，降低了税收征管成本，巩固了农业集体经济的发展，但却严重削弱了税收对经济运行的调控作用。

1973 年，我国税收制度又一次进行了重大改革。此次改革主要基于"非税收"的观念，认为公有制建立以后，资本主义制度下的剥削关系不复存在，在公有制内部，企业上缴利润与税收是没有区别的。在这种完全忽视税收的经济调节功能的思想影响下，税收制度改革的重点是进一步通过合并税种和简化税目、税率等措施来简化税制。改革过后，国营企业只须缴纳工商税，集体企业则只须缴纳工商税和工商所得税，至于城市房地产税、车船使用牌照税、屠宰税等，则只对个人和外侨等继续征收。

从我国 1949—1978 年计划经济时期的税制变迁历程来看，税收制度的改革总体上顺应了经济结构发展和政府宏观决策目标的要求，对我国巩固新生政权和发展社会主义经济起到了积极作用。但是，在社会主义建设的早期探索中，由于缺乏科学的税收理论指导，对税收在经济和社会发展中的职能认识不充分，税收制度改革极易受到意识形态和政治环境的影响。我国在计划经济时期税制改革的成就和教训，为改革开放后的税制改革积累了经验。

4.1.1.2　1979—1992 年的税制变迁

党的十一届三中全会以后，我国社会主义现代化建设拉开大幕，经济体制由计划经济时代迈入有计划的商品经济过渡时期，经济结构由单一的公有制经济成分向以公有制为基础、多种所有制经济成分并存的格局转变。为适应经济体制改革的需求，我国的税收制度也在不断地进行改革。

作为对外开放政策的重要组成部分，为适应对外开展经济技术合作和引进外资的需要，1980 年、1981 年先后出台了《中华人民共和国中外合资经营企业所得税法》《中华人民共和国个人所得税法》《中华人民共和国外国企业所得税法》。这些税法明确了对在华从事生产经营活动的外资企业和个人征收所得税的适用税率、计算规则和征管程序等，基本解决了涉外税征收的法律和征管问题。在税收制度的细节设计上，还明确了若干对中外合资企业或外资企业的税收优惠条件，对促进外资引进工作起到了积极的作用。与此同时，国务院明确，在流转税方面对中外合资企业和外资企业继续适用工商统一税、车船使用牌照税等。我国涉外税收制度体系得到初步确立。

随着改革进程的不断推进，为理顺企业、职工与国家三者之间的分配关系，明确企业的经济责任，激发企业的自主经营能力和市场活力，我国开始针对国营企业有计划地分两步实施"利改税"税收制度改革。1983 年，国务院正式开始在全国范围内对国营企业实行第一步"利改税"改革，针对盈利的国营企业，将企业过去向国家上交的大部分利润改为以所得税形式上交国家，剩余部分可自主决策，用于企业扩大再生产、职工集体福利和奖金支出等。第一步"利改税"取得了很大的成效，增加税收收入的同时，激发了国营企业的活力。但是，第一步"利改税"是不彻底的，尚未做到全面的"以税代利"，国务院按计划在 1984 年实施了更加全面的第二次"利改税"改革。第二次"税改利"将原来企业上交给国家的部分改为按照产品税、增值税、营业税等 11 种税收的形式上交。与此同时，在具体税制设计上，对企业采取适当的激励政策，激励企业改善和提高自主经营管理的能力，企业的经营绩效越好，税收留存给企业自主自配的收益就越多。通过两步"利改税"改革，一方面保证了国家税收收入的稳步增长，满足了国家集中资源实施重大项目建设的需要，另一方面保障了企业的自主经营权，激发了企业活力。与此同时，由于增值税、营业税、资源税等多税种的开征，为国家通过税收手段调节经济运行提供了政策工具。

"利改税"改革实施后，1985 年以后，我国针对集体经济和个体、私营经济先后开征了集体企业所得税、城乡个体工商业户所得税、私营企业所得税。同时开征了筵席税、特别消费税、耕地占用税等具有调节效应的新税种。直到 1991 年将《中华人民共和国中外合资经营企业所得税法》和《中华人民共和国外国企业所得税法》合并为《中华人民共和国外商投资企业和外国企业所得税法》，我国形成了以流转税和所得税为主体，共包含 35 种税种组成的税收体系。

从我国 1979—1992 年有计划的商品经济时期的税制变迁历程来看，税收制度的改革总体上贯彻了改革开放的要求，不断地调整和适应经济体制变化的需求，兼顾运用了税收在组织财政收入和调节经济运行方面的作用。尽管税收制度仍然存在不同经济成分税负不公、税制结构复杂等问题，但却是我国税收制度改革变迁中的一次巨大进步，为我国步入市场经济体制时代的税制改革奠定了坚实的基础。

4.1.1.3　1993—2008 年的税制变迁

1992 年，党的十四大报告中正式提出了建立社会主义市场经济体制的战略目标，标志着我国从有计划的商品经济时期正式迈入社会主义市场经济建设时期。为贯彻社会主义市场经济体制建设目标，税收制度改革必须以适应建立市场经济和对外开放需求为原则。一方面要求市场在国家的宏观调控下发挥对资源配置的基础性作用，这就要求税收制度必须满足国家加强和改善宏观调控的需求，同时应该简化、统一税制，对不同市场主体一视同仁，尽可能降低税收对市场的扭曲效应。另一方面，为适应对外开放的要求，税收制度必须与国际惯例接轨，以利于进一步深入和扩大对外开放。

1992—1993 年，我国通货膨胀率迅速提升，面对国民经济过热的状况，政府急需通过税收政策工具加强宏观调控。但我国当时的税收制度已经无法满足宏观的需要，主要存在两大问题：一是在有计划的商品经济时代实行的财政包干制，虽调动了地方政府的积极性，但降低了中央政府在财政收入分配中的主导地位，严重制约了中央政府的宏观调控能力；二是税收结构不合理，严重扭曲了市场对资源的配置作用。因此，为适应市场经济体制建设的要求，深化税收制度改革已是迫在眉睫。根据党中央关于税制改革应按照"统一税法、公平税负、简化税制和合理分权"的原则要求，1993 年年底，国务院先后法布了关于增值税、消费税、营业税、所得税等主要税种的改革条例和关于实行分税制财政管理体制的决定，同时取消了产品税、盐税、特别消费税、国营企业调节税、国营企业所得税、集体企业所得税、私营企业所得税等税种。为统一税制，公平税负和深化对外开放，第八届全国人民代表大会常务委员会第五次会议审议通过了《全国人民代表大会常务委员会关于外商投资企业和外国企业适用增值税、消费税、营业税等税收暂行条例的决定》。1994 年年初，国务院又宣布取消集市交易税、牲畜交易税、烧油特别税、奖金税、工资调节税等税种，同时将屠宰税、筵席税下放给地方政府管理。至此，我国的税种数量降低为 25 种，其中工商税收由 6 大类别 18 种税种组成。税收结构进一步优化，中央和地方财政收入分配矛盾得以改善，强化了中央政府的宏观调控能力，初步建立了适应社会主义市场经济需求的税收制度。

1994 年以后，我国的税收制度随着经济体制改革的推进而不断调整和完善。特别是进入 21 世纪后，我国的税收制度暴露出了制度安排细节上的许多问题，特别是我国加入世界贸易组织（WTO）后，为进一步加强对外经济交流与合作，减少摩擦，我国税收制度必须与国际接轨。2003 年党的十六届三中全会要求按照"简税制、宽税基、低税率、严征管"的原则，分步对我国税收制度进行改革。基于这一原则要求，我国开始陆续对税制进行调整和完善。如，为缓解国际贸易摩擦，2004 年起，我国开始对出口退税制度进行改革，降低或取消了部分产品的出口退税率；为减轻企业负担，进一步激发企业活力，从 2004 年起，我国启动了增值税转型改革的试点工作，将增值税由生产型逐步转变为消费型；为调节社会收入分配差距，促进社会公平，我国在 2006 年全面取消了农业税，并且通过 2006 年和 2008 年的两次对个人所得税起征点的上调，实现了对低收入者的适当减负；为改变内外有别的状况，实现内资企业和外资企业在市场经济条件下公平竞争，我国在 2008 年颁布了新的

《企业所得税法》，对原有的两部课税标准不同的内外资企业所得税法进行了合并。

从我国 1993—2008 年进入社会主义市场经济体制时期的税制变迁历程来看，我国的税收制度不断完善和发展，充分发挥了税收组织财政收入、调节经济运行、调节社会收入分配等职能，适应了社会主义市场经济体制改革的战略要求。

4.1.1.4 2009 年至今的税制变迁

2009 年后，我国的税收制度改革是在 1994 年税制改革确立起的我国社会主义市场经济体制下税收制度的主体框架下，根据国内外经济形势变化和我国深化社会主义市场体制的要求，对税收制度在细节安排上进行调整和优化。

2008 年全球金融危机以来，为应对世界经济形势的变化，拉动国内需求，化解金融危机的不利影响，我国从 2009 年开始对税收制度的细节安排进行调整，实施了一系列"有增有减"的结构性减税政策，以更好地运用税收政策工具，发挥其经济调节作用，实现经济平稳增长。从实施效果来看，税收政策调整与其他的财政政策和货币政策形成了有机的宏观调控政策组合，使我国经济率先走出低谷，经济实现平稳增长。

党的十八大以来，后金融危机时代背景下，国际经济形势发生了重大变化，全球性经济复苏势头并不明显，我国发展处于重要的战略机遇期。与此同时，我国经济发展面临巨大挑战，经济发展进入由高速增长转变为中高速增长的"新常态"模式，经济运行面临下行压力，经济结构调整刻不容缓，环境污染和社会保障问题突出。为此，党的十八届三中全会做出了全面深化改革的决策部署，其中对完善我国税收制度做出了明确的安排：（1）完善地方税体系，逐步提高直接税比重；（2）简化税率，推进增值税改革；（3）调整消费税制度安排，把高耗能和高污染产品以及部分高端消费品纳入征收范围；（4）逐步建立综合和分类相结合的个人所得税制度；（5）加快房产税立法，加快资源税改革，以及推动环境保护费改税工作。这就意味着，税收制度在我国国家治理体系中的地位和作用得以进一步提升。

根据中央关于完善我国税收制度的要求，2014 年以来，我国对增值税、消费税、资源税等进行了制度调整，并且于 2018 年新开征了环境保护税。时至今日，我国已经建立起了适应我国社会主义市场经济发展的税收制度，税收制度在国家治理体系中发挥着越来越重要的作用。但是，税收制度中的结构性问题还比较明显，随着我国经济体制改革的进一步深入和政府税收政策目标的调整，我国税收制度仍将继续处于动态调整和不断完善的进程中。党的二十大报告提出：健全现代预算制度，优化税制结构，完善财政转移支付体系。这为今后的税收制度改革指明了方向。

4.1.2 我国税制变迁的成因分析

本书梳理我国税制变迁的历史轨迹，目的在于揭示和分析我国的税收政策目标及其变化规律。为此，有必要从对税制变迁的一般叙述，抽象到理论层面，探析我国税制制度变迁方式，从而分析我国税制变迁的成因。

根据不同的分类方式，可以把制度变迁方式分为不同的类别。例如，以主导方式的不同，可以分为诱致性制度变迁（需求主导的自下而上的制度变迁）和强制性制度变迁（供给主导的自上而下的制度变迁）；以变迁的速度和剧烈程度，可以分为渐进式变迁和激进式变迁。按照林毅夫的划分依据，诱致性制度变迁是"由个人或一群（个）人，在响应获利机会时自发倡导、组织和实行"[①] 的；强制性制度变迁则是"由政府命令和法律引入和实行"[②] 的。制度变迁方式取决于有特定偏好的制度创新主体之间的力量对比。在我国，由于政府拥有绝对的政治力量优势，"中国的改革方向、速度、形式、广度、深度和时间路径在很大程度上取决于政府的偏好及其效用最大化"[③] 因此，尽管我国的税收制度变迁会受到制度需求端的一定影响，但对税收制度变迁起决定性作用的仍然是供给端，我国的税收制度变迁方式是政府主导下的强制性制度变迁。税收制度的变迁都是围绕着党和国家的政策来进行的。从制度变迁的速度和剧烈程度上来讲，强制性制度变迁既可以是渐进式的，也可以是激进式的。我国的税收制度变迁在计划经济时代和改革开放初期，主要是采取激进式的变迁方式，这种短时间内对利益分配格局的改变，必然具有较高的制度变迁成本和风险。为降低制度变迁成本和风险，我国从有计划的商品经济到市场经济时期的税收制度改革多遵从"摸着石头过河"的模式，采取"先试点，然后全面推广"的渐进式变迁方式。例如，1983—1984 年分两步实施的"利改税"改革、2000 年以后的增值税改革，以及正在进行中的房产税改革试点等。

根据新制度经济学理论，制度作为一种公共产品，当其供给与需求均衡时，制度处于稳定状态，不会发生变迁；当制度供给短缺的时候，就会发生制

---

① 参见林毅夫：《关于制度变迁的经济学理论：诱致性变迁与强制性变迁》，见科斯等著《财产权利与制度变迁：产权学派与新制度学派译文集》，刘守英等译，上海人民出版社、上海三联书店，1994 年，第 384 页。

② 同上。

③ 参见陈天祥：《论中国制度变迁的方式》，《中山大学学报（社会科学版）》2001 年第 3 期。

度变迁。制度变迁的动力源于行为主体对潜在利润和预期成本的判断，当潜在利润大于预期成本时，行为主体就会推动制度变迁。制度变迁成败的关键在于行为主体对潜在利润和预期成本的判断是否准确。在政府主导下的强制性制度变迁中，作为行为主体的政府对潜在利润和预期成本的判断是多元的，需要从政治、经济、社会等多角度考虑。我国的税收制度变迁的方式是政府主导下的强制性制度变迁，税制变迁反映的是：在一定成本约束条件下，政府税收政策目标的取舍与均衡。因此，在研究我国税收政策时，首先应该分析政府推动税收制度变迁的动因是什么，即需要分析政府的税收政策目标，以及对多重税收政策目标进行均衡分析。

1950年，我国确立的税收制度主要有两个政策目标。一是建国初期，新成立的人民政权面临着组织国内战后经济恢复和应对国外敌对势力威胁的双重任务，急需筹集财政资金，税收政策的首要目的就是组织财政收入。二是税收制度安排服从于政治决策，在对国内复杂的私营经济成分的改造中，除对官僚资本实行没收政策外，通过实行对国有和私营经济成分不同的税收政策，到达限制私营经济的发展和诱导私营经济成分向国有经济成分发展的目的。这一时期的税收政策兼顾组织财政收入和调节所有制结构的双重目标。1956年和1973年的两次税收制度改革，则突出反映了政府税收政策目标的单一化，将税收仅仅视为组织财政收入的手段之一，严重忽视了税收对经济和社会运行的调节作用，导致制度变迁成本过高。

改革开放后，国家的战略重心由"阶级斗争"向"经济建设"转变。在有计划的商品经济时期，在满足组织适度的财政收入目标的基础上，税收政策目标主要集中在调节经济运行上。这一时期，税收政策对经济运行的调节目标，主要体现于放松在计划经济体制下国家对资源的直接控制，改由微观经济主体进行配置。对外税收制度和两步"利改税"制度的推行，极大地激发了市场微观主体的活力，达到了促进经济增长的税收政策目标。

进入市场经济体制时期后，基于过去多年的改革实践和对国外经验的扬弃，我国政府对税制变迁的潜在利润和预期成本的判断愈加全面和准确，税收政策的目标愈加多元化。政府通过对税收政策的调整，实现了税收政策在组织财政收入、调节经济运行、增进社会福利等方面的多目标均衡。并且，税收政策的目标不断向精细化发展，例如，在组织财政收入方面，通过分税制改革以及中央和地方税种的划分调整，可以细化中央和地方两级政府的财政收入；在调节经济运行方面，由单一的经济增长目标向转变经济增长方式、调节经济结构等多目标转变；在增进社会福利方面，综合考虑提升居民消费水平、调节社会收入分配差距、改善生态环境等。2008 年全球金融危机后，我国开始大范围实施的结构性减税政策正是政府税收政策多目标均衡的体现。

由上可知，我国税收制度变迁的成因在于政府作为权力中心对制度变迁的潜在利润和预期成本进行预判后，认为潜在利润大于预期成本。然而，由于政治和经济环境的演变，政府需要预判的税收制度变迁的潜在利润和预期成本愈加多元和复杂，追求单一目标的税收政策可能因对预期成本的前期考虑不足而失败。因此，在进入市场化经济体制后，我国的税制变迁是政府追求税收政策多目标均衡的结果。并且在制度变迁的速度和强度的方式选择上，采取了渐进式的变迁方式，从局部到整体、从增量到存量和先易后难的渐进式变迁方式，可以在制度变迁过程中，基于均衡的政策目标，不断对政策进行动态修正和调整，以更好地增加潜在利润和降低预期成本。

4.1.3　目标均衡下的税收政策选择：结构性减税

2008 年全球金融危机过后，结构性减税是我国税收政策调整的主要方式。但实际上，我国在政策层面上的结构性减税工作在 2004 年后就已经启动。例如，2004 年以来，我国进行了增值税改革试点，逐步取消了农业税，改革了出口退税制度等。2008 年全球金融危机后，为更好地发挥税收政策的宏观调控作用，我国开始了新一轮税收制度改革。在 2008 年年底召开的中央经济工作会议上，首次从战略高度做出了实行"结构性减税政策"的决策部署，标志着我国结构性减税政策的正式确立。时任国务院总理温家宝在 2009 年的政府工作报告中提出要实施结构性减税和推进税费改革，标志着结构性减税政策由中央正式确立到政策层面的实施。回顾 2009 年以来我国出台的若干"有增有减"的结构性减税政策，根据其政策目标的不同，主要可以分为如下几类。

第一类：减轻企业税负，增强企业活力。企业是生产活动的组织者，适当减轻企业负担，激发企业活力，以达到"稳增长"的增持目的。2009 年以来，我国主要从两个方面的结构性减税政策来减轻企业负担：（1）增值税改革。经过前期的试点工作，我国于 2009 年正式在全国范围内推进增值税由生产型向消费型的转型改革，同时允许企业新购入设备所含的增值税；我国于 2012 年在上海率先推行营业税改增值税的试点工作，通过逐步扩大试点范围，到 2016 年，我国全面推行"营改增"改革，营业税从此退出历史舞台；2018 年 5 月，财政部正式将增值税适用税率由 17% 和 11% 下调为 16% 和 10%。（2）降低小微企业所得税和增值税税率。我国从 2011 年起，对应纳税额低于 3 万元的小微企业，其所得减按 50% 计入应纳税所得额，按 20% 的税率缴纳企业所得税，并且逐年提高了年应纳税额的上限，到 2017 年，年应纳税额的上限已提高至 50 万元；从 2009 年起，我国开始对小微企业实行增值税减免政策，并且优惠幅度不断增大，至 2018 年起，月销售额不超过 3 万元的小规模纳税人可暂免增收增值税。

第二类：引导资本流动，优化产业结构。我国经济经过多年粗放式发展后，产业结构性问题突出，迫切需要推动产业结构优化升级，转变经济增长方式。只有这样才能保持我国经济平稳较快发展。在优化产业结构方面，由于市场主体存在短视的问题，因此需要政府通过税收等政策工具加强宏观调控，引导资本流动。（1）从 2009 年起，我国对出口退税政策进行了多次调整，提高了农产品以及部分技术含量高和附加值高的机电产品出口退税率，下调或取消了部分高耗能、高污染和资源型产品的出口退税率。（2）从 2011 年起，针对软件产业和集成电路产业在增值税、所得税等方面实施了一系列的税收优惠政策。（3）2014 年，国务院正式印发《关于加快科技服务业发展的若干意见》，明确了对高新技术企业的科技服务业减按 15% 的税率征收企业所得税，同时可享受研发费用抵扣所得税的优惠。

第三类：保障和改善民生。税收同民生状况有着密切的关系，在保障和改善民生方面，我国实施了一系列的结构性减税政策。（1）个人所得税改革。2011 年，我国将个人所得税免征额从 2000 元上调到 3500 元，同时将第一级税率由 5% 下调到 3%；2018 年，时任国务院总理李克强在《国务院政府工作报告》中指出"提高个人所得税起征点，增加子女教育、大病医疗等专项费用扣除，合理减负，鼓励人民群众通过劳动增加收入、迈向富裕"①。（2）鼓励居民消费。我国从 2008 年底开始，先后实施了房地产交易契税减免、车辆购置税减免等税收优惠措施；自 2018 年 7 月起，我国将调低部分进口日用消费品的最惠国税率。（3）支持灾区建设。为支持汶川、玉树、雅安等灾区的重建，我国制定了若干针对灾区企业的税收扶持政策。

第四类：引导资源节约和环境保护，实现可持续发展。为建设资源节约型和环境友好型社会，实现可持续发展，我国制定了一系列引导资源节约利用和环境保护的税收政策：（1）自 2009 年起，我国提高了燃油消费税税率；自 2012 年起，提高了大排量乘用车的车船税率，同时对新能源车船进行了车船税减免优惠；（2）2011 年国务院发布《中华人民共和国资源税暂行条例实施细则》，从 2011 年 11 月 1 日起，石油、天然气将在全国范围内"从价征收"，

---

① 参见《2018 年政府工作报告》。

税率定为 5%；（3）2018 年开始正式实施《中华人民共和国环境保护税法》，将大气污染物、水污染物、固体污染物和噪声等 4 类污染列为环境保护税的课税对象，标志着我国正式开征环保税。

除了上述四大类的结构性减税政策，我国还基于完善税制的需要，在 2009 年统一了内外资企业和个人的房产税、城建税等，并于 2011 年年底开始，在上海和重庆实行了房产税改革试点工作。

由上可知，我国的结构性减税不是全面的减税，而是针对特定群体的以减税为主的税收增减政策措施：通过调减特定税种的税率来降低中小企业和高新技术企业的税负水平，同时通过增加资源税、环保税等税种引导高污染、高耗能企业转型，达到优化产业结构的政策目的；通过降低居民（特别是中低收入阶层）的税负水平，可以扩大消费需求和改善民生。结构性减税虽然在税率和税种的安排上是有增有减，但却是以减税为主，税负水平从总体上是减少的，减轻企业和居民税收负担，以利于刺激经济增长。但有别于大规模的减税政策，结构性减税对税收政策组织财政收入目标的偏离是有限的，这将有效控制财政收支风险。

综上所述，结构性减税是我国基于对宏观税负水平处于非税收禁区（区域Ⅱ）的判断，在税收政策多目标均衡下的战略选择。

4.2 我国税收政策目标演变的经验证据

政府选择什么样的税收政策取决于政府的政策目标，而政府的政策目标受制于其所面临的国内外政治、经济和社会环境。因此，一国在不同的历史发展阶段，政府会不断调整税收政策以适应国内外政治、经济和社会环境的变化，达到税收政策目标的动态均衡。税收政策目标的动态调整将会形成不同的税收制度，从而推动税收制度的变迁。而税收制度的变迁则从总量上表现为宏观税负水平的动态变化，从结构上表现为税制结构的动态变化。本书在这一部分，将会基于我国宏观经济运行的经验数据，对我国宏观税负水平、税负结构的变动和现状进行描述性统计分析，以印证我国税收政策目标的历史演变规律。

4.2.1 宏观税负的变动与现状分析

根据政府税收政策目标动态变化的一般规律，随着经济发展水平的提高，税收政策目标在满足组织财政收入这一基础目标的前提下，会从促进经济增长目标逐渐向增进社会福利目标偏移。税收政策目标的偏移体现为宏观税负水平从较低水平逐渐增长到一个较高的稳定态水平，形成倒"S"形的变动轨迹。税收政策目标决定了宏观税负水平的高低，反过来，判断宏观税负水平的高低又成了政府宏观税收政策决策的关键。

关于宏观税负水平的研究一直是理论界讨论的热点，国内有不少学者对我国的宏观税负水平进行了测度和分析，但由于研究视角和方法的不同，得出的结论与政策建议差异很大，这主要是由于如下三点原因：一是对宏观税负水平的概念界定不同，导致宏观税负水平的测算口径不同；二是在进行国际比较时，由于各国处于不同的发展阶段，政治制度、经济制度以及社会文化都存在较大差异，难以通过简单对比得出精准的结论；三是对税收政策目标的认识过于单一化，例如单一聚焦税收政策的促进经济增长目标。本书在这一部分，将基于既有的统计数据条件，对我国宏观税负的动态变化与现状进行描述性统计分析，以判断我国宏观税负水平的变动是否符合税收政策均衡目标变化的一般规律。

4.2.1.1 宏观税负的测算口径

宏观税负水平是指一定时期内政府税收收入占同一时期国内生产总值的比重，是判断宏观税负水平高低的主要依据。通常认为，测算宏观税负水平有小、中、大三种不同的测算口径：小口径宏观税负水平是指狭义的税收收入占国内生产总值的比重；中口径宏观税负水平是指政府财政收入占国内生产总值的比重，财政收入除了狭义的税收，还包括专项收入、行政事业性收费收入和罚没收入等非税收入；大口径宏观税负水平是指政府全部收入占国内生产总值的比重，政府全部收入除了财政收入，还包括国有基金经营预算收入、政府性基金预算收入和社会保险基金收入等。此外，从国际对比的角度来看，各国际组织也对不同国家的宏观税负进行了统计，但统计口径也不尽相同，主要有：世界银行（WB）的统计口径，采取各国中央政府的税收收入占国内生产总值的比重；经济合作与发展组织（OECD）的统计口径，采取社会保障缴款与各项税收之和占国内生产总值的比重；国际货币基金组织（IMF）的统计口径，采取广义政府收入占国内生产总值的比重，其中广义政府收入包括一般公共预算收入、国有资本经营预算收入、社会保险基金收入，以及扣除掉土地出让金后的政府性基金收入。

在通常认为的小、中、大三种不同的测算口径中，小口径和中口径显然低估了我国的实际宏观税负水平，相对而言，大口径宏观税负水平能更好地反应我国的实际宏观税负水平。但由于我国从 2012 年开始才完整地公布了包括国有基金经营预算收入、政府性基金预算收入和社会保险基金收入等数据，考虑到统计数据的可获取性，本书通过测算小、中口径的宏观税负水平来反映我国宏观税负水平的变动规律，通过测算近几年的大口径宏观税负水平来反映我国宏观税负水平现状。在国际对比方面，由于世界银行的统计口径较为片面，而经济合作与发展组织的统计口径主要针对发达经济体，缺乏包括我国在内的大多数发展中国家的数据，因此本书选择国际货币基金组织（IMF）的统计口径。由此，本书设置四种统计口径，见表 4-1。

表 4-1 我国宏观税负水平的测算口径

统计口径	收入类别	具体范围
小口径	税收收入	国内增值税、国内消费税、企业所得税、个人所得税、营业税、进出口货物增值税、消费税、城市建设维护税、车辆购置税、印花税、资源税、契税、土地增值税、房产税、城镇土地使用税、耕地占用税、车船税、船舶吨税、烟叶税、关税、其他法定税收，减去出口退税总额
中口径	一般公共预算收入	除了小口径统计范围的所有税收收入，还包括专项收入、行政事业性收费、罚没收入等非税收入
大口径	政府全部收入	除了中口径统计范围内的一般公共预算收入，还包括政府性基金预算收入、国有资本经营预算收入和社会保险基金收入
IMF 口径	广义政府收入	一般公共预算收入、政府性基金收入（不含国有土地使用权出让收入）、国有资本经营收入、社会保险基金收入的合并数据，并剔除重复计算部分

4.2.1.2 宏观税负的变动规律分析

为探究我国宏观税负水平的变动规律，本书根据国家统计局公布的数据，测算了改革开放以来（1978—2017 年）我国历年的小、中口径的宏观税负水平。如表 4-2 和图 4-1 所示。

表 4-2 1978—2017 年间我国的小、中口径宏观税负水平测算表[①]

时期	小口径宏观税负	中口径宏观税负	时期	小口径宏观税负	中口径宏观税负
1978 年	0.141	0.308	1998 年	0.109	0.116
1979 年	0.131	0.280	1999 年	0.118	0.126
1980 年	0.125	0.253	2000 年	0.125	0.134

---

① 数据来源：国家统计局公布的 1978—2017 年年度统计数据。

续表4-2

时期	小口径 宏观税负	中口径 宏观税负	时期	小口径 宏观税负	中口径 宏观税负
1981 年	0.128	0.238	2001 年	0.138	0.148
1982 年	0.130	0.226	2002 年	0.145	0.155
1983 年	0.129	0.227	2003 年	0.146	0.158
1984 年	0.130	0.226	2004 年	0.149	0.163
1985 年	0.224	0.220	2005 年	0.154	0.169
1986 年	0.201	0.205	2006 年	0.159	0.177
1987 年	0.176	0.181	2007 年	0.169	0.190
1988 年	0.157	0.155	2008 年	0.170	0.192
1989 年	0.159	0.155	2009 年	0.171	0.196
1990 年	0.150	0.156	2010 年	0.177	0.201
1991 年	0.136	0.143	2011 年	0.183	0.212
1992 年	0.121	0.128	2012 年	0.186	0.217
1993 年	0.119	0.122	2013 年	0.186	0.217
1994 年	0.105	0.107	2014 年	0.185	0.218
1995 年	0.098	0.102	2015 年	0.181	0.221
1996 年	0.096	0.103	2016 年	0.175	0.215
1997 年	0.103	0.109	2017 年	0.175	0.209

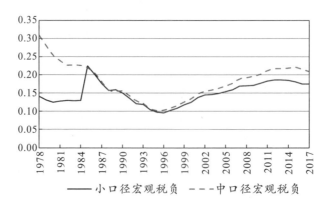

图4-1　1978—2017年我国小、中口径宏观税负水平变动趋势

　　由表4-2和图4-1可知，从小、中口径宏观税负水平来看，我国宏观税负水平在改革开放的40年间经历了三个历史时期。

　　第一个时期是在改革开放初期，党和国家的工作重心转向经济建设，促进经济增长是税收政策的最主要目标。为实现这一目标，我国进行了渐进式的税收体制改革，主要是建立了涉外税收制度和完成了"利改税"制度改革，从税负层面上主要是以减税为主，大大激发了微观经济主体的活力。这一时期我国的宏观税负水平一直处于不断下降的过程中，中口径宏观税负水平从 1978年的 30.8% 一直下降到 1995 年的 10.2%；小口径宏观税负水平由于在改革开放的头几年，我国的税收制度改革刚刚起步，税收占财政收入的比重相对较低，1985 年完成的"利改税"改革，使得小口径的宏观税负水平出现了大幅度的提升，但是也从 1985 年的 22.4% 下降到了 1995 年的 9.8%。

第二个时期是在 20 世纪 90 年代初期，我国正式实施市场化经济体制改革后，随着我国经济发展水平的不断提高，税收政策目标开始出现动态变化。尽管降低税收对经济运行的扭曲效应，促进经济增长仍是税收政策的主要目标，但政府必须逐渐兼顾其他政策目标。这主要体现在如下两个方面：一是市场经济体制的不完善以及市场机制本身存在失灵的情况，需要发挥政府"看得见的手"的功能，通过税收工具加强宏观调控；二是政府承担的职能范围不断扩大，需要强化税收组织财政收入的目标，进而较好地实现增进社会福利目标。为此，我国在 1994 年实行了分税制改革，这主要是为了增强中央政府的宏观调控能力。在这之后我国的税收制度总体上保持平稳，但由于税基随着经济增长的不断扩大，税收征管水平不断提高，我国的宏观税负水平保持了十多年的快速增长。从 1996 年起，我国的宏观税负水平开始进入快速增长时期，到 2008 年，我国的中口径宏观税负水平已经高达 19.2%，小口径宏观税负水平也快速增长到了 17.0%。

第三个时期是 2008 年全球金融危机过后，我国的宏观税负的变化是税收政策多目标均衡的结果。一方面为应对国际经济环境变化和国内经济下行压力，需要通过减税政策来实现对经济的逆周期调节作用；另一方面，政府面临经济结构亟须转型升级、生态和环境污染问题日趋严重、收入分配差距加大和社会保障问题突出等问题，财政支出压力加大。为此，我国在 2009 年开始实施了"有增有减"的结构性减税政策，主要是通过增值税改革和一系列税费减免政策，减轻企业负担并引导产业转型升级，刺激居民消费，同时也推进了资源税改革、试点了房产税和新设立了环境保护税，但总体而言是以减税为主。这一时期我国税收政策的多目标均衡反应在宏观税负水平上，表现为宏观税负水平增速逐渐放缓，税负水平整体保持稳定。其中，中口径宏观税负水平大致保持在 21% 左右，小口径宏观税负水平保持在 18% 左右，其中 2016 年和 2017 年两种口径的宏观税负水平都出现了小幅度的下滑。

总体而言，我国宏观税负水平的变动轨迹反映了我国税收政策目标的动态变化过程，也和我国的经济发展进程相适应，符合宏观税负水平变化的一般规律。

4.2.1.3 宏观税负的现状分析

首先，分析大口径宏观税负水平。

从小、中口径的宏观税负水平的测算结果来看，近年来我国的宏观税负水平整体保持平稳，这与我国当前税收政策追求多目标均衡的结果相一致。但是，由于我国的政府收入除了名义上的法定税收以及包含在财政收入范围内的部分非税收入外，政府性基金预算收入、国有资本经营预算收入和社会保险基金收入等仍然占据了不小的比重。因此，用大口径宏观税负水平来衡量我国当前的宏观税负现状更为恰当。考虑到统计数据的可获得性，本书测算了 2012 年以来的我国大口径宏观税负规模，见表 4 - 3。

表 4 - 3　2012—2017 年我国大口径宏观税负水平测算[①]

时期	一般公共预算收入（亿元）	政府性基金收入（亿元）	国有资本经营收入（亿元）	社会保险基金收入（亿元）	政府收入合计（亿元）	GDP（亿元）	大口径宏观税负
2012 年	117255	37535	1496	31411	187697	539117	0.348
2013 年	129212	52269	1713	35994	219188	590422	0.371
2014 年	140371	54114	2008	40439	236932	644791	0.367
2015 年	152268	42338	2551	46354	243511	686450	0.355
2016 年	159605	46643	2609	50112	258969	740599	0.350
2017 年	172591	61480	2581	58436	295088	824828	0.358

由表 4 - 3 可知，2012—2017 年，我国大口径宏观税负水平保持在 34.8% ~ 37.1%，平均水平为 35.8%。因此，虽然我国的大口径宏观税负水平远高于小、中口径的宏观税负水平，当近年来大口径宏观税负水平与小、中口径宏观税负水平一样，整体保持平稳。需要特别指出的是，由于中央政府在一般公共预算收入、政府性基金收入、国有资本经营性收入和社会保险基金收入之间进行了调整，产生了重复计算的情况，因此上述测算结果应该略高于实际的大口径宏观税负水平，但影响不大。[②]

其次，我国宏观税负水平的国际比较。

---

① 数据来源：财政部公布的 2012—2017 年全国财政决算数据。

② 根据陈彦斌、陈惟（2017）的研究结果，通过估计的方法剔除出重复计算部分后，我国 2013—2016 年的大口径宏观税负水平分别为 0.351、0.350、0.335 和 0.328，略低于剔除前 2 个百分点左右。参见陈彦斌、陈惟：《中国宏观税负的测算及启示》，《财经问题研究》2017 年第 9 期。

为进行国际对比分析，本书选取国际货币基金组织的统计口径，用一定时期内广义政府收入占国内生产总值的比重来衡量一个经济体的宏观税负水平[①]。世界主要国家 2012—2016 年宏观税负水平（IMF 口径）的统计结果如表 4-4 所示。

表 4-4 世界主要国家 2012—2016 年宏观税负水平（IMF 口径）[②]

	国家	2012 年	2013 年	2014 年	2015 年	2016 年	均值
发达国家	法国	0.466	0.476	0.478	0.477	0.477	0.475
	意大利	0.473	0.476	0.473	0.471	0.462	0.471
	德国	0.437	0.440	0.440	0.439	0.442	0.440
	加拿大	0.386	0.386	0.387	0.398	0.396	0.391
	英国	0.380	0.390	0.380	0.384	0.390	0.385
	日本	0.320	0.331	0.349	0.357	0.353	0.342
	美国	0.293	0.316	0.316	0.318	0.313	0.311
发展中国家	巴西	0.402	0.397	0.385	0.406	0.414	0.401
	俄罗斯	0.408	0.393	0.392	0.373	0.366	0.386
	中国	0.282	0.285	0.286	0.286	0.282	0.284
	阿尔巴尼亚	0.244	0.236	0.263	0.266	0.264	0.255
	智利	0.238	0.225	0.223	0.228	0.227	0.228
	泰国	0.204	0.222	0.213	0.221	0.215	0.215
	印尼	0.171	0.169	0.168	0.151	0.144	0.161

由表 4-4 可知，2012—2016 年我国的宏观税负水平维持在 28.4% 左右，整体保持稳定，这再一次印证了我国在这一时期的税收政策目标是多目标均衡的结果。在与发达国家的对比中，我国的宏观税负水平低于世界主要发达国家，特别是与法国、意大利、德国等西欧诸国还存在很大差距；在与发展中国

[①] 根据国际货币基金组织（IMF）颁布的《政府财政统计手册》的口径，广义政府财政收入对应我国的一般公共预算收入、政府性基金收入、国有资本经营收入、社会保险基金收入，并剔除了重复计算部分。我国的土地出让金并不带来政府净资产的变化，所以不在统计范围内。因此，国际货币基金组织（IMF）口径的宏观税负水平小于大口径宏观税负水平。

[②] 数据来源：国际货币基金组织（IMF）政府财政统计数据。

家的对比中，我国宏观税负水平高于印度尼西亚、泰国、智利等国，但远低于同为金砖国家的巴西和俄罗斯。因此，单纯从宏观税负的统计数据来看，我国的宏观税负水平并不算高。考虑各国所处的发展阶段、政治制度、经济制度以及社会文化的差异性，上述分析结果并不具备完全的可比性，仅供做一般参考。

4.2.2 税制结构的动态变化与现状分析[①]

税收政策目标的动态调整将形成不同的税收制度，政府基于一定的政策目标调整税收制度时，不是对所有课税对象都采取一致的税收政策调整，而是采取税种增减或者税率调整的手段，通过调整税制结构来实现既定的政策目标。因此，一国在不同的历史时期，由于税收政策的目标不同，税制结构也会不一样，税制结构变动是税收政策目标变动的重要表现形式。

分析税制结构的动态变化，就必须先对税收进行分类，学术界对税收采取的分类方法主要有：（1）直接按照税种的不同，分为增值税、消费税、个人所得税和企业所得税等；（2）按照税收负担转嫁的难易程度，分为直接税和间接税；（3）按照课税对象性质的不同，分为流转税、行为税、财产税、所得税等；（4）按照税基的不同，分为资本所得税、劳动所得税、消费税等。通过测量上述四种税收分类中，各类别所占税收总额的比重的变化，就能对税制结构的动态变化和结构进行分析。为简化起见，本书在这一部分采取前两种分类方法来测度税制结构的动态变化与现状，以判断我国税制结构的变动是否符合税收政策均衡目标变化的一般规律。

4.2.2.1 基于税种视角的分析

通常来讲，在一国经济发展的早期阶段，由于政府政策目标较为单一的偏向促进经济增长，以"效率"为导向的税收政策往往只需要设立少量税种，在满足政府履行单一职能的财政需要的同时，尽可能减少政府行为对经济的干预。随着经济和社会的发展，由于市场失灵和居民对具有外部性的公共产品需求的日益增长，政府承担的职能不断扩展，较为单一的税制结构难以实现政府多元的税收政策目标。此时，政府会采取较为复杂的多税种税制结构，一方面是多税种税制结构可以便于政府更为精准地调节经济和社会运行，如调节产业结构、社会收入分配、保护生态环境等；另一方面，多税种税制结构可以组织更多的税收收入，以满足政府日益增长的财政支出需求。因此，随着经济和社

---

① 考虑数据的可获得性，本书在税制结构的分析中均采用的是小口径宏观税负统计所包含的税种。

会的发展，政府税收政策目标的动态变化表现为税制结构由单一税种的简单税制向多税种的复杂税制转变。

为测度我国税制结构的动态变化特征，本书选取赫芬达尔-赫希曼指数（HHI）来测度税制结构的集中度：

$$HHI = \sum_{i=1}^{n} \left(\frac{X_i}{X} \right)^2 = \sum_{i=1}^{n} S_i^2$$

其中，X_i 表示 i 税种的税收额，X 表示税收总额，S_i 表示 i 税在税收总额中的占比。显然，若税制结构相对简单，税收集中于少数税种时，HHI 指数会近似于 1，若税制结构相对复杂，税收相对分散时，HHI 指数会逐渐向 0 偏离。

从税种视角来看，我国 1994—2017 年税制结构集中度指数（HHI）变动情况如图表 4 - 5、图 4 - 2 所示。

表 4 - 5   我国 1994—2017 年税制结构集中度指数（HHI）变动表[①]

时期	1994 年	1995 年	1996 年	1997 年	1998 年	1999 年	2000 年	2001 年
HHI	0.294	0.284	0.276	0.260	0.241	0.237	0.230	0.217
时期	2002 年	2003 年	2004 年	2005 年	2006 年	2007 年	2008 年	2009 年
HHI	0.227	0.225	0.199	0.221	0.214	0.192	0.213	0.197
时期	2010 年	2011 年	2012 年	2013 年	2014 年	2015 年	2016 年	2017 年
HHI	0.193	0.187	0.169	0.164	0.160	0.149	0.174	0.228

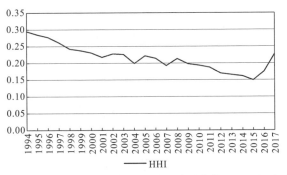

图 4 - 2   我国 1994—2017 年税制结构集中度指数（HHI）变动趋势

由表 4 - 5 和图 4 - 2 可知，从税种视角来看，我国的税制结构集中度指数（HHI）从 1994 年的 0.294 下降到 2015 年的 14.9%，这反映出我国的税种结

---

① 数据来源：1994—2017 年《中国税务年鉴》，国家统计局数据库 http://www.stats.gov.cn/.

构不断分散化，税制结构越来越复杂。2016 年和 2017 年，由于受到"营改增"政策调整的影响，我国营业税税种已经停止征收，增值税占比大幅上升，这导致我国的税制结构集中度指数（HHI）出现了较为明显的回升。但总体来看，自分税制改革以来的二十余年间，我国的税制结构不断复杂化，这与我国税收政策的目标变动相吻合。

4.2.2.2 基于税负转嫁视角的分析

从税负转嫁的难易程度来看，可以把税收分为直接税和间接税。直接税的纳税人较难转移其承担的税负，因此直接税的纳税人往往就是税收的负担人，如所得税、房产税、车船税等；而间接税的纳税人则较易将税负转嫁给他人，如增值税、消费税、关税等（详见表 4 - 6）。通常来讲，间接税具有征管简便易行、税源相对稳定的优点，且间接税的实际税负的最终归宿是消费者，从而具有鼓励储蓄和投资的功能。因此，在一国发展的早期阶段，由于税收政策目标除满足组织收入这一基础目标外，主要偏向于促进经济增长目标，政府多采取以间接税为主体的税制结构。直接税与间接税相比，其缺点在于征管难度大，纳税人的税感较为明显。但是直接税具有间接税所不具备的优势：直接税的税源更加广泛，有利于组织更多的收入以满足政府日益扩大的财政支出需求；直接税便于采取累进税税收制度，发挥税收工具的自动稳定器功能；直接税更有利于实现社会财富的二次分配，促进社会公平，实现增进社会福利目标。因此，随着一国经济和社会的发展，政府的税收政策目标会从促进经济增长向增进社会福利动态偏移，政府往往会不断增加直接税在税制结构中的比重，逐步过渡到以直接税为主体的税制结构。

表 4 - 6 我国各税种按直接税和间接税分类表

直接税	间接税
企业所得税、个人所得税、外商投资企业和外国企业所得税、固定资产投资方向调节税、房产和城市房产税、印花税、城镇土地使用税、土地增值税、车船使用和牌照税、筵席税、耕地占用税、契税	增值税、消费税、营业税、资源税、城市建设维护税、车辆购置税、屠宰税、关税、烟叶税

1994—2017 年，在我国税制结构中，直接税所占比重和间接税所占比重的变动情况如图 4 - 3 所示。

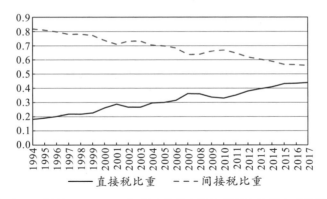

图 4-3　我国 1994—2017 年间直接税和间接税所占比例变动趋势图

由图 4-3 可知，当前我国的税制结构中，间接税仍然占据主导地位。但自 1994 年分税制改革以来，我国的税制结构中，间接税比重一直呈下降趋势，由 1994 年的 81.8% 下降到 2017 年的 56.0%；相应的，直接税比重不断上升，由 1994 年的 18.2% 上升到 2017 年的 46.0%。这种动态变化特征与我国政府的税收政策目标变化相一致，反映出随着政府职能的不断拓展，我国的税收政策目标愈加趋于多元化。

4.3　我国税收政策目标均衡的动态趋势分析

从以上对我国税制变迁的梳理以及对宏观税负和税制结构的相关统计分析来看，我国的税收政策目标从计划经济体制下相对单一的组织财政收入目标，演变为市场经济体制下的多目标均衡。税收政策目标均衡会受到若干因素的影响，随着时间的变化而动态变化。接下来，本书在这一节从短期和长期两个维度来分析我国税收政策目标均衡的动态趋势。

4.3.1　当前我国税收政策面对的挑战与目标导向

短期来看，我国税收政策目标的动态调整主要受到经济波动、财政状况、民生与政治需求、国际税收竞争四个方面的挑战。

从经济波动来看，我国经济虽然从整体来看仍然保持着较快的增长态势，但是经济增长速度已经从高速增长转变为中高速增长，面临增速换挡的压力。从 2018 年的宏观经济统计数据来看，一至四季度的 GDP 增速分别为 6.8%、6.7%、6.5% 和 6.4%，逐季下降；2018 年 12 月的制造业采购指数（PMI）下降到 49.4%，这是时隔 29 个月之后该指数再次跌至荣枯线以下，景气度减弱；规模以上工业企业利润自 2018 年 4 月以来已经连续 7 个月增速放缓，其中 11 月同比下降 1.8%，是 2016 年以来首次下降。这表明，我国面临较大的经济下行压力。为缓解我国经济下行的压力，需要发挥税收政策对经济的反周期调节作用，通过减税来刺激经济增长。[①]

从财政状况来看，我国当前面临一定的财政压力。从增量来看，由于近年来我国不断加大减税减费力度，财政收入增速连续多年低于财政支出增速，财政赤字规模不断扩大，2015 年、2016 年、2017 年的赤字规模分别为 15794 亿元、20584 亿元和 22934 亿元，据此测算的财政赤字率分别为 2.30%、2.78% 和 2.79%，低于 3% 的国际警戒线水平。[②] 从存量来看，在连续实施多年积极的财政政策后，政府的债务规模不断扩大。根据国际货币基金组织的测算，2014 年、2015 年、2016 年我国一般政府债务存量分别为 25.8 万亿元、28.8 万亿元和 33.1 万亿元，据此测算的我国政府债务率远低于 60% 的国际警戒线水平。但是如果考虑地方政府担保债务、地方金融机构坏账，以及需要政府财政弥补的社保资金缺口等隐性债务，2014 年、2015 年、2016 年我国广义政府债务规模分别高达 33.8 万亿元、39.6 万亿元和 46.4 万亿元，据此测算的我国广义政府债务率已经达到了 60% 的国际警戒线水平。[③] 因此，尽管和世界主要经济体相比，当前我国财政赤字率水平并不高，这就意味着，我国仍然存在一定的财政赤字空间，但考虑我国较高的债务存量，当前我国面临的财政风险压力又势必会影响到政府在税收政策的目标均衡。

从民生与政治需求来看，我国国内政治稳定，政府在医疗、教育、养老等民生领域存在刚性的公共支出需求。此外，由于我国当前的税制结构是以易于转嫁的商品税、劳务税等间接税为主，边际消费倾向较高的低收入者承担了主要的税负，税收工具直接调节社会收入分配差距的作用并不明显。政府主要通过公共支出这一再分配途径来间接调节收入分配差距和维护社会稳定。因此，政府需要通过税收来保障民生领域的公共支出需要，以维护社会稳定。

从国际税收竞争来看，全球主要资本主义国家的经济增长缓慢，"减税"势必会成为各国吸引资本、人才、技术等资源的有力工具。美国特朗普政府从 2017 年开始实施的减税法案引发了一轮全球减税浪潮，短期内对我国企业的

---

① 数据来源：国家统计局数据库 http://data.stats.gov.cn/.
② 数据来源：财政部按照国际货币基金组织（IMF）数据公布特殊标准（SDDS）要求发布的年度广义政府财政数据，http://yss.mof.gov.cn/.
③ 数据来源：国际货币基金组织（IMF），海通证券研究所整理。

对外投资和跨国资本流动产生一定负面影响。[①] 全球减税浪潮势必会影响我国的税收政策目标均衡的偏移，减税政策有利于积聚全球资源，保持经济在全球产业链中的竞争力。

综上所述，从短期来看，为应对国内经济下行压力和国际税收竞争，我国税收政策目标均衡将会向促进经济增长目标发生动态偏移，实施以减税为主基调的税收政策，但这种偏移的程度会受到民生支出需求和财政压力的制约。

4.3.2　我国税收政策目标的长期变化趋势

从长期来看，经济发展水平决定了税收政策目标演变的一般趋势。过去由于我国生产力水平落后，人民日益增长的物质文化需要与落后的社会生产力之间的矛盾是社会的基本矛盾。尽管与欧美发达国家相比较，当前我国经济在产业结构、经济增长质量和创新能力方面还存在一定差距，但是经过改革开放40余年的高速发展，我国生产力水平大幅提升，跨越了经济发展的起步阶段，进入了经济发展的高速增长期，综合国力和人民物质生活水平显著提高。党的十九大报告明确指出，"中国特色社会主义进入新时代，我国社会主要矛盾已经转化为人民日益增长的美好生活需要和不平衡不充分的发展之间的矛盾"。[②]这表明，随着经济的进一步发展，我国愈加需要解决城乡区域发展不均衡，教育、医疗、养老等社会公共产品供给不足，以及收入分配差距过大等问题。而这些问题反过来又制约着经济发展。税收政策工具无疑在解决上述问题中扮演着重要角色。

因此，随着我国经济发展水平由高速增长期迈入成熟期，我国的税收政策目标均衡将会逐渐向增进社会福利水平目标偏离，以满足人民日益增长的美好生活需要。依据本书3.3.1节中的理论分析，随着税收政策目标向增进社会福利目标偏移，组织财政收入目标将会得到进一步强化。依据本书4.2.1节中的统计分析，2014—2016年，我国的宏观税负水平维持在28.4%左右。在与发达国家的对比中，我国的宏观税负水平低于世界主要发达国家，特别是与法国、意大利、德国等西欧诸国还存在很大差距；在与发展中国家的对比中，我国宏观税负水平远低于社会福利水平较高的巴西和俄罗斯。由此可知，从长期来看，我国的宏观税负水平存在逐步提高的空间，以满足调节城乡区域发展差异、调节收入分配和提供不断扩大的公共支出的需要。

---

① 参见单希彦：《特朗普税改对我国经济的影响及对策》，《中南财经政法大学学报》2018年第6期。

② 参见《决胜全面建成小康社会夺取新时代中国特色社会主义伟大胜利——习近平同志代表第十八届中央委员会向大会作的报告摘登》，《人民日报》2017年10月19日。

5 目标均衡视角下我国税率水平变动的经济效应分析

从长期来看，我国的税收政策目标均衡会向增进社会福利目标动态偏移，宏观税负水平还会进一步提高；但从短期来看，为应对经济下行压力，税收政策目标均衡会偏向促进经济增长。为实现政府税收政策的多目标均衡，就需要界定出我国宏观税负水平的最优动态区间（区间Ⅱ），如果实际宏观税负水平位于传统的拉弗税收禁区（区间Ⅲ），那么大规模减税将是实现税收政策多目标均衡的必然选择。但如果实际宏观税负水平位于最优动态区间（区间Ⅱ）内，那么税收政策将不得不在促进经济增长和组织财政收入之间权衡。本书在这一部分，将构建包括家庭、厂商和政府的三部门动态随机一般均衡模型，基于税收政策目标均衡视角，估计我国宏观税负水平的最优动态区间（区间Ⅱ），并通过数值模拟的方法分析宏观税负变动冲击下的经济效应。

5.1 引言

政府制定和调整税收政策的目标是多元的，税收政策的均衡目标由经济发展水平决定，并受到经济波动、财政状况、政治与民生需求和国际税收竞争因素的影响。税收政策目标达到与否取决于对政策实施效应的事后评价，因此，政府制定和调整税收政策的策略势必取决于对政策实施效应的预期判断。为此，大量的经济学理论试图从宏观或微观的视角剖析税收政策变动对经济运行的冲击机制，从而为政府制定和调整税收政策提供理论依据。本节将对相关经济理论和研究动态做简单回顾。

最初的经济学理论多是从宏观角度剖析税收政策变动对经济运行的冲击机制。

以亚当·斯密为代表的古典学派认为：一方面，市场机制是完全有效的，无须政府通过税收等政策工具进行干预；另一方面，经济增长的动力来源于资本积累和劳动分工带来的生产效率的提高，而税收将会降低资本和劳动收益率，不利于资本积累，从而会阻碍经济增长。因此，古典学派认为税收政策对经济运行的冲击是完全负面的，政府的税收应该仅限于组织适量的财政收入来维持政府运行，以减少对市场机制的扭曲效应。20世纪30年代的经济危机让人们意识到古典学派关于市场完全有效的假设与实际不相符合，市场失灵是存在的，凯恩斯主义理论应运而生。凯恩斯认为，经济危机的根源在于有效需求不足，因此需要通过实施减税政策来刺激投资和消费需求。此后，汉森等人提出的补偿性税收政策理论和萨缪尔森提出的发挥累进税收制度的自动稳定器作用理论，则进一步丰富了凯恩斯学派"相机抉择"的税收理论。在经济衰退时期采取减税政策以刺激投资和消需求，从而拉动经济增长；在经济繁荣时期采取增税政策以限制经济过分扩张和泡沫的形成，并弥补之前的财政赤字，从而实现税收政策组织财政收入和促进经济增长的动态目标均衡。20世纪70年代的"滞胀危机"使得凯恩斯主义理论面临挑战。以拉弗为代表的供给学派认为，"滞胀危机"的根源在于政府干预过度导致的供给不足，主张实行大规模的减税政策。供给学派认为，减税可以通过刺激资本、劳动等生产要素的供给来带动经济增长，经济增长又会导致税基的进一步扩大，从而使得财政收入不降反增，因此，减税是可以同时兼顾税收政策促进经济增长和组织财政收入目标的。

20世纪80年代前后，以"卢卡斯批判"为代表的"理性预期"革命让人们意识到宏观经济理论必须要有坚实的微观理论基础，在宏观经济分析中需要考虑宏观经济政策调整对理性微观经济主体跨期决策行为的影响。从微观来看，政府税收政策调整对经济运行的冲击机制是非常复杂的，可以分为直接和间接两条作用途径：一条途径是税率水平的变动将会直接改变生产要素和商品的绝对价格，而生产要素价格的变化将会通过收入效应和替代效应影响家庭和厂商的决策行为，进而对经济运行产生冲击效应；另一条途径则是通过影响公共支出的方式对经济运行造成间接冲击效应（如图5-1所示）。

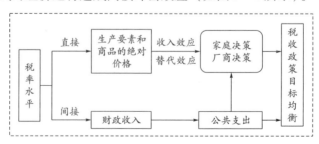

图5-1　税率水平变动对经济运行的冲击机制

　　家庭的决策行为是指家庭为获得跨期效用最大化，在家庭预算的约束条件下，在劳动与闲暇以及消费与储蓄（投资）之间做出决策。政府税收政策的调整会对家庭决策行为产生冲击效应，这主要体现在劳动力供给和消费行为两个方面。关于政府课税对劳动力供给的影响，既会产生收入效应，也会产生替代效应：一方面，政府课税后家庭的实际工资水平就会下降，并影响家庭的可支配收入水平，家庭为维持收入水平和消费水平，就不得不增加劳动供给量，从而产生收入效应；另一方面，家庭的效用不仅来自物质资料消费，还包括享受闲暇带来的精神愉悦。因此，当政府课税后选择劳动而放弃闲暇的机会成本将会变大，家庭将会减少劳动时间而增加闲暇时间，从而产生替代效应。关于政府课税对家庭消费行为的影响，如果仅仅考虑消费行为，由于政府课税后家庭可支配收入的减少，从而会降低对消费品的购买。但是具有理性预期的家庭的跨期消费决策行为不仅要考虑可支配收入水平，还要考虑消费和储蓄（投资）之间的比例。尽管储蓄（投资）不会增加家庭的当期效应，但储蓄（投资）的本质是将现阶段的资源转移到未来消费，在跨期决策行为中，储蓄也会影响家庭的跨期效用总和。因此，如果政府既提高对劳动和消费品的税率，也提高对利息（资本所得）的税率，那么将不仅仅改变当期消费的价格，也会改变未来消费的价格。如果政府课税后，当期的消费价格高于未来的消费价格，那么家庭将会增加储蓄（投资）而减少消费，从而对消费产生替代效应；如果政府课税后，当期的消费价格低于未来的消费价格，那么家庭将会增加消费和减少储蓄，从而对消费产生收入效应。

　　厂商的决策行为是在技术水平的约束条件下，通过雇佣劳动和租赁资本进行生产，实现利润最大化。由于劳动和资本要素的供给由家庭部门决定，因此政府课税对家庭部门的收入效应与替代效应将会传导至厂商部门，政府税收政策调整将会改变市场上劳动要素的价格和供给量、资本要素的价格和供给量以及产品的市场需求规模，从而对厂商的决策行为产生冲击效应。

　　政府税收除了直接对经济运行产生冲击，还会通过影响财政支出的途径对经济运行产生间接冲击。一方面，可以通过消费性公共支出和转移支付的方式，改变家庭部门的预算约束和效用选择函数，从而影响家庭的决策行为。一般而言，消费性公共支出和转移支付的增加，将会激发家庭部门在闲暇与劳动之间偏向于闲暇，从而减少劳动要素供给量，但拉动了消费需求和增进了社会福利水平。另一方面，可以通过生产性公共支出和生产性转移支付的方式，改变资本和劳动要素的投入回报率，从而影响厂商的决策行为。

　　综上所述，从微观来看，政府税收政策变动对经济运行的冲击机制是极其复杂的。政府的课税行为和公共支出行为分别从直接和间接的途径影响微观经济主体的决策行为，而这种影响又同时兼有作用效果截然相反的收入效应和替代效应。研究税收政策的经济效应，不仅需要考虑税收水平、税收结构和公共支出结构，还必须关注微观主体的行为偏好。因此，基于传统宏观经济理论的计量经济学模型的分析结论往往受到较大的质疑。例如，Roderick（2008）就对 Scully（1996）基于计量模型估计最优税率水平的方法提出质疑，他认为 Scully 的实证方法对宏观统计数据十分敏感，不同年份的数据回归结果差异太大，这就导致其可能产生对最优税率的虚假估计。这为内生经济增长理论的兴起和动态随机一般均衡分析方法的发展提供了契机。在技术进步、储蓄率等变量内生化的动态（随机）一般均衡模型中，外生的税收政策调整将会通过影响家庭、厂商等微观主体决策行为的方式对宏观经济运行产生冲击效应。当前，具有坚实微观理论基础的动态（随机）一般均衡模型已经成为分析税收政策效应的主流范式。

在国外的相关文献中，根据对政府税收政策的目标界定不同，这些文献可以大致分为两类。一类文献聚焦促进经济增长或增进社会福利目标，研究税率水平变动对经济增长或社会福利的影响。例如，Chamley（1986）将生产函数设定为关于资本和劳动的二元函数 $y_t = f(k_t,\ l_t)$，通过构造居民、厂商和政府的三部门动态模型，得出产出最大化对应的长期资本最优税率为零的结论。Lucas（1990）在 Chamley 的基础上，构建了包含人力资本生产和物质资本生产的两部门模型，得出与 Chamley 相同的结论。Barro（1990）将政府的生产性公共支出以流量形式引入科布-道格拉斯生产函数 $y = f(k,\ g) = Ak^{1-\alpha}g^{\alpha}$，发现经济增长率与税负水平成倒"U"形函数关系，且当税负水平与公共支出的产出弹性相等时，经济增长率最大。Greiner & Hanusch（1998）在 Barro 的基础上，将公共资本以存量形式引入生产函数，假定税收用于公共资本投资、投资补贴和转移支付。他们研究发现，公共资源通过税收政策从非生产性资源向生产性资源分配总会提高经济增长率，但却不一定带来更高的社会福利，因此，经济增长最大化与福利最大化对应的平衡增长路径并不相同。与上述文献不同，另一类文献则聚焦税收政策的组织收入目标。例如，Mathias & Harald（2006）在一个简单的内生增长模型中，分别对美国和欧盟 15 国的拉弗曲线形状进行了定量分析，研究发现，美国和欧盟 15 国位于其劳动和资本税拉弗曲线的左侧，但欧盟 15 国更接近拉弗曲线峰值，即比美国更加接近税收禁区。F-de-Córdoba & Torres（2012）在一个三部门的动态随机一般均衡模型中，估计了欧盟诸国的拉弗曲线，结果发现，除瑞典、丹麦和芬兰的实际税率高于税收收入最大化对应的最优税率外，大多数欧盟国家的实际税负水平均处于拉弗曲线的左侧。

在国内的相关文献中，学者则主要聚焦于税率水平变动对经济增长或社会福利的影响，而忽略了税率变动对政府组织财政收入目标的影响。例如，严成樑和龚六堂（2010）通过构造一个包含政府生产性支出的内生增长模型对我国经济运行进行数值模拟，结果发现，政府适当提高税率为生产性支出融资，可以促进经济和社会福利的增长。王文甫（2010）将价格黏性、流动性约束和政府支出的正外部性，以及投资调整成本等非完全竞争因素引入动态随机一般均衡模型，对我国税收变动进行数值模拟，研究发现，税收增加对产出和居民消费都会产生负面冲击。此后，严成樑和龚六堂（2012）又构造了一个包含资本积累和创新相互作用的内生增长模型，但模型假定政府生产性公共支出不进入生产函数，采用该模型进行的数值模拟结果与包含政府生产性支出的内生增长模型的数值模拟结果恰好相反，即提高税率对经济增长和社会福利都会造成负面影响。梁红梅和刘宇（2016）构建了不包含政府生产性支出的内生增长模型，对我国东、中、西部地区分别进行了数值模拟，结果显示，不同地区降低宏观税负对经济增长都有显著的促进作用。

由上述代表性文献可以得出两点共识性结论：第一，是否将政府的生产性公共支出引入生产函数，即模型中政府支出行为的设定，将会对研究结论产生关键性影响；第二，已有的研究文献大多讨论的是税率水平变动对单一税收政策目标的影响，其中单独考虑税率变动对经济增长目标的影响是目前研究的主流，而缺乏在多重税收政策目标约束下对税率水平变动的经济效应的研究。基于此，本书在这一部分将尝试在已有文献的基础上，基于税收政策多目标均衡的视角，将组织财政收入目标和调节经济运行目标同时纳入实证分析框架内，构建包含政府生产性公共支出和生产性转移支付的内生增长模型，分析讨论我国税率水平变动的经济效应。

5.2　理论分析框架

本节为理论分析框架部分，是在合理的理论基本假设基础上构建动态随机一般均衡模型。

5.2.1　基本假设

基于税收政策目标均衡理论，税收政策目标的界定是分析税收政策效应的前提，因此，需要对税收政策目标进行合理假设并嵌入模型分析框架中。此外，由于需要考察政府行为的影响，因此也需要对政府支出行为做出合理的假设。

5.2.1.1 税收政策目标的界定

税收政策是国家实现宏观调控的重要政策工具，具有多重目标属性，根据本书的归纳分析，税收政策通常需要兼顾组织财政收入、促进经济增长和增进社会福利等三大政策目标。从长期来看，税收政策的三大政策目标之间呈现出相互依存的统一性，但是从短期来看却呈现出相互制约的矛盾性。从理论上分析，每一个政策目标都有与之相对应的一个最优的税率水平，但是，这种满足单一政策目标的最优税率水平并不一定是所有政策目标均衡时所要求的最优税率水平。如果政府只是基于对满足单一政策目标最大化对应的最优税率水平的判断来调整税收政策，就可能无法协调实现三大税收政策的均衡目标。事实上，即使政府在一定时期的税收政策偏向于实现某一个单一税收政策目标，也必须考虑和协调其他政策目标。因此，任何基于反映单一政策目标的税收理论分析和政策建议都是比较片面的，政府制定的税收政策应当是多元目标均衡的结果，并且这种均衡会随着经济和社会的发展状况，以及国家面对的国内外矛盾的演变而发生动态变化。在研究税收政策的优化及其实施效应时，必须要从动态均衡的视角对政策目标进行解读。

组织财政收入是税收政策的基本目标，是实现其他功能性目标的前提。并且根据"瓦格纳法则"所描述的客观规律，随着经济社会的发展，公共产品需求的数量和质量都会不断提高，财政支出规模的扩大势必会强化税收政策组织收入的目标导向。从短期来看，政府通过税收政策工具调节经济运行的目标并不一定等价于经济增长，但是从长期来看，调节经济运行与经济增长的政策目标必然是等价的。关于增进社会福利目标，社会福利即包含对物质资料的客观需求，也包含居民心理层面对幸福感和获得感的主观感知，从理论上讲，消费水平、社会收入分配差距、生态环境等指标都是构成社会福利水平的重要组成要素，但是社会收入分配差距、生态环境水平等指标，以及各个不同指标之间的权重水平在实证模型中难以实现和统一。例如，从既有的研究实现社会福利水平最大化税收政策目标的内生增长模型来看，由于对社会福利函数界定的差异化，研究结论也大相径庭。从我国的政策实践来看，政府实现组织收入的税收政策目标与通过转移支付的方式调节城乡之间、区域之间的收入分配差距目标，以及制定愈加完善的养老、教育和医疗等增进社会福利水平的政策目标是相辅相成的。因此，在考虑实证研究的可行性的条件下，本书在这一部分不失一般性地将组织财政收入和促进经济增长界定为我国当前实施税收政策调整的两大主要政策目标，并同时考察税收政策调整对居民消费和投资的影响。

5.2.1.2 政府支出行为的界定

政府税收政策的调整会影响税收组织财政收入的多寡，而公共支出的水平则取决于财政收入的多寡，因此税收政策的调整将会通过影响公共支出的途径对经济运行造成间接冲击效应。在经济运行中，政府除了提供消费性公共产品，还必须提供诸如基础设施之类的生产性公共产品，以及对自然垄断行业提供必要的公共投资。特别是在我国当前经济和社会发展进入新时代阶段，要促进经济由高速增长向高质量发展方式转变，推动经济社会全面协调可持续发展，政府的生产性公共投资对调节经济结构和促进高质量发展经济增长都会产生重要影响。因此，本书在构建内生增长模型时，考虑政府行为对社会总产出的影响十分必要。从我国财政支出结构来看，除了提供国防、外交和教育等消费性公共产品，在农业、林业和交通基础设施方面的生产性支出也占有很高的比例。此外，政府还通过财政补贴等形式对企业进行生产性转移支付。鉴于此，本章将政府税收支出分解为消费性转移支付、生产性转移支付及生产性资本积累支出三部分。

5.2.2 模型构建

参考 F-de-Córdoba & Torres（2012）将政府生产性公共资本支出引入动态一般均衡模型的分析框架，本书将生产性资本支出以存量形式引入生产函数，将生产性转移支付引入资本积累方程，构建三部门组成的动态随机一般均衡模型。

5.2.2.1 厂商

厂商作为经济系统中生产部门的代表，负责向市场提供包括消费资料和生产资料在内的社会总产品。我们考虑社会总产品生产需要劳动、私人资本和公共资本三种要素，其中劳动和私人资本通过家庭部门有偿提供，而公共资本由政府无偿提供。由于假定家庭部门是生产要素的所有者，因此厂商必须雇佣劳动和租用私人资本，并为之提供劳动报酬和资本收益，劳动和私人资本的市场价格由技术水平和偏好决定。厂商筹集资本、雇佣劳动和政府生产性公共资本组合生产。厂商通过选择最优的私人资本和劳动力要素投入，以获得利润最大化，其决策的目标函数为

$$\max_{\{K_t, L_t\}} \pi_t = Y_t - R_t K_t - W_t L_t \tag{5.1}$$

其中 R_t，W_t 分别为内生化的资本和劳动报酬。

将政府生产性资本支出引入生产函数，并假定生产函数是满足科布-道格拉斯形式的，即

$$Y_t = A_t K_t^{\alpha_1} L_t^{\alpha_2} Z_t^{\alpha_3} \qquad (5.2)$$

其中，K_t、L_t、Z_t分别代表私人资本存量、劳动力数量和生产性公共资本存量，$\alpha_j (j=1,2,3)$表示各生产要素对应的产出弹性。生产技术具有规模报酬不变和规模报酬递增两种假设形式：前一种形式是假设生产技术满足对所有生产要素具有规模报酬不变的性质；后一种形式是假设生产技术仅仅对私人生产要素具有规模报酬不变的性质，但对其他生产要素规模报酬递增。根据马栓友（2000）的实证研究，发现第二种形式更加符合我国的实际情况，因此本书假定$\alpha_1 + \alpha_2 = 1$，但$\alpha_1 + \alpha_2 + \alpha_3 > 1$。$A_t$代表技术水平，$A_t$服从一阶自回归过程：

$$\ln A_t = (1-\rho)\ln\bar{A} + \rho\ln A_{t-1} + \varepsilon_t, \varepsilon_t \sim i.i.d \quad N(0,\sigma^2) \qquad (5.3)$$

其中，ρ表示技术水平的一阶自回归系数，ε_t表示残差，$\bar{A}$是A_t的稳态值，σ表示波动水平的标准差。

由此，厂商基于利润最大化的决策问题可以描述为

$$\max_{\{K_t, L_t\}} \pi_t = A_t K_t^{\alpha_1} L_t^{\alpha_2} Z_t^{\alpha_3} - R_t K_t - W_t L_t \qquad (5.4)$$

厂商利润最大化的一阶条件为

$$\frac{\partial \pi_t}{\partial K_t} = \alpha_1 A_t K_t^{\alpha_1-1} L_t^{\alpha_2} Z_t^{\alpha_3} - R_t = 0 \qquad (5.5)$$

$$\frac{\partial \pi_t}{\partial L_t} = \alpha_2 A_t K_t^{\alpha_1} L_t^{\alpha_2-1} Z_t^{\alpha_3} - W_t = 0 \qquad (5.6)$$

整理可得

$$R_t = \alpha_1 A_t K_t^{\alpha_1-1} L_t^{\alpha_2} Z_t^{\alpha_3} = \alpha_1 \frac{Y_t}{K_t} \qquad W_t = \alpha_2 A_t K_t^{\alpha_1} L_t^{\alpha_2-1} Z_t^{\alpha_3} = \alpha_2 \frac{Y_t}{L_t}$$

由于在完全竞争的市场条件下，假定了私人部门的规模收益不变，因此公共资本并不会为厂商带来超额利润，厂商的利润全部用于支付劳动报酬和私人资本的租金。从厂商利润最大化的一阶条件可知，劳动报酬等于劳动力的边际生产率，而资本租金等于私人资本的边际生产率，并且等价于总产出与相应的生产要素的一个固定的比率。

5.2.2.2 家庭

经济体中包含众多家庭，不同的家庭拥有的要素禀赋和面对的跨期效用函数是不同的，为简化模型的复杂程度，使其在数学上具有可行性，本书同主流文献相同，采用 Barro（1990）给出的处理方法，假定所有居民都是典型的经济主体，具有相同的偏好，所有家庭的总体决策行为只是每一个具有同质行为

特征的家庭的简单加总。每一个家庭基于自身跨期效用函数进行独立决策。家庭的效用来自两个部分，一是商品和服务消费所获得的满足感，商品和服务消费的数量越多，家庭获得的效用越大，但消费的边际效用是递减的；二是享受闲暇带来的满足感，享受的闲暇时间越多，家庭获得的效用越大，但闲暇的边际效用也是递减的。特别的，假设消费者的偏好用下面的消费和劳动的二元加权线性对数效用函数来表示：

$$U(C_t, L_t) = \gamma \log C_t + (1 - \gamma) \log(1 - L_t) \tag{5.7}$$

其中，将家庭可任意支配的有效时间标准化为1，L_t 代表家庭的劳动时间选择，那么 $1 - L_t$ 代表家庭的闲暇时间选择，C_t 代表居民消费选择，γ 为消费在效用函数中占的权重，$\gamma \in (0,1)$。理性家庭通过对劳动和闲暇以及消费和储蓄（投资）的选择，实现自身跨期效用的贴现和最大化。

假定居民将所有可支配收入用于消费和投资（储蓄），那么居民的预算约束可以表示为

$$C_t + I_t = (1 - \tau)(R_t K_t + R_t L_t) - \tau C_t + G_t^c \tag{5.8}$$

其中，I_t 代表居民投资（储蓄），τ 表示政府对资本所得、劳动所得和消费征收的平滑的有效税率水平，G_t^c 表示政府消费性公共支出。私人资本积累方程为

$$K_t = (1 - \delta_k)K_{t-1} + I_{t-1} + G_{t-1}^k \tag{5.9}$$

其中，δ_k 为私人资本折旧率，G_t^k 为政府生产性转移支付。由于模型假定家庭是劳动和私人资本的拥有者，因此政府生产性转移支付相当于是增加了私人资本。假定私人资本折旧可享受税收减免，结合式（5.8）和式（5.9），可以将居民受到的预算约束重新表示为

$$(1 + \tau)C_t + K_{t+1} - K_t = (1 - \tau)[(R_t - \delta_k)K_t + W_t L_t] + G_t^c + G_t^k \tag{5.10}$$

由此，家庭跨期效用最大化的决策问题可描述为

$$\max_{\{C_t, L_t\}} \sum_{t=0}^{\infty} \beta^t (\gamma \log C_t + (1 - \gamma) \log(1 - L_t)) \tag{5.11}$$

$$\text{s.t.} (1 + \tau)C_t + K_{t+1} - K_t = (1 - \tau)[(R_t - \delta_k)K_t + W_t L_t] + G_t^c + G_t^k \tag{5.12}$$

其中，β 为跨期效用贴现因子。

为求解家庭跨期效用最大化问题，我们可以构造动态拉格朗日函数。居民效用最大化问题对应的拉格朗日函数可以表示为

$$\max_{\{C_t, L_t, K_t\}} \Phi = \sum_{t=0}^{\infty} \beta^t \left\{ \gamma \log C_t + (1 - \gamma) \log(1 - L_t) - \lambda_t \begin{bmatrix} (1 + \tau)C_t + K_{t+1} - K_t - (1 - \tau) \cdot \\ [(R_t - \delta_k)K_t + W_t L_t] - G_t^c - G_t^k \end{bmatrix} \right\} \tag{5.13}$$

其中，λ_t 为第 t 期家庭预算约束对应的拉格朗日乘子。求解上述动态拉格朗日函数的一阶条件可得

$$\frac{\partial \Phi}{\partial C_t} = \gamma \frac{1}{C_t} - \lambda_t (1 + \tau) = 0 \tag{5.14}$$

$$\frac{\partial \Phi}{\partial L_t} = (1 - \gamma) \frac{-1}{1 - L_t} + \lambda_t (1 - \tau) W_t = 0 \tag{5.15}$$

$$\frac{\partial \Phi}{\partial K_t} = \beta \lambda_t [(1 - \tau)(R_t - \delta_k) + 1] - \lambda_{t-1} = 0 \tag{5.16}$$

由式（5.14）可得

$$\lambda_t = \frac{\gamma}{(1 + \tau) C_t}$$

将其代入式（5.15）消去 λ_t 可以得到条件

$$\frac{1}{1 - L_t} = \frac{\gamma}{(1 - \gamma)} \frac{(1 - \tau)}{(1 + \tau)} \frac{W_t}{C_t} \tag{5.17}$$

将其代入式（5.16）消去 λ_t、λ_{t-1} 可以得到条件

$$\frac{C_t}{C_{t-1}} = \beta ((1 - \tau)(R_t - \delta_k) + 1) \tag{5.18}$$

5.2.2.3 政府

政府通过调整平滑的有效税率水平对劳动所得、抵扣过后的私人资本收益以及消费征税，为消费性公共支出、生产性公共资本支出和生产性转移支付融资，则政府通过税收获得的财政收入总额可以表示为

$$F_t = \tau [(R_t - \delta_k) K_t + W_t L_t + C_t]$$

其中，F_t 为政府税收收入（财政支出）。

假定政府每期均保持预算平衡，政府把从微观经济主体征收的扭曲性税收全部用于当期公共支出，则政府的每期预算约束为

$$F_t = G_t^c + G_t^k + IZ_t$$

$$G_t^k = \theta_1 F_t$$

$$IZ_t = \theta_2 F_t$$

其中，IZ_t 为政府生产性公共资本支出，θ_1、θ_2 分别为表示政府生产性转移支付和生产性公共资本支出占财政支出总额的比例。

生产性公共资本是以存量的形式存在的（折旧率不等于1），其积累方程为

$$Z_t = (1 - \delta_z) Z_{t-1} + IZ_{t-1}$$

其中，δ_z 为生产性公共资本折旧率。

5.2.3 竞争性均衡

在充满竞争的市场环境中，政府的税收政策是外生给定的，税率水平以外生变量的形式进入模型，家庭和厂商的决策行为是对给定的税收政策的理性反应。当市场处于均衡状态时，要求：家庭和厂商最优决策的一阶条件得到满足；政府的预算约束得到满足；经济系统中的其他可行性条件约束得到满足。根据上述方程，本书构建的随机性模型系统包含 12 个内生经济变量 Y_t、C_t、L_t、K_t、I_t、Z_t、IZ_t、G_t^k、W_t、R_t、F_t、A_t 和外生的税收政策变量 τ。为了使模型封闭，考虑经济可行性条件方程 $Y_t = C_t + I_t + IZ_t$。由此，模型的竞争性均衡可由以下 12 个方程构成的方程组来刻画。

$$\frac{1}{1-L_t} = \frac{\gamma}{(1-\gamma)} \frac{(1-\tau)}{(1+\tau)} \frac{W_t}{C_t}$$

$$\frac{C_t}{C_{t-1}} = \beta((1-\tau)(R_t - \delta_k) + 1)$$

$$Y_t = A_t K_t^{\alpha_1} L_t^{\alpha_2} Z_t^{\alpha_3}$$

$$K_t = (1 - \delta_k)K_{t-1} + I_{t-1} + G_{t-1}^k$$

$$R_t = \alpha_1 \frac{Y_t}{K_t}$$

$$W_t = \alpha_2 \frac{Y_t}{L_t}$$

$$F_t = \tau((R_t - \delta_k)K_t + W_t L_t + C_t)$$

$$G_t^k = \theta_1 F_t$$

$$IZ_t = \theta_2 F_t$$

$$Z_t = (1 - \delta_z)Z_{t-1} + IZ_{t-1}$$

$$Y_t = C_t + I_t + IZ_t$$

$$\ln A_t = (1 - \rho)\ln\bar{A} + \rho\ln A_{t-1} + \varepsilon_t$$

5.3 参数估计

为对上述动态随机一般均衡模型进行数值求解，以及模拟外生冲击的影响，就必须对模型中的相关参数进行估计。我们所构建的模型是否能反映真实的经济运行情况，一方面取决于模型的理论基础，另一方面则取决于对参数的估计效果，因此，进行参数估计是非常重要的一项工作。目前对参数的估计主要有两种方法：一种方法是直接对参数进行校准，包括利用经验数据观察得到参数值（例如，通过计算经验统计数据的长期均值）、利用已有实证文献对相关参数的估计值或直接利用模型的均衡条件计算得到参数值等；另一种是运用计量经济技术，将理论模型与实际经验数据相结合，从而拟合估计出相关参数的数值。由于第一种方法的技术难度相对较低，且便于后期对模型做进一步的校正，因此本书主要采用第一种方法，采用通过经验数据测算和利用相关实证文献估计结果相结合的校准方法对模型参数进行估计。

具体而言，我们需要对 γ、β、δ_k、δ_z、α_1、α_2、α_3、θ_1、θ_2、ρ、σ 11 个参数进行校准。关于家庭消费偏好系数 γ，本书采用家庭工作时间占可支配总时间的比值对其进行校正。根据中国人民大学休闲经济研究中心的抽样调查数据，2016 年我国城镇居民的日工作时间为 362 分钟，休闲时间为 253 分钟，因此我们设定 $\gamma = 0.589$。[①] 根据近 10 年来我国的名义利率水平，本书将效用函数中的贴现因子设定为 $\beta = 0.975$。根据朱军和姚军（2017）的估计结果，本书将私人资本和公共资本的折旧率分别设定为 $\delta_k = 0.082$、$\delta_z = 0.093$。根据饶晓辉和刘方（2014）的估计结果，本书将全要素生产水平的一阶自回归系数设定为 $\rho = 0.291$，标准差设定为 $\sigma = 0.168$。关于生产要素的产出弹性系数，既有文献的设定差别较大，例如马栓友（2000）将私人资本、劳动和公共资本的产出弹性系数分别估计为 0.65、0.35 和 0.55，严成樑（2010）将私人资本、劳动和公共资本的产出弹性系数分别估计为 0.92、0.08 和 0.08，本书采用饶晓辉和刘方（2014）的估计结果，将私人资本、劳动和公共资本的产出弹性系数分别估计为 $\alpha_1 = 0.502$、$\alpha_2 = 0.498$ 和 $\alpha_3 = 0.104$。关于政府生产性转移支付占财政支出的比重，由于缺乏直接相关统计资料，本书采取海通证券对我国 2017 年政府对企业补助规模的研究结果，结合同期的全国一般公共预算的决算数据，估计出政府生产性转移支付占税收收入的比重为 $\theta_1 = 0.021$。[②] 参考我国 2017 年全国一般公共预算支出结构，本书将生产性公共资

本支出占财政支出的比例设定为 $\theta_2 = 0.207$。① 参数校准值，见表 5-1。

表 5-1　我国经济样本的参数校准值

参数	说明	取值	参数	说明	取值
γ	家庭消费偏好系数	0.589	α_3	公共资本的产出弹性	0.104
β	效用贴现因子	0.975	θ_1	生产性转移支付比重	0.021
δ_k	私人资本折旧率	0.082	θ_2	公共资本支出比重	0.207
δ_z	公共资本折旧率	0.093	ρ	TFP 自回归系数	0.291
α_1	私人的资本产出弹性	0.502	σ	TFP 自回归残差	0.168
α_2	劳动的产出弹性	0.498			

5.4　模拟分析

5.4.1　最优宏观税负的动态区间估计

根据本书第三章的理论分析可知，探究政府调整税率水平究竟会产生什么样的经济效应，必须先弄明白当前的宏观税负水平是否位于最优宏观税负的动态区间之内。在对模型参数进行校准之后，通过改变表示宏观税率水平的外生政策变量令 τ 的取值，就可以计算出与之相对应的税收收入和经济产出的稳态值，模拟经济产出和税收收入与税率水平变动的动态关系，从而估计出宏观税负的最优动态区间。本书通过将外生政策变量 τ 从 0.01 开始不断连续赋值，运用基于 MATLAB 平台的 Dynare4.5.3 软件对动态均衡模型进行数值求解。计算结果见表 5-2。

---

① 根据财政部公布的 2017 年全国一般公共预算支出决算表，本书将科学技术支出、农林水利支出、交通运输支出、资源勘探信息等支出划分为生产性公共支出，其支出总额为 42064 亿元，占总支出 203085 亿元的 20.7%。

表5-2　有效税率水平变动的经济产出和税收收入效应测算结果

税率	经济产出	税收收入	税率	经济产出	税收收入
0.01	1.222	0.015	0.33	1.156	0.534
0.02	1.431	0.036	0.34	1.121	0.536
0.03	1.552	0.058	0.35	1.087	0.537
0.04	1.632	0.082	0.36	1.054	0.537
0.05	1.687	0.106	0.37	1.020	0.536
0.06	1.724	0.131	0.38	0.986	0.534
0.07	1.748	0.156	0.39	0.953	0.532
0.08	1.763	0.180	0.40	0.921	0.528
0.09	1.769	0.204	0.41	0.888	0.524
0.10	1.770	0.228	0.42	0.856	0.519
0.11	1.765	0.251	0.43	0.824	0.513
0.12	1.756	0.273	0.44	0.793	0.507
0.13	1.742	0.295	0.45	0.762	0.500
0.14	1.726	0.316	0.46	0.732	0.492
0.15	1.707	0.336	0.47	0.702	0.484
0.16	1.686	0.356	0.48	0.673	0.475
0.17	1.662	0.374	0.49	0.644	0.466
0.18	1.637	0.391	0.50	0.616	0.456
0.19	1.610	0.408	0.51	0.589	0.446
0.20	1.582	0.423	0.52	0.562	0.435
0.21	1.553	0.438	0.53	0.535	0.424
0.22	1.522	0.452	0.54	0.510	0.412
0.23	1.491	0.464	0.55	0.484	0.400
0.24	1.459	0.476	0.56	0.460	0.388
0.25	1.427	0.486	0.57	0.436	0.375
0.26	1.394	0.496	0.58	0.413	0.363
0.27	1.360	0.504	0.59	0.390	0.350
0.28	1.327	0.512	0.60	0.368	0.337
0.29	1.293	0.518	0.61	0.347	0.323
0.30	1.258	0.524	0.62	0.326	0.310
0.31	1.224	0.528	0.63	0.306	0.297
0.32	1.190	0.532	0.64	0.287	0.283

为更加形象地表示有效税率水平变动对产出和税收影响的数值模拟结果，本书基于上述计算结果绘制了经济产出和税收收入关于有效税率水平变动的曲线图。如图 5 - 1 所示。

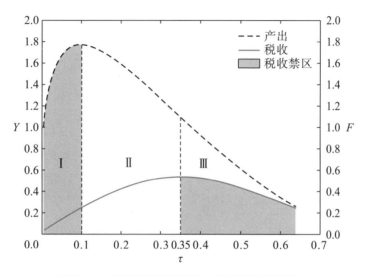

图 5 - 1　有效税率水平变动对产出和税收的影响

需要说明的是，要研究宏观税负水平变动的经济效应，就必须对宏观税负水平进行科学的界定，但是理论界对测度宏观税负水平的指标选择却并不完全一致。从已有文献来看，测度宏观税负水平的方法主要有三种，即法定税率、宏观税率、平均有效税率。法定税率虽能从表面上反应不同课税对象的税收负担，但由于存在税收减免等优惠政策、超额累进征收制度，以及难以度量的税负转嫁现象，法定税率与实际税率会产生较大的偏离。宏观税率是从整体上度量宏观税负水平，一般采用一定时期内税收收入占国内生产总值的比重来测度，尽管宏观税率无法反应不同课税对象的实际税收负担，但由于这种方法比较简单，所以在实证分析中应用较为广泛，本书在上一章的描述性统计分析中亦采取了这种方法。平均有效税率是指实际税收与实际税基之间的比值，能更加有效地衡量经济要素所承担的实际税负水平，是动态随机一般均衡模型中普遍采取的方法，本书在上述模型中的税率水平变量 τ 就是采用的平均有效税率。同类研究文献一般采用宏观税率即 $t = \dfrac{F}{Y}$ 来表示宏观税负水平[①]，而非模

_____

① 参见安体富：《宏观税负水平的高与低并不意味着税负的重与轻》，《中国税务报》2010 年 7 月 21 日。

型中表示平均有效税率的外生变量 τ。为使本书的分析结果与其他研究我国宏观税负规模的文献具有可比性，本书同时定义宏观税率变量 $t = \dfrac{F}{Y}$ 表示宏观税负水平。由于 $F_t = tY_t$，并且

$$
\begin{aligned}
F_t &= \tau \big[(R_t - \delta_k) K_t + W_t L_t + C_t K_t \big] \\
&= \tau (R_t K_t + W_t L_t) + \tau (C_t - \delta_k) K_t \\
&= \tau (Y_t) + \tau (C_t - \delta_k) K_t \\
&> \tau (Y_t)
\end{aligned}
$$

因此，在本书构建的动态模型中，宏观税负水平 t 大于模型中对应表示有效税率水平的外生变量 τ 的取值。通过测算不同税率下对应的宏观税负水平，便可得到宏观税负水平与经济产出和税收收入的动态关系。宏观税负水平变动对产出和税收影响的数值模拟结果如图 5 - 2 所示。

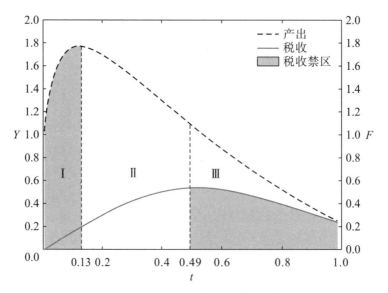

图 5 - 2　宏观税负水平变动对产出和税收的影响

由上述模拟结果可知，税收曲线随税率水平的增加先上升后下降，在 $\tau = 0.35$（$t = 0.49$）时到达最大值，与典型的拉弗曲线形态相同；产出也随税率的增加先上升后下降，并且在 $\tau = 0.10$（$t = 0.13$）时到达最大值。据此，我们可以将宏观税负水平划分为 Ⅰ、Ⅱ 和 Ⅲ 三个区间（如图 5 - 2 所示）。这三个区间宏观税负、政府税收收入与经济产出水平的关系如下。

当我国宏观税负水平位于区间 Ⅰ 时，税率与经济产出水平正向变动。如果

实行降低税率水平的政策，将会导致政府税收收入迅速减少，从而使得政府不仅无法保障消费性公共产品的供给，而且也无法满足生产建设性的财政支出的需要，从而导致社会总产出水平下降，社会产出水平的下降又会缩减税基，进一步降低政府税收水平，从而形成恶性循环。相反，如果实行提高税率水平的税收政策，即税率向区间Ⅱ调整，在提高税收收入水平的同时，也更好地保障了政府财政支出的需要，间接地提高了政府公共支出水平（特别是生产性公共支出），有助于提升经济产出水平，产出水平的提高又会使税基增加，从而提高税收水平，形成良性循环，从而同时满足税收政策组织财政收入和促进经济增长两大政策目标。税率处于0.10（对应的宏观税负水平为0.13）时，经济产出水平最大。但是，此时的政府税收收入是较低的，这无法满足随着经济社会发展社会对生产性公共品和消费性公共品的需求。在"瓦格纳法则"的作用下，政府会不断提高税率水平，进入税率区间Ⅱ。因此，政府税率选择区间区间Ⅰ劣于区间Ⅱ。

当我国宏观税负水平位于区间Ⅲ时，税率与经济产出水平反向变动：如果实行提高税率水平的税收政策，由于高税率的抑制，提高税率水平会导致经济产出水平的迅速下降，经济产出水平的下降又会缩减税基，使得政府税收收入减少，无法满足组织财政收入的政策目的。相反，如果实行降低税率水平的政策，降低税率水平即税率水平向区间Ⅱ调整，会刺激私人部门的投资和消费的积极性，提高经济产出水平，经济产出水平的提高又扩大了税基，提高了税收收入水平，从而同时满足税收组织财政收入和促进经济增长两大政策目标的需要。区间Ⅲ与拉弗曲线所描述的税收禁区是完全重合的，因此，其理论逻辑也是完全一致的，即减税将会激发市场微观主体的积极性，促进投资和消费水平，拉动经济增长。与此同时，虽然税率水平下降，但是社会总产出水平的上升将会扩大税基和税源，实现税收收入的增长。因此，政府税率选择区间Ⅲ是明显劣于区间Ⅱ的。

以上分析表明，区间Ⅱ是最优税率区间。当我国宏观税负水平位于区间Ⅱ时，税率与税收收入正向变动，而税率与经济产出反向变动：如果实行提高税率水平的税收政策，政府税收收入水平将会提高，但是公共支出增加对经济产出的刺激效应不足以弥补税率提高对私人部门的抑制效应，经济产出水平将会下降；如果实行降低税率水平的税收政策，经济产出水平将会提高，但是税基扩大对税收收入的贡献不足以弥补税率下降对税收收入造成的损失，税收收入水平将会下降。由此可见，在区间Ⅱ，政府无论是提高税率还是降低税率水平都无法同时实现促进经济增长和组织财政收入两大政策目标的最大化效应。政府需要在最大化经济产出水平与最高税收收入水平之间进行权衡，以选择能够同时满足多元目标的最优税率。

应当指出，最优宏观税负水平不是区间Ⅱ的一个静态值，而是动态变化的。政府应当根据经济社会发展趋势进行相机抉择，在最优税收区间内动态选择税负水平，以达到多元税收政策目标的动态均衡。根据数值模拟结果，本书将我国宏观税负水平的最优动态区间估计为 [0.13，0.49]。

5.4.2 宏观税负水平变动的冲击效应

根据本书第四章的统计分析，2012—2017 年，我国大口径宏观税负水平保持在 34.8% ～ 37.1%，平均水平为 35.8%，在剔除掉重复计算的部分后（约 2%），我国近年来的宏观税负水平大约为 33.8%（对应的宏观税率水平约为 0.25）。由此可见，我国当前宏观税负水平位于宏观税负最优动态区间之内，而并非位于拉弗曲线所描述的税收禁区（区间Ⅲ）。政府提高宏观税负水平可以提高税收收入水平，但会显著降低经济产出水平；降低宏观税负水平可以增加社会产出水平，但会显著降低政府税收水平。税收政策的调整将难以同时实现多目标最大化效应，而必须在多目标之间进行权衡。为此，我们有必要在这一部分模拟在当前宏观税负水平下，我国宏观税负水平非预期变动对各主要的内生经济变量指标的冲击效应。

首先来看宏观税率水平非预期上调 1 个百分点的冲击效应，模拟实验结果如图 5.3、图 5.4 所示。

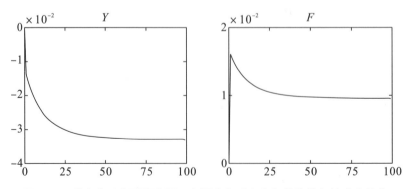

图 5-3　税率水平非预期上调 1 个百分点对产出和税收收入的冲击效应

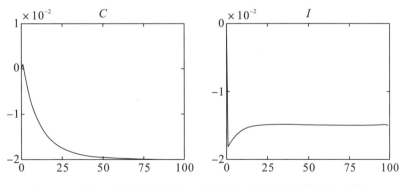

图 5 - 4 税率水平非预期上调 1 个百分点对消费和投资的冲击效应

由图 5 - 3 和图 5 - 4 可知，税率水平非预期上调 1 个百分点后，产出在短期内会迅速下降 1.38 个百分点，然后逐渐下落并收敛到低于初始稳态水平 3.29 个百分点的新的稳态水平；税收收入在短期内迅速大幅度上升 1.61 个百分点，然后开始略微下降并逐渐收敛到高于初始稳态水平 0.95 个百分点的新的稳态水平；消费在短期内小幅度增长了 0.1 个百分点，然后逐渐回落到低于初始稳态水平 2 个百分点的新的稳态水平；投资在短期内会迅速下降 1.81 个百分点，然后缓慢上升到低于初始稳态水平 1.50 个百分点的新的稳态水平。可见，无论从短期还是长期来看，税率水平非预期上调除有助于增加政府税收收入以外，会显著降低私人部门的投资和消费的积极性，进而降低了社会总产出水平。政府通过提高税率的方式可以获得更多的税收收入，但是公共支出增加对社会产出水平的贡献并不足以弥补税收对私人经济部门的扭曲效应。

接下来再看宏观税率水平非预期下调 1 个百分点的冲击效应，模拟实验结果如图 5 - 5、图 5 - 6 所示。

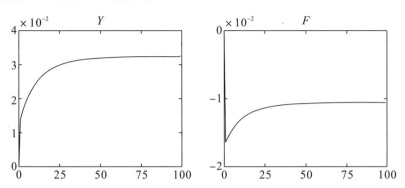

图 5 - 5 税率水平非预期下调 1 个百分点对产出和税收收入的冲击效应

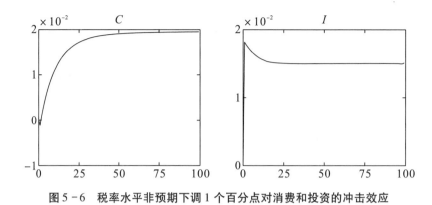

图 5 - 6　税率水平非预期下调 1 个百分点对消费和投资的冲击效应

由图 5 -5、图 5 -6 可知，税率水平非预期下调 1 个百分点，产出水平在短期内会迅速增长 1. 37 个百分点，然后继续缓慢增长到高于初始稳态水平 3. 24 个百分点的新的稳态水平；税收收入会在短期内迅速大幅度下降 1. 64 个百分点，然后缓慢回升并逐渐收敛到低于初始稳态水平 1. 05 个百分点的新的稳态水平；消费在短期内会迅速小幅下调 0. 12 个百分点，然后逐渐回升到高于初始稳态水平 1. 96 个百分点的新的稳态水平；投资在短期内会迅速增长 1. 83 个百分点，然后缓慢回落到高于初始稳态水平 1. 51 个百分点的新的稳态水平。可见，无论从短期还是长期来看，一方面税率水平非预期下调都有助于刺激私人部门的投资和消费的积极性，并提高了社会总产出水平，但是另一方面税率水平非预期下调将会显著降低政府的税收收入。政府通过提高税率的方式可以降低税收对私人经济部门的扭曲效应，增加社会总产出水平，但是无论从短期还是长期来看，税基扩大对税收收入的贡献不足以弥补税率下降对税收收入所造成的损失，即不会产生显著的拉弗税收效应。

5.5　实现我国财政税收政策的目标均衡的对策建议

本章将政府生产性公共资本支出以存量形式引入生产函数，将政府生产性转移支付引入资本积累方程，构建了三部门动态随机一般均衡模型，基于税收政策目标均衡视角，估计出了我国宏观税负水平的最优动态区间，并对税率水平变动的冲击效应进行了模拟实验。从模型的估计结果来看，我国宏观税负水平的最优动态区间为 [0. 13，0. 49]，这表明当前我国的宏观税负处于最优动态区间内，而并非位于拉弗税收禁区之内。因此，政府无论是提高或者降低宏观税率水平，都难以同时优化所有税收政策目标，政府必须考虑税收政策的多目标均衡，在不同目标之间进行权衡和取舍。从对税率水平变动冲击的经济效应的模拟结果来看，降低税率水平可以降低税收对市场的扭曲效应，刺激消费和投资的增长，进而扩大社会总产出水平，但是无论从短期还是长期来看，降低税率水平都会显著降低政府税收水平；如果提高税率水平，模拟结果则正好与之相反。

近年来，为应对经济下行压力，我国不断加强减税政策的实施力度，宏观经济保持中高速增长的态势，避免了硬着陆风险。然而，我国的税收收入却并没有如同拉弗曲线描述的那样保持高速增长，税收增长速度反而逐步放缓，特别是2015—2017年，税收增速远低于经济增长速度，税收弹性系数均小于1。这表明，本书的研究结论与我国近年来的税收政策实施效应是相吻合的。

当前，我国需要在多重税收政策目标之间进行均衡决策，以更好地兼顾组织财政收入、促进经济增长和增进社会福利三大目标。结合当前我国税收政策面对的挑战以及本书的研究结果，本书对进一步优化调整我国税收及相关政策提出如下政策建议。

5.5.1 适度扩大"结构性减税"，优化税收结构

根据我国的宏观税负水平处于最优动态区间（区间Ⅱ）的特点，我国存在通过减税来提高经济增长的条件。考虑当前我国面临较大的经济下行和国际税收竞争压力，为缓解这些压力，需要发挥税收政策的反周期调节作用。因此，建议在短期内可适当扩大减税降费力度，进一步降低宏观税负水平，以减轻企业负担，吸引国际资本、技术和人才等要素的流入，刺激经济增长。但是，根据本书对我国税率结构调整的模拟实验，从目标均衡的视角来看，实行税收结构优化调整政策（结构性减税政策）将明显优于宏观税负调整政策（普适性减税政策）。因此，在减税的策略选择上，建议应当适度扩大"有增有减，以减为主"的结构性减税政策力度，通过税制结构优化达到政府税收政策的多目标均衡。

由于劳动有效税率的下调从短期和长期来看都会刺激经济增长，但会显著降低税收收入。因此，建议当前可以考虑进一步采取提高个人所得税起征点、降低社会保险费率等政策措施，通过增加居民可支配收入水平来拉动社会消费水平，从而刺激经济增长。当经济重新进入上升通道时，可通过提高个人所得税累进税制的边际税率，以及提高社会保险费率等政策措施，以增加政府财政收入。

由于资本所得税的下调在短期内除会降低税收收入水平外，对产出、投资和消费都会产生正向冲击，从长期来看，资本所得税的下调将会产生显著的拉弗曲线效应，在促进经济增长的同时，也能提高税收收入水平。因此，建议继

续扩大实施针对企业和资本市场的减税缴费措施，如加大对中、小、微企业的税收减免力度、降低企业所得税税率、减免印花税和契税等。

由于消费有效税率的上调从短期和长期来看都对经济产出影响甚微，但是会显著增加税收收入。因此，建议短期内不再推出购置税减免等消费税降税政策，从长期来看，应当完善或新增资源税、房产税等消费性税种，在缓解税收压力的同时，增强税收的收入分配调节功能，增进社会福利水平。

5.5.2 优化财政收支结构，防控财政风险

根据本书的研究结果可知，从短期来看，无论是实施普适性减税政策还是结构性减税政策，在刺激经济增长的同时，都无法带来显著的拉弗曲线效应，减税会显著降低政府的财政收入。但与此同时，政府面临生产性公共支出，以及在医疗、教育和养老等民生领域不断增长的刚性公共支出需求。尽管可以运用赤字财政政策，但考虑我国较高的债务存量，财政赤字空间有限。因此，为缓解财政收支压力，防控财政风险，本书建议在适度扩大"结构性减税"政策力度的同时，应当基于"开源节流"的原则优化财政收支结构，为减税创造空间。

在财政支出方面，应当通过优化支出结构，提高资金使用效率。建议在保障科学技术、产业结构调整、生态环保和精准扶贫等方面的支出外，应着力压缩一般性公共支出。例如，压缩和延缓明显具有形象工程意义的部分城乡社区公共设施建设支出，压缩含有政府行政费用在内的一般公共服务支出等。①

在财政收入方面，应当开辟新的财政资金来源，为减税政策提供空间。尽管压缩一般公共支出能够在一定程度上缓解财政压力，但是作用空间有限。当前我国政府特别是地方政府面临较大的债务压力，在土地财政难以为继的背景下，亟须拓展新的财政资金来源。建议可以从两个途径来开辟新的财政资金来源：一是在上文中提到的尽早开征房产税；二是国有资产证券化。从长期来看，房产税可以作为地方政府财政收入的稳定来源，但是由于存在立法和技术上的困难，短期内尚难以大规模推行。而国有资产证券化既能充实财政资金，也有利于国有企业通过混合所有制改革，建立现代企业制度，建议应当优先考虑。

---

① 根据财政部公布的数据，2013—2017 年我国一般公共财政支出中，城乡社区公共设施建设支出年均增长 15.7%，远高于同期 8.9% 的经济增长率和 10.0% 的财政收入增长率；主要包含政府行政费用的一般公共服务支出在 2013—2015 年增速较慢，但是在 2016 年和 2017 年分别增长了 9.2% 和 11.6%。数据来源：财政部公布的 2012—2017 年全国一般公共预算支出决算表。

5.5.3 实施税收听证制度，进一步促进税收政策目标均衡

立法听证的核心就是给予所制定的法律法规有直接利害关系的当事人一个陈述意见表达观点的机会，它的本质是一种程序法，是保证立法活动顺利进行的程序法。

税法是建立在人民公意基础上，调整社会成员与政府之间债权债务关系的法律规范的总和。立法听证引入税收立法的价值，在于立法听证所固有的功能满足税法的需要。立法听证制度引入税收立法的价值，集中体现在于三个方面。

第一，税收法定原则的要求。税收法定主义原则是税法的最高法律原则，是民主和法治原则等现代宪法原则在税法上的体现，对保障人权、维护国家利益和社会公益举足轻重。其基本含义是税法主体及其权利义务由法律加以确定。人民根据法律的规定纳税，政府根据法律的规定征税。而规定纳税和征税关系的法即税法，由此，立法的法治化是税收法定主义的前提和依据，当且仅当所制定的税法是良法，才能要求税法主体依法办事。如果税收立法程序存在规制的缺失，立法的随意性将大大增加，导致立法成为征税权滥用、侵犯人民财产利益的工具，不仅损害税法的权威，而且影响到政府的社会公认度。此外，从立法听证本质上看，作为一种程序性规则，能够防止各种人治的因素，如领导指示，主观随意性等，保证立法过程的公开性、透明性。

第二，满足税收立法的民主化要求。立法听证制度蕴涵的民主价值，是与税收立法内在要求吻合的。税法关系到相关主体的自由和财产权利的限制和剥夺，凡涉及可能不利于国民或加重其负担的规定，均应严格由人民选举出来的立法机关制定。但在代议制民主下，由人民选出代表组成立法机关行使立法权的过程就有异化的可能，公意容易被私化，选举的级数越高，民意的表达就越可能被掩盖。政府以民意制定税法的过程将轻易地被社会成员质疑。立法听证制度成为税收立法直接民主的渠道，它一头连接着国家的立法机关，另一头连接着具体的纳税主体，各种利益冲突将通过这个渠道进行交流和对话，用文明的宽容的但又批判的方式进行税赋的讨价还价。立法听证制度同时满足了促进税收立法民主化所必备的全部条件，即立法主体的广泛性，立法行为的制约性，立法内容的公平性和立法过程的程序性。

第三，满足税收立法科学化的需要。税收不仅是国家取得财政收入的一种主要手段，而且是国家实行宏观调控的经济杠杆之一，因而具有较其他部门法更强的精确性，立法听证制度基于信息收集的科学性是税法合理性的保障。税

收立法的科学化集中落实在纳税主体、征税客体、税率、纳税环节、纳税期限及减税、免税问题。这些问题往往涉及财政、金融、税制等学科领域，为立法当局所陌生，但又是税收立法成败的关键。只有从实际出发，从我国国情出发，尊重客观现实，吸收专家、学者参与立法，用科学的理论指导税法的创制，才能避免立法上的盲目性和随意性，从而降低立法成本，提高立法效益。科学的税收立法需要依靠财政学、税收学等经济学专家、学者提供的理论模型和数据预测，立法听证制度能够充分发挥信息收集的作用，成为税收立法的必要程序。

6 货币政策动态分析的理论基础

对货币政策进行动态分析，通常离不开相关的货币模型。本章介绍主要的货币模型，包括货币效用模型（MIU 模型）、现金先行模型（CIA 模型）、托宾货币模型和卡甘模型。托宾货币模型早于货币效用模型和现金先行模型，卡甘模型则是一个理性预期模型。考虑叙述方便，没有按模型先后介绍。

6.1 货币效用模型（MIU 模型）

货币效用模型假定经济行为人的效用直接取决于商品的消费量和货币的持有量，即假定货币有直接的效用，从而把货币余额直接纳入经济行为人的效用函数，建立了货币效用模型。该模型是由 Sidrauski（1967）在 Ramsey（1928）模型的基础上，将货币直接引入效用函数的方法建立的。尽管对该模型有不少批评，但该模型是一个完整的一般均衡模型。

6.1.1 模型的基本结构

下面介绍模型的连续时间版本的推导过程，模型的前提假设如下。

（1）假设将消费者的效用定义在人均消费和人均实际货币上，即效用函数为 $U(c,m)$，每个家庭面临的最大化问题是

$$\max U_s = \int_s^\infty u(c_t, m_t) \exp(-\theta(t-s)) \, \mathrm{d}t$$

其中，θ 是时间偏好率。

（2）假设和消费品一样，消费者从货币中获得正的，但是递减的边际效用。即

$$u_c, u_m > 0, u_{cc}, u_{mm} < 0$$

（3）假设在完全竞争下，市场上的资本回报率（即利率）为 $r(t)$。时刻 t 家庭拥有的总资本为 $K(t)$。这样家庭所拥有的资本在 t 时刻可以带来的收益为 $r(t)K(t)$。

（4）假设家庭为社会提供劳动力以获得工资回报。假设在时刻 t 的工资率为 $w(t)$，家庭提供的劳动力为 $L(t)$，那么家庭的劳动收益为 $w(t)L(t)$。

（5）因为政府发行货币得到了铸币收益，为简单起见，假设政府把铸币收益转移给消费者。

这样，在时刻 t 家庭的总收入为 $r(t)K(t) + w(t)L(t)$。家庭总收入除用来消费外，其余用来增加资本或者增加对货币的持有。记时刻 t 家庭的总的消费水平为 $C(t)$，这样家庭的预算约束可以表示为

$$K'(t) + \frac{M'}{p(t)} = w(t)L(t) + r(t)K(t) - C(t) + X \tag{6.1}$$

其中，L、C、K 和 M 分别是家庭规模、消费、资本和名义货币；X 是政府的转移支付，w 和 r 分别是实际工资和利率。

因为有货币的存在，所以要引入价格水平 $p(t)$，$M'/p(t)$ 表示货币增加的实际值。$k(t) = K(t)/L(t)$ 为时刻 t 家庭拥有的人均资本存量，$c(t) = C(t)/L(t)$ 为时刻 t 家庭的人均消费，$m = M/pL$ 为家庭拥有的人均实际货币，注意到劳动力的增长率为 n，通货膨胀率为 $p'/p = \pi$，人均政府转移支付为 $\chi = X/L$，则方程（6.1）可以改写为

$$k' + m' = w + rk - \pi m - nm + \chi - c - nk \tag{6.2}$$

定义家庭总财富为 $A = K + \frac{M}{P}$，设 a 为人均财富，则有 $a = k + m$，代入上述约束方程可得

$$a' = [(r - n)a + w + x] - [c + (r + \pi)m] \tag{6.3}$$

该方程给出了人均总财富变化率是收入与消费之差，其中消费是两项之和，后一项是以货币持有代替资本持有的利息损失，它等于名义利率和实际货币余额之积，它可以测度对货币服务的隐含消费。这两项之和称为完全消费。

消费者行为就是在政府的影响和自身预算约束下，选择自己的消费路径、货币需求路径和资本存量的积累路径来极大化他的贴现效用和，即

$$\max \int_0^\infty [u(c_t, m_t)] e^{-\theta t} \mathrm{d}t$$

非蓬齐对策条件

$$\lim_{t\to\infty} a_t \exp\left\{-\left[\int_0^t (r_v - n)\,\mathrm{d}v\right]\right\} \geqslant 0$$

根据受约束方程（6.2）与方程（6.3），建立 Hamilton 函数

$$H = (u(c,m) + \lambda((r-n)a + w + x - c - (\pi + r)m))\exp(-\theta t)$$

最大化一阶条件为

$$u_c(c,m) = \lambda \tag{6.4}$$

$$u_m(c,m) = \lambda(r + \pi) \tag{6.5}$$

$$\frac{\lambda'}{\lambda} = \theta - r \tag{6.6}$$

$$\lim_{t\to\infty} a_t \lambda_t \mathrm{e}^{-\theta t} = 0 \tag{6.7}$$

其中，λ 是消费的边际效用，也代表财富的边际值，也可以叫作财富的影子价格。方程（6.4）表示消费的边际效用等于财富的边际值，方程（6.5）表示货币的边际效用等于实际利率和通货膨胀率之和。从方程（6.4）和方程（6.5）得到

$$u_m(c,m) = u_c(c,m)(\pi + r) \tag{6.8}$$

方程（6.8）表明在最优时，消费的边际效用与货币的边际效用之比（边际替代率）等于名义利率。同时可以解释为消费与货币的边际替代率等于市场上消费品与货币的边际转移率。协态变量 λ_t 方程隐含确定了凯恩斯－拉姆齐条件是成立的：在两个时点上消费之间的边际替代率必须等于它们的转换率。

假设厂商使用规模收益不变的技术和竞争性的要素市场，即采用新古典生产函数，其人均形式为

$$y = f(k)$$

厂商的最优行为

$$r = f'(k)$$

$$w = f(k) - kf'(k) \tag{6.9}$$

假设货币的增长率 $\frac{M'}{M} = \sigma$ 为外生给定的常数。下面导出消费水平、资本存量和货币需求的动态方程，以研究经济均衡时的货币政策改变对经济的影响。

由最大化一阶条件方程（6.4）和方程（6.5）得到短期的均衡

$$c = c(\lambda, k, \pi), \quad \pi = \pi(\lambda, k, m) \tag{6.10}$$

并且通过比较静态分析得到财富的边际值、资本存量和货币需求变化对短期消费水平和通货膨胀率的影响为

$$c_1 < 0,\ c_2 > 0,\ c_3 < 0 \text{ 和 } \pi_1 < 0,\ \pi_2 > 0,\ \pi_3 < 0 \tag{6.11}$$

由式（6.11）可知：随着财富的边际值增加，消费水平和通货膨胀率下降。这是因为随着财富的边际效用的上升，消费和持有货币的成本会增加，从而促使消费者的投资增加，消费减少，持有货币数量减少，进而导致货币的需求减少。货币的需求减少会导致货币发行量的减少，又会使通货膨胀率下降。同时，随着资本存量 k 的增加，由 $f_{kl} > 0$ 知道劳动力的边际回报率增加，即工资水平增加——消费者的收入增加，使消费者的消费水平增加和货币持有量的增加，导致货币的需求增加——这样导致货币的供给增加而导致通货膨胀率上升；货币需求增加的影响对消费水平的影响是显然的，它的增加导致投资在资产上的财富减少，从而使收入下降，收入的下降使得消费水平下降，使名义的货币需求下降，从而通货膨胀率下降。

假设在均衡时，政府的实际转移支付等于它从发行货币中得到的铸币收益，即下式成立

$$\chi = \frac{\mathrm{d}M/\mathrm{d}t}{PL} = \left(\frac{M'}{M}\right)\left(\frac{M}{PL}\right) = \sigma m \tag{6.12}$$

其中，σ 是货币增长率。由

$$\frac{\mathrm{d}M/\mathrm{d}t}{PL} = m' + \pi m + nm$$

得到人均实际货币积累方程

$$m' = (\sigma - \pi(\lambda, k, m) - n)m \tag{6.13}$$

在宏观均衡时，把方程（6.13）代入预算方程（6.2）中得到资本存量积累方程

$$k' = f(k) - nk - c(\lambda, k, \pi) \tag{6.14}$$

综合以上讨论，得到动力系统

$$
\begin{aligned}
m' &= (\sigma - \pi(\lambda, k, m) - n)m \\
k' &= f(k) - nk - c(\lambda, k, \pi) \\
\lambda' &= \theta\lambda - \lambda[f'(k) - n]
\end{aligned}
\tag{6.15}
$$

上面的方程给出了经济的动态积累过程，通过它们可以得到资本存量、货币需求和财富的边际值的动态路径。下面考察它们在均衡时的特征。

6.1.2 稳定状态的分析

我们把分析限制在稳定状态。首先，我们证明本模型中的稳定状态是局部

鞍点稳定的。动态路径可由方程（6.13）、方程（6，14）、方程（6.15）描述。其中方程（6.15）给出了消费的边际效用 λ 的演变，方程（6.13）是资本积累的动态方程，方程（6.14）是实际货币余额的动态方程。$c(\cdot),\pi(\cdot)$ 的性质是通过对方程（6.4）和方程（6.5）进行全微分得到的。

均衡点 (λ^*,k^*,m^*) 达到当且仅当 $\lambda'=k'=m'=0$ 时，它们的特征可以通过下面的方程来描述

$$f(k^*)-nk^*-c(\lambda^*,k^*,\pi^*)=0 \tag{6.16}$$

$$(\sigma-\pi(\lambda^*,k^*,m^*)-n)m^*=0 \tag{6.17}$$

$$\theta\lambda^*-\lambda^*(f'(k^*)-n)=0 \tag{6.18}$$

在稳定状态附近将方程（6.16）至方程（6.18）在均衡点 (λ^*,k^*,m^*) 线性展开得到线性系统

$$\begin{bmatrix} \lambda'/\lambda \\ k' \\ m'/m \end{bmatrix} = \begin{bmatrix} 0 & -f''(k^*) & 0 \\ -c_1-c_3\pi_1 & f'(k)-n & -c_3\pi_3 \\ -\pi_1 & -\pi_2 & -\pi_3 \end{bmatrix} \begin{bmatrix} \lambda-\lambda^* \\ k-k^* \\ m-m^* \end{bmatrix}$$

该系统的三个特征根 μ_1、μ_2 和 μ_3 满足

$$\mu_1+\mu_2+\mu_3=\delta-\pi_3>0$$

当任何时点的资本存量给定时，价格水平和 λ 可以在任何时点跳跃，因此，系统在局部要有唯一的稳定路径，就必须有两个正根（或一对有正实部的复根）和一个负实根。

矩阵的行列式的值为 $f''\pi_3c_1(<0)$ 等于特征根的乘积，它的迹（主对角线上的元素和）$-\pi_3+f'(k)-n>0$ 等于特征根的和。因为特征根的和为正，因此至少有一个正根，但行列式为负，则必有两个正根。综合这两个条件可知系统有两个正根，因此，行列式是局部鞍点稳定的。

下面考察货币政策对均衡的影响。由方程（6.18）$\theta\lambda^*-\lambda^*(f'(k^*)-n)=0$ 得到均衡时资本存量水平

$$f'(k^*)=\theta+n$$

这与不考虑货币时的姆齐模型的结果相同，即均衡时资本存量与货币增长率无关，这就是所谓的"货币超中性"，即货币政策的变动不影响均衡时的资本存量。由方程 $f(k^*)-nk^*-c(\lambda^*,k^*,\pi^*)=0$ 得到均衡时的消费水平

$$c^*=f(k^*)-nk^*$$

即均衡时，总收入等于总消费，消费水平也与货币无关。

将方程（6.17）和方程（6.18）代入方程（6.8），并注意到 $r=f'(k)$，

得到稳态时的实际货币余额水平

$$u_m(c^*,m^*) = (\theta + \sigma) u_c(c^*,m^*)$$

全微分得到

$$\mathrm{d}m = (\frac{u_c}{u_{mm} - (\theta + \sigma) u_{cm}}) \mathrm{d}\sigma = (\frac{u_c}{u_{mm} - (u_m/u_c) u_{cm}}) \mathrm{d}\sigma$$

由上式可知，如果消费和实际货币余额都是正常商品，则上式中括号的符号是负的，则可得以下结论：较高的货币增长率会减少实际货币余额。

货币超中性结果对最优的货币增长率有重要的含义。因为货币增长不能影响稳定状态的实际消费，消费者个人在稳定状态的效用最大化是通过持有足够大的实际货币余额，从而使得他们的边际效用等于0来实现的。

由 $u_m(c^*,m^*) = (\theta + \sigma) u_c(c^*,m^*)$ 可知，若 $\theta + \sigma > 0$ ，则

$$u_m(c^*,m^*) = (\theta + \sigma) u_c(c^*,m^*) > 0$$

消费者从货币的持有中还可以得到正效用，消费者可以通过增加货币持有量来提高效用水平。若 $\theta + \sigma > 0$ ，则

$$u_m(c^*,m^*) = (\theta + \sigma) u_c(c^*,m^*) < 0$$

消费者可以通过减少货币持有量来提高效用。在这两种情况下，货币持有量都不是最优的。最优货币持有量是在 $\theta + \sigma = 0$ 时达到，即货币增长率等于 $-\theta$ 。

6.2　现金先行模型（CIA 模型）

MIU 模型把货币直接置于效用函数中，这种办法虽然可以证明即使货币的收益率受其他资产支配时仍然存在对货币的需求，但它没有回答货币到底是直接产生效用还是通过交易成本间接产生效用。克洛尔（Clower，1967）很早就指出在效用函数中植入货币并没有证明货币在交易中具有交易媒介的作用，他把货币的安排和制度看成货币经济给定的条件，假设在交易过程中，部分或全部的商品购买必须使用现金。这个假设就是著名的"克洛尔约束"。在现金先行模型中，"克洛尔约束"从技术上讲相当于在模型上施加了个现金约束，货币正是因为充当交换媒介，因此具有了价值，对货币的需求取决于经济的交易技术的性质。此后许多经济学家对这一模型进行了扩展（Stockman，1981；Svensson，1985；Lucas and Stokey，1983，1987；Abel，1985；Cooley and Hansen，1989；Bohn，1991）。

6.2.1　确定性的现金先行模型

现金先行模型分为确定性模型和随机模型。本书介绍的确定性现金先行模

型是由斯文森（Svensson，1985）建立的。

6.2.1.1 模型的基本框架

考虑如下一个有代表性的经济主体模型，经济主体的目标是选择一个消费和资产路径以最大化如下的目标函数

$$\max \sum_{t=0}^{\infty} \beta^t u(c_t) \qquad (6.19)$$

其中，β 是贴现率，效用函数 $u(\cdot)$ 是有界、连续可微、严格递增和严格凹的。最大化的预算约束是

$$
\begin{aligned}
P_t \omega_t &\equiv P_t f(k_{t-1}) + (1-\delta) P_t k_{t-1} + T_t + M_{t-1} + I_{t-1} B_{t-1} \\
&\geqslant P_t c_t + M_t + B_t + P_t k_t
\end{aligned}
\qquad (6.20)
$$

其中，P_t 是总价格水平，ω_t 是经济主体在时间 t 掌握的资源，B_{t-1} 是个人持有 $t-1$ 期到 t 期的名义债券，I_{t-1} 是在 $t-1$ 期到 t 期的名义债券收益，T_t 是政府的净转移支付，M_t 是到 $t+1$ 时期持有的名义现金，δ 为资本的折旧率。在方程（6.20）的两边除以总价格水平，可得到实际变量的预算约束方程

$$\omega_t \equiv f(k_{t-1}) + (1-\delta) k_{t-1} + \tau_t + \frac{m_{t-1} + I_{t-1} b_{t-1}}{\Pi_t} \geqslant c_t + m_t + b_t + k_t \qquad (6.21)$$

其中，m,b 是持有的实际现金和债券，$\tau_t = T_t / P_t$，$\Pi_t \equiv 1 + \pi_t = P_t / P_{t-1}$。有代表性经济主体在 $t+1$ 期可获得的实际资源为

$$\omega_{t+1} = f(k_t) + (1-\delta) k_t + \tau_{t+1} + \frac{m_t + I_t b_t}{\Pi_{t+1}} \qquad (6.22)$$

时期 t 的名义利率因子 I_t 除以 Π_{t+1} 是从 t 到 $t+1$ 期的债券的总实际收益，可以表示为

$$R_t \equiv \frac{I_t}{\Pi_{t+1}}$$

除上述限制外，CIA 模型增加了一个货币先行约束

$$c_t \leqslant \frac{M_{t-1}}{P_t} + \tau_t = \frac{m_{t-1}}{\Pi_t} + \tau_t \qquad (6.23)$$

即时期 t 的消费的实际支出不能超过 t 时期的实际货币余额和时期 t 初所得到的转移支付的和。由于持有货币存在放弃利率的机会成本，因此方程（6.23）通常取等号。M_{t-1} 是经济主体在时期 $t-1$ 选择并把它带到时期 t 的名义货币余额，它的实际价值取决于时期 t 的价格水平 P_t。因为不存在任何不确定性，因此经济主体在选择 M_{t-1} 时知道 P_t。这种现金预付约束假定在时期 t 得自生

产的收入不能用于时期 t 的消费购买。

时间 t 的选择变量是 c_t, M_t, B_t, k_t。个人在时间 t 的状态变量是他拥有的资源 ω_t 和持有的现金余额 m_{t-1}。为了分析经济主体的决策问题，定义一个价值函数

$$V(\omega_t, m_{t-1}) = \max\{u(c_t) + \beta V(\omega_{t+1}, m_t)\} \qquad (6.24)$$

方程（6.24）的极值约束条件为方程（6.21）、方程（6.22）和方程（6.23）。方程（6.21）可用来从方程（6.22）消除实际债券购买 b_t，并且有

$$\omega_{t+1} = f(k_t) + (1 - \delta)k_t + \tau_{t+1} + \frac{m_t}{\Pi_{t+1}} + R_t(w_t - c_t - m_t - k_t) \quad (6.25)$$

把这个表达式应用于方程（6.24）。那么，经济主体选择消费、资本和货币持有的一阶必要条件分别为

$$u_c(c_t) - \beta R_t V_\omega(\omega_{t+1}, m_t) - \mu_t = 0 \qquad (6.25)$$

$$\beta(f_k(k_t) + 1 - \delta - R_t)V_\omega(\omega_{t+1}, m_t) = 0 \qquad (6.26)$$

$$\beta(\frac{1}{\Pi_{t+1}} - R_t)V_\omega(\omega_{t+1}, m_t) + \beta V_m(\omega_{t+1}, m_t) = 0 \qquad (6.27)$$

$$V_\omega(\omega_t, m_{t-1}) = \beta R_t V_\omega(\omega_{t+1}, m_t) \qquad (6.28)$$

$$V_m(\omega_t, m_{t-1}) = \mu_t \frac{1}{\Pi_t} \qquad (6.29)$$

令 λ_t 为 t 时财富的边际值：$\lambda_t \equiv V_\omega(\omega_t, m_{t-1})$，联立方程（6.25）和方程（6.28），得到

$$u_c(c_t) = \lambda_t + \mu_t \qquad (6.30)$$

由此可见，消费的边际效用超过财富的边际效用 λ_t 的数量为流动性服务的价值 u_t。个人必须持有货币才能进行消费。因此，成本是财富的边际效用加上融通交易所需的流动性服务的成本，它等于消费的边际效用。用 λ_t 可以把方程（6.28）表示为

$$\lambda_t = \beta R_t \lambda_{t+1} \qquad (6.31)$$

这是标准的资产定价方程。在最优路径上，减少财富的边际成本（以今天的效用计）λ_t 必须等于这一财富在下一时期的效用值。假设财富的总收益为 R_t，明天的效用贴现到今天的效用贴现率为 β。那么，在最优路径上，$\lambda_t = \beta R_t \lambda_{t+1}$。

此外，通过联立方程（6.27）、方程（6.28）和方程（6.29）可以得到

$$\lambda_t = \beta(\frac{\lambda_{t+1}}{\Pi_{t+1}} + \frac{\mu_{t+1}}{\Pi_{t+1}}) \qquad (6.32)$$

方程（6.32）可以解释为货币的资产定价方程。在时间 t 以产品计的一单位货

币的价格刚好为 $\frac{1}{P_t}$。两边除以 P_t，重写方程（6.32），则有

$$\frac{\lambda_t}{P_t} = \beta(\frac{\lambda_{t+1}}{P_{t+1}} + \frac{\mu_{t+1}}{P_{t+1}})$$

运用前向递归，可得

$$\frac{1}{P_t} = \sum_{i=1}^{\infty} \beta^i \frac{\mu_{t+i}/P_{t+i}}{\lambda_t} \tag{6.33}$$

由方程（6.29）知道 $\mu_{t+i}/P_{t+i} = V_m(\omega_{t+i}, m_{t+i-1})/P_{t+i-1}$。这后一表达式刚好是价值函数在时间 $t+i-1$ 关于名义货币余额的偏导数

$$\frac{\partial V(\omega_{t+i}, m_{t+i-1})}{\partial M_{t+i-1}} = V_m(\omega_{t+i}, m_{t+i-1})(\frac{\partial m_{t+i-1}}{\partial M_{t+i-1}}) = \frac{V_m(\omega_{t+i}, m_{t+i-1})}{P_{t+i-1}} = \frac{\mu_{t+i}}{P_{t+i}}$$

从而我们可以重写方程（6.33）

$$\frac{1}{P_t} = \sum_{i=1}^{\infty} \beta^i \frac{\dfrac{\partial V(\omega_{t+i}, m_{t+i-1})}{\partial M_{t+i-1}}}{\lambda_t} \tag{6.34}$$

那么，货币的现期值是货币在未来所有时期的边际效用的现值。方程（6.34）表示，货币与其他任何资产一样，它的价值（今天的价格）等于资产带来的收益流的贴现现值。在货币资产的情形下，这些收益采取流动性服务的形式。如果现金预付约束不受限制，这些流动性服务就没有价值（$\mu = V_m = 0$），同样的，货币也没有价值。如果约束受限制，那么因为货币获得了流动性服务的价值，因此货币是有价值的。

由方程（6.31）得到总的名义利率的表达式为 $I_t = (1 + \pi_{t+1})R_t = \frac{(1 + \pi_{t+1})\lambda_t}{\beta\lambda_{t+1}}$，但由方程（6.32），有 $\lambda_t = \beta\frac{\lambda_{t+1} + \mu_{t+1}}{1 + \pi_{t+1}}$，故 $I_t = \frac{\beta(\lambda_{t+1} + \mu_{t+1})}{\beta\lambda_{t+1}} = 1 + \frac{\mu_{t+1}}{\lambda_{t+1}}$，从而名义利率为

$$i_t = I_t - 1 = \frac{\mu_{t+1}}{\lambda_{t+1}} \tag{6.35}$$

因此，当且仅当货币得到流动性服务的时候（$u_{t+1} > 0$），名义利率为正。

我们现在使用名义利率和拉格朗日乘子的关系来重写消费的边际效用方程（6.30），即 $u_c = \lambda(1 + \frac{\mu}{\lambda}) = \lambda(1 + i) \geq \lambda$。因为 λ 表示收入的边际值，只要名义利率为正，消费的边际效用就会超过收入的边际值。尽管经济技术允许产出直接转换为消费，但消费的"价格"不等于1，而是 $1 + i$。因为居民户必须

持有货币来融通消费。因此，在现金预付模型中，正的名义利率的作用就如对消费征税，它提高消费的价格，使之高于它的生产成本。

当名义利率为正时，现金预付约束的等式成立，因此 $c_t = \dfrac{M_{t-1}}{P_t} + \tau_t$。因为货币转移支付 τ_t 等于 $\dfrac{M_t - M_{t-1}}{P_t}$，这意味 $c_t = \dfrac{M_t}{P_t} = m_t$，从而货币流通速度等于 1（$velocity = \dfrac{P_t c_t}{M_t} = 1$）。因为实际的货币流通速度是随时间变化的，现金预付模型试图通过引入不确定性来克服这个尴尬的结论。

6.2.1.2 稳定状态分析

如果我们把分析限制在稳定状态，由方程（6.32）有 $R^* = \dfrac{1}{\beta}$。由方程（6.35）有 $i^* \approx \dfrac{1}{\beta} - 1 + \pi^*$。因此在名义利率与通货膨胀率的变动一一对应时，费雪关系成立。此外，方程（6.36）给出了稳定状态的资本存量的解

$$f_k(k^*) = R^* - 1 + \delta = \dfrac{1}{\beta} - 1 + \delta \qquad (6.36)$$

因此，这个现金预付模型与 Sidrauski 模型一样具有货币超中性。稳定状态的资本存量只依赖于时间偏好参数 β、折旧率 δ 和生产函数。它与通货膨胀率无关。

由方程（6.21）（均衡中 $b = 0$）知道稳定状态的消费等于 $f(k^*) - \delta k^*$，它也与通货膨胀率无关。

我们已经知道财富的边际效用 λ 乘以 $(1 + i)$ 为消费的边际效用，它反映了为购买消费品必需持有的货币的机会成本。运用方程（6.20）和方程（6.22），有

$$\dfrac{\beta V_m}{u_c} = \dfrac{i}{1 + i} \qquad (6.37)$$

这一表达式表示货币的边际效用与消费的边际效用的比率等于名义利率 i 除以 $(1 + i)$，即以消费计的货币的相对价格。因为 t 时期的货币的积累只能在 $t + 1$ 期用来融通消费，因此 V_m 的贴现因子为 β。

在现金预付约束起作用时，实际消费等于实际货币余额。在稳定状态下，常数的消费意味名义货币余额存量和价格水平必定以同样的速度变化。如果 $M_t = (1 + \theta) M_{t-1}$，$T_t = \theta M_{t-1}$，从而有

$$\pi = \theta \qquad (6.38)$$

即稳定状态的通货膨胀率取决于名义货币存量的增长率。

6.2.2 随机的现金预付模型

库雷和汉森（Cooley and Hansen，1989）在卢卡斯和斯多克模型（Lucas and Stokey，1987）的基础上，（1）引入资本和投资决策；（2）引入劳动闲暇选择；（3）把消费等同于现金产品，把投资和闲暇等同于信贷产品，把现金预付模型扩展到不确定性的分析之中，发展了一个随机的现金预付模型。

6.2.2.1 模型的基本框架

代表性经济主体的最大化问题为

$$E_0 \sum_{i=0}^{\infty} \beta^i u(c_{t+i}, 1-n_{t+i}) = E_0 \sum_{i=0}^{\infty} \beta^i \left(\frac{c_{t+i}^{1-\varphi}}{1-\varphi} + \psi \frac{(1-n_{t+i})^{1-\eta}}{1-\eta} \right) \quad (6.39)$$

其中，$0 < \beta < 1$，c_t 是实际消费，n_t 是劳动供给，它以总劳动时间的份额来表示，$1-n_t$ 是劳动时间用于闲暇的份额。参数 φ, ψ, η 均为正。

居民户供给劳动、租赁资本给厂商生产产品。居民户每一时期进入时有名义货币余额 M_{t-1}，并获得 T_t 的一次性名义转移支付。在总量上，这个转移支付与名义货币供给的增长率相关。令随机变量 θ_t 表示货币增长率，从而有 $M_t = (1+\theta_t)M_{t-1}$。人均转移支付等于 $\theta_t M_{t-1}$，在 t 时期开初，θ_t 对所有的居民户是已知的。

假定现金预付约束只应用于消费品的购买，它的形式为

$$P_t c_t \leqslant M_{t-1} + T_t \quad (6.40)$$

其中，P_t 是 t 时期的价格水平。t 时期获得的转移支付可用于 t 时期的花费。两边除以 P_t，有

$$c_t \leqslant \frac{m_{t-1}}{\Pi_t} + \tau_t \equiv a_t \quad (6.41)$$

其中，$\Pi_t = \frac{P_t}{P_{t-1}} = 1 + \pi_t$ 等于 1 加上通货膨胀率。根据转移支付的定义有 $a_t = m_t$，但这是一个均衡条件。个人在决定实际货币余额的持有时视 a_t 为既定，在均衡中，货币需求必定等于人均的货币存量。除现金预付约束外，居民户的预算约束为

$$y_t + (1-\delta)k_{t-1} + a_t \geqslant c_t + k_t + m_t \quad (6.42)$$

其中，$0 \leqslant \delta \leqslant 1$ 是折旧率。

假定经济中生产函数是柯布-道格拉斯的常数规模收益形式，且人均产出为

$$y_t = e^{z_t} k_{t-1}^{\alpha} n_t^{1-\alpha}, 0 \leqslant \alpha \leqslant 1 \quad (6.43)$$

外生的生产率冲击为

$$z_t = \rho z_{t-1} + e_t \tag{6.44}$$

其中，$0 \leqslant \rho \leqslant 1$。随机扰动 e 的期望为 0，方差为 δ_e^2。

令 u_t 为货币增长围绕稳定状态的变差：$u_t = \theta_t - \theta^*$，假定：

$$u_t = \gamma u_{t-1} + \zeta z_{t-1} + \varphi_t \tag{6.45}$$

其中，φ_t 是白噪音，方差为 σ_φ^2。个人的决策问题可由如下的价值函数来刻画：

$$V(a_t, k_{t-1}) = \max \left(\frac{c_t^{1-\varphi}}{1-\varphi} + \psi \frac{(1-n_t)^{1-\eta}}{1-\eta} + \beta E_t V(a_{t+1}, k_t) \right)$$

它是关于 $\{c_t, n_t, k_t, m_t\}$ 的最大化问题。它的约束条件为方程（6.41）、（6.42）和（6.43）。把 a_{t+1} 等于 $\tau_{t+1} + \frac{m_t}{\Pi_{t+1}}$ 代入，并使用方程（6.42）来消除 k_t，价值函数可写为

$$V(a_t, k_{t-1}) = \max \left(\frac{c_t^{1-\varphi}}{1-\varphi} + \psi \frac{(1-n_t)^{1-\eta}}{1-\eta} + \beta E_t V(\tau_{t+1} + \frac{m_t}{\Pi_{t+1}}, y_t + (1 - \right.$$
$$\left. \delta)k_{t-1} + a_t - c_t - m_t) \right)$$

最大化问题现在只受现金预付约束。令 μ_t 为与现金预付约束相关的拉格朗日乘子，那么一阶条件为

$$c_t^{-\varphi} = \beta E_t V_k(a_{t+1}, k_t) + \mu_t \tag{6.46}$$

$$\beta E_t \frac{V_a(a_{t+1}, k_t)}{\Pi_{t+1}} = \beta E_t V_k(a_{t+1}, k_t) \tag{6.47}$$

$$-\psi(1-n)^{-\eta} + (1-\alpha)\beta E_t V_k(a_{t+1}, k_t) \frac{y_t}{n_t} = 0 \tag{6.48}$$

$$V_a(a_t, k_{t-1}) = \mu_t + \beta E_t V_k(a_{t+1}, k_t) \tag{6.49}$$

$$V_k(a_t, k_{t-1}) = \beta E_t V_k(a_{t+1}, k_t)(\alpha e^{z_t} k_{t-1}^{\alpha-1} n_t^{1-\alpha} + 1 - \delta) \tag{6.50}$$

定义 $\lambda_t = \beta E_t V_k(a_{t+1}, k_t)$，则方程（6.46）、（6.47）、（6.48）和（6.50）可重写为

$$c_t^{-\varphi} = \lambda_t + \mu_t \tag{6.51}$$

$$\beta E_t \frac{\lambda_{t+1} + \mu_{t+1}}{\Pi_{t+1}} = \lambda_t \tag{6.52}$$

$$-\psi(1-n)^{-\eta} + (1-\alpha)\lambda_t \left(\frac{y_t}{n_t}\right) = 0 \tag{6.53}$$

$$\lambda_t = \beta E_t R_t \lambda_{t+1} \tag{6.54}$$

其中，$R_t = \alpha e^{z_t} k_{t-1}^{\alpha-1} n_t^{1-\alpha} + 1 - \delta$。

6.2.2.2 稳定状态分析

在稳定状态，由方程（6.50）可得到标准的结果

$$\beta(\alpha(\frac{y^*}{k^*}) + 1 - \delta) = \beta R^* = 1$$

或者 $R^* = \frac{1}{\beta}$，并且

$$\frac{y^*}{k^*} = \frac{1}{\alpha}(R^* - 1 + \delta)$$

由经济的资源约束 $y^* = c^* + \delta k^*$，有

$$\frac{c^*}{k^*} = \frac{y^*}{k^*} - \delta$$

在现金预付约束起作用时，$c^* = \tau^* + \frac{m^*}{1+\pi}$。但在稳定状态时 m 为常数，$m^* = \tau^* + \frac{m^*}{1+\pi^*}$，因此 $c^* = m^*$。生产函数意味着

$$\frac{y^*}{k^*} = (\frac{n^*}{k^*})^{1-\alpha}$$

现在只要决定 n^*。由一阶条件有

$$\psi(1-n^*)^{-\eta} = \lambda^*(1-\alpha)(\frac{y^*}{n^*}) = \lambda^*(1-\alpha)(\frac{y^*}{k^*})(\frac{n^*}{k^*})^{-1} \tag{6.55}$$

因此，现在要找到 λ。从方程（6.51）有 $c_t^{*-\varphi} = \lambda_t^* + \mu_t^*$。由方程（6.52）有 $\lambda^* = \frac{\beta}{\Theta}(c^*)^{-\varphi}$，其中 $\Theta \equiv 1 + \theta^* \Pi^*$。结合方程（6.55）和 $\frac{y^*}{k^*} = (\frac{n^*}{k^*})^{1-\alpha}$，我们有

$$(n^*)^{-\varphi}(1-n^*)^{-\eta} = \lambda^* \frac{(1-\alpha)}{\psi}(\frac{\beta}{\Theta})(c^*)^{-\varphi}(\frac{y^*}{k^*})^{\frac{-(\alpha-\varphi)}{1-\alpha}} \tag{6.56}$$

6.2.2.3 动态分析

现金预付模型的动态分析是围绕稳定状态进行线性逼近。运用均衡中 $c_t = m_t$ 的事实，可以在系统中消除消费，而代之以财富的边际效用 $\hat{\lambda}_t$。它表示对稳定状态变量 λ 的偏离。由此，我们得到生产函数、资源约束和资本的边际产出方程的动态系统为

$$\hat{k}_t = (1-\delta)\hat{k}_{t-1} + (\frac{y^*}{k^*})\hat{y}_t - (\frac{c^*}{k^*})\hat{c}_t \tag{6.57}$$

$$\hat{y}_t = \alpha \hat{k}_{t-1} + (1 - \alpha)\hat{n}_t + z_t \tag{6.58}$$

$$R^* \hat{r}_t = \alpha (\frac{y^*}{k^*})(E_t \hat{y}_{t+1} - \hat{k}_t) \tag{6.59}$$

有均衡中名义利率为正的现金预付约束：$c_t = m_t$，消除消费，并运用

$$\lambda_{t+1} + \mu_{t+1} = c_{t+1}^{-\varphi} = m_t^{-\varphi}$$

我们有

$$\lambda_t = \beta E_t (\frac{m_{t+1}^{-\varphi}}{\Pi_{t+1}})$$

$$\Psi(1 - n)^{-\eta} = (1 - \alpha)\lambda_t \frac{y_t}{n_t}$$

$$\lambda_t = \beta E_t R_t \lambda_{t+1}$$

围绕稳定状态进行线性化，这三个方程为

$$\hat{\lambda}_t = -E_t(\varphi \hat{m}_{t+1} + \hat{\pi}_{t+1}) \tag{6.60}$$

$$(1 + \eta \frac{n^*}{1 - n^*})\hat{n}_t = \hat{y}_t + \hat{\lambda}_t \tag{6.61}$$

$$\hat{\lambda}_t = E_t \hat{\lambda}_{t+1} + \hat{r}_t \tag{6.62}$$

$$\hat{m}_t = \hat{m}_{t-1} - \hat{\pi}_t + u_t \tag{6.63}$$

6.3 卡甘货币模型

卡甘货币模型是第一个关于超级通货膨胀的货币模型。该模型在理性预期和适应性预期假下讨论了货币供给与超级通货膨胀的关系，是预期理论的一个重要运用。卡甘试图分析政府通过印刷钞票能够得到多少财政收入，超级通货膨胀是否是政府为平衡巨大的预算赤字而被迫不断征收铸币税的结果。

6.3.1 基本模型

卡甘货币模型（卡甘超级通货膨胀模型）假设产出与真实利率水平保持固定，而财富效应忽略不计，货币需求与名义利率负相关。卡甘模型可由如下一对方程描述

$$m(t) - p(t) = -\alpha\pi(t) \tag{6.64}$$

$$\pi'(t) = \gamma(p' - \pi) \tag{6.65}$$

其中，m 表示名义货币存量 M_1 的自然对数，$m = \ln M_1$；p 表示价格水平 P 的自然对数，$p = \ln P$；π 表示预期的通货膨胀率。

式（6.64）是货币需求，它描述了连续的货币市场均衡，模型中的变量都是采用对数形式，变量的导数都是表示变量变化的百分比。式（6.65）描述的是通货膨胀预期的形成，其中 p' 代表通货膨胀率 $\frac{P'(t)}{P(t)}$。通货膨胀预期由适应性预期假说的一般形式界定。对数变量的系数可以简单地解释为弹性，同时，由于 p 是作为一个比率来度量的，因此系数

$$\alpha = \frac{\mathrm{d}M/M}{\mathrm{d}\pi}$$

实际上是一个半弹性，它度量了预期的通货膨胀率的单位百分比变动所引起的货币需求变动的百分比。参数 γ 反映了个人修订其预期的速度。

假设除可能的一次性增加外，名义货币存量保持固定不变，求式（6.65）关于 t 的微分，得到

$$p'(t) = \alpha\pi'(t) \tag{6.66}$$

同时，由式（6.64）、（6.65）和（6.66）可以得到对数价格水平所满足的微分方程为

$$p' = \frac{\gamma}{1-\alpha\gamma}(m-p) \tag{6.67}$$

当名义货币量 m 一次性上升时，由式（6.67）可以看到，当且仅当如下关系

$$\alpha\gamma < 1 \tag{6.68}$$

成立时，价格调整将是稳定的，这就是卡甘稳定条件。

令方程（6.65）中的 $\gamma \to \infty$，即得到理性预期的连续时间极限为

$$\pi(t) = p'(t) \tag{6.69}$$

将式（6.69）代入式（6.64），可以得到价格水平的微分方程（省略时间变量 t）为

$$m - p = -\alpha p' \tag{6.70}$$

或

$$p' - \frac{p}{\alpha} = \frac{m}{\alpha} \tag{6.70a}$$

显而易见，此时不能满足卡甘稳定性条件式（6.68），式（6.70）的特征值 $\lambda = \frac{1}{\alpha} > 0$，对于某一个既定的时点，价格水平遵循的是一条无界的路径，从传统动态意义上说，这个方程是不稳定的。

6.3.2 卡甘模型的解

求解方程（6.70a）

$$p'(t) - \frac{1}{\alpha}p(t) = \frac{1}{\alpha}m(t)$$

该方程的通解为

$$p(t) = Ce^{t/a} - \frac{1}{\alpha}\int_0^t m(s)e^{(t-s)/\alpha}ds \qquad (6.71)$$

其中 C 为任意的常数。如果在初始时刻，$p(0) = p_0$，则有 $C = p_0$。再假设 m 等于常数 $\bar{m}$，这时所求的解为

$$p(t) = \bar{m} + (p_0 - \bar{m})e^{t/a}$$

显然，只要 $p_0 \neq \bar{m}$，由该方程给出的解 $p(t)$，将是发散的。

另一方面，如果我们假设 $t \to \infty$，价格水平保持有界，则可以反过来求出 $p(0)$，这种有界性假设在现实中是合理的。我们这里分析如何保证解 $p(t)$ 有界。为此将式（6.71）写成如下形式

$$p(t) = e^{t/a}\left(C - \frac{1}{\alpha}\int_0^t m(s)e^{-s/a}ds\right) \qquad (6.72)$$

为了使得随着 $t \to \infty$，$p(t)$ 保持有界，必须有

$$C = \frac{1}{\alpha}\lim_{t\to\infty}\int_0^t m(s)e^{-s/a}ds = \frac{1}{\alpha}\int_0^\infty m(s)e^{-s/a}ds$$

再将 C 值代入式（6.72），我们可以得到价格水平为

$$p(t) = \frac{1}{\alpha}e^{t/a}\int_t^\infty m(s)e^{-s/a}ds, \forall t \qquad (6.73)$$

可以看到，现行价格水平的这个显示解完全是前瞻性的，它把现在的价格水平表示为以后的货币水平的函数。在任何时刻 t，价格水平依存于该时刻开始的货币供给量的未来值的贴现。式（6.73）隐含的一个假设是经济行为人了解未来货币供给的时间路径。在经济行为人具有关于未来预期的情形下，其解为

$$p(t) = \frac{1}{\alpha}e^{t/a}\int_t^\infty m^*(s,t)e^{-s/a}ds \qquad (6.74)$$

其中，$m^*(s,t)$ 是行为人在 t 时刻形成的关于 s 时刻的货币供给的预期。考察式（6.73），为使 $p(t)$ 保持有界，必须要求

$$\lim_{s\to\infty}m(s)e^{(t-s)/\alpha} = 0 \qquad (6.75)$$

这给货币增长率施加了一个上界。如果 m 固定不变，即 $m = \bar{m}$，条件必然满足；如果货币 m 按指数增长，且有 $m(s) = \bar{m}e^{\mu s}$，则当 $\mu < 1/\alpha$ 时，条件式

（6.75）也将得到满足。但需要注意的是，式（6.75）只是 $p(t)$ 保持有界的必要但不充分条件。

下面考虑货币供给变动的几种情形。

情形一：非预期的永久性货币扩张。

假定初始和最终的货币供给为 0 和 $\bar{m}$，因此，价格水平的决定公式为

$$p(t) = \frac{1}{\alpha}\mathrm{e}^{t/a}\int_t^\infty \bar{m}\mathrm{e}^{-s/a}\mathrm{d}s = \bar{m}$$

由于 m 和 p 是以对数度量的，显然，如果货币供给增加后永远保持这个水平，则价格水平的反应与货币供给的改变一致，而且增加的比率相同，即价格水平首先跳到新的水平，然后保持这个水平，此时价格水平不存在动态过渡特征（转移动态学）。

情形二：预期的未来永久性货币扩张。

假定在时刻 0 时，货币当局宣布从时刻 T 开始增加货币发行量 $\bar{m}$，在时刻 T 之前货币供给水平保持不变。因此，货币政策可以表示为

$$m(s) = \begin{cases} 0, 0 \leqslant s \leqslant T \\ \bar{m}, s \geqslant T \end{cases}$$

将上式代入式（6.73），得到价格的变化路径为

$$p(s) = \begin{cases} \bar{m}\mathrm{e}^{(s-T)/m}, 0 \leqslant s \leqslant T \\ \bar{m}, s \geqslant T \end{cases}$$

上式给出了对应的货币供给政策变化时价格的变化路径。

情形三：非预期的暂时性货币供给增加。

假定在时刻 0，货币供给量不可预期地增加，但是，一旦货币供给量发生变化，它会保持这个水平，并且这个变化是暂时的，到时刻 T 以后，又会回到原来的水平。整个货币供给政策的改变可以用如下模型表示

$$m(s) = \begin{cases} \bar{m}, 0 \leqslant s \leqslant T \\ 0, s \geqslant T \end{cases}$$

将上式代入式（6.73），可以得到相应的价格变化路径

$$p(s) = \begin{cases} \bar{m}(1 - \mathrm{e}^{(s-T)/m}), 0 \leqslant s \leqslant T \\ 0, s \geqslant T \end{cases}$$

情形四：货币供给增长率增加。

前述讨论的共同特点是货币供给水平从一个常数水平变到另一个常数水平。现在讨论货币供给量以一个常数的增长率增加，即从时刻 0 开始，货币供给以常数增长 μ 增加。因此，货币供给路径为

$$m(s) = \mu s, s \geq 0$$

将上式代入式（6.73），得到价格变化路径

$$p(t) = \frac{\mu}{\alpha} e^{t/\alpha} \int_t^\infty s e^{-s/\alpha} ds$$

分部积分，有

$$\int_t^\infty s e^{-s/\alpha} ds = -\alpha s e^{-s/\alpha} \Big|_t^\infty + \alpha \int_t^\infty e^{-s/\alpha} ds = \alpha(\alpha + t) e^{-t/\alpha}$$

代入上式，可以得到价格变化的显示路径

$$p(t) = \mu(\alpha + t)$$

因此

$$p' = \mu$$

在这种情形下，当货币供给水平按路径 $m(s) = \mu s$ 运行时，价格水平会按 $p(t) = \mu(\alpha + t)$ 给出的路径变化：在时刻 0，价格水平会立刻增加 $\mu\alpha$，然后以货币供给增长率来增长。此时，即使货币供给满足式（6.75），价格水平仍然是无界的，但通货膨胀率是有界的（固定的）。

6.3.3 模型的扩展

考虑货币工资的变动是一个渐进调整的过程，扩展的卡甘模型的表达式为

$$M - P = \alpha_1 Y - \alpha_2 P', \alpha_1 > 0, \alpha_2 > 0 \tag{6.76}$$

$$Y = c + (1 - \theta)N, 0 < \theta < 1 \tag{6.77}$$

$$W - P = a - \theta N \tag{6.78}$$

$$W' = \gamma(N - \bar{N})\gamma > 0 \tag{6.79}$$

其中，Y 为一定的就业水平下的产出，N 为实际的就业水平（量），$\bar{N}$ 代表充分就业水平，P 表示当期的价格水平，M 表示当期的名义货币存量，且假定为常数，W 表示当期的工资率。所有变量均用对数表示。

方程（6.76）就是通常的卡甘模型，不同的是引入了收入，它描述了在完全理性预期条件下货币市场中存在的均衡，使得预期的通货膨胀率等于真实的通货膨胀率 P'。对原始的卡甘模型的扩展主要在于：假设在一段时期内，产量是随着实际就业量的变动而变动的，并且产量的变动影响货币需求，从而将产量明确地引入货币需求函数中；方程（6.77）是以实际就业量为变量，利用柯布-道格拉斯生产函数界定的产量，且边际生产率为 θ；方程（6.78）表示在均衡时，实际的劳动就业量是与当期的劳动力成本（实际工资率水平）相关的，工资等于劳动力供给的边际生产率；方程（6.79）表示模型假设名义

工资水平是按照菲利普斯曲线动态演化的，名义货币工资水平随着实际就业水平与充分就业水平的差距的变化而变动，即工资随着失业人口的增加而下降。

由方程（6.76）至方程（6.79）可以得到如下关于 W 和 P 的微分方程组

$$\begin{bmatrix} W' \\ P' \end{bmatrix} = \begin{bmatrix} a_{11} & a_{12} \\ a_{21} & a_{22} \end{bmatrix} \begin{bmatrix} W \\ P \end{bmatrix} + \begin{bmatrix} b_1 \\ b_2 \end{bmatrix} \tag{6.80}$$

其中

$$a_{11} = -\frac{\gamma}{\theta} < 0, a_{12} = \frac{\gamma}{\theta} > 0$$

$$a_{21} = -\frac{\alpha_1}{\alpha_2}\left(\frac{1-\theta}{\theta}\right) < 0, a_{22} = \frac{1}{\alpha_2} + \frac{\alpha_1}{\alpha_2}\left(\frac{1-\theta}{\theta}\right) > 0$$

$$b_1 = \gamma\left(\frac{a}{\theta} - \bar{N}\right), b_2 = \frac{\alpha_1}{\alpha_2}\left(c + a\left(\frac{1-\theta}{\theta}\right)\right) - \frac{\bar{M}}{\alpha_2}$$

方程组（6.80）就是扩展的卡甘模型的一般形式。

假设在时刻 0，货币政策当局宣布将在时刻 T 一次性地增加市场中的货币供给，使货币由 $\bar{M}_1$ 增加到 $\bar{M}_2$，而其他经济变量保持不变。现在的任务是考虑货币政策当局这一策略（先宣布后实施）对经济体的工资水平和价格的时间路径的影响。

方程组（6.80）的系数矩阵的行列式为

$$\det\mathbf{A} = \begin{vmatrix} a_{11} & a_{12} \\ a_{21} & a_{22} \end{vmatrix} = a_{11}a_{22} - a_{12}a_{21} = -\frac{\gamma}{\theta\alpha_2} < 0$$

因此，其对应的特征值 λ_1 和 λ_2 符号相反，因此，可以设 $\lambda_1 < 0, \lambda_2 > 0$。基于工资水平由合同决定的事实，假设工资水平的变动是连续的，而价格水平可以自由的进行瞬时跳跃变动，这也是与真实世界中工资和价格水平的相对可变性一致的。

考虑在货币余额的初始水平为 $\bar{M}_1$ 时，经济体处于初始的稳定状态，方程组（6.80）初始的货币工资和价格水平由如下方程组决定：

$$\begin{cases} -\dfrac{\gamma}{\theta}\bar{W} + \dfrac{\gamma}{\theta}\bar{P} = -\gamma\left[\dfrac{\alpha}{\theta} - \bar{N}\right] \\ -\dfrac{\alpha_1}{\alpha_2}\left(\dfrac{1-\theta}{\theta}\right)\bar{W} + \left[\dfrac{1}{\alpha_2} + \dfrac{\alpha_1}{\alpha_2}\left(\dfrac{1-\theta}{\theta}\right)\right]\bar{P} = -\dfrac{\alpha_1}{\alpha_2}\left[c + a\left(\dfrac{1-\theta}{\theta}\right)\right] + \dfrac{\bar{M}}{\alpha_2} \end{cases}$$

由方程（6.76）至方程（6.79）有

$$\mathrm{d}\bar{P} = \mathrm{d}\bar{W} = \mathrm{d}\bar{M}$$

即价格水平和名义工资水平的变动幅度与货币供给的变动幅度相同，货币供给每增加一个单位，将导致价格水平和名义工资的变动也同样增加一个单位，从而保持实际工资水平不变，就业与产出的长期水平也同样保持不变。

考虑货币供给变动的两个阶段：

第一阶段，在 $0 \leqslant t \leqslant T$ 期间，只是宣布货币供给的增加，而并未实施，这时有

$$\begin{cases} W(t) = \bar{W}_1 + A_1 e^{\lambda_1 t} + A_2 e^{\lambda_2 t} \\ P(t) = \bar{P}_1 + \left(\dfrac{\lambda_1 - a_{11}}{a_{12}} \right) A_1 e^{\lambda_1 t} + \left(\dfrac{\lambda_2 - a_{11}}{a_{12}} \right) A_2 e^{\lambda_2 t} \end{cases} \tag{6.81}$$

第二阶段，在 $t \geqslant T$ 时期，货币供给增加实施之后，这时有

$$\begin{cases} W(t) = \bar{W}_1 + \mathrm{d}\bar{M} + A_1' e^{\lambda_1 t} \\ P(t) = \bar{P}_1 + \mathrm{d}\bar{M} + \left(\dfrac{\lambda_1 - a_{11}}{a_{12}} \right) A_1' e^{\lambda_1 t} \end{cases} \tag{6.82}$$

由于工资水平的变动是连续的，在 $t = 0$ 时刻，有 $W(0) = \bar{W}_1$，代入方程（6.81）中的第一个等式，可以得到

$$A_1 + A_2 = 0 \tag{6.83}$$

由微分方程组（6.80）解的有界性可知，$A_2' = 0$。又由两个时间段上的工资和价格水平在 $t = T$ 时相等，得

$$(A_1 - A_1') e^{\lambda_1 T} + A_2 e^{\lambda_2 T} = \mathrm{d}\bar{M} \tag{6.84}$$

$$\left(\frac{\lambda_1 - a_{11}}{a_{12}} \right) (A_1 - A_1') e^{\lambda_1 T} + \left(\frac{\lambda_2 - a_{11}}{a_{12}} \right) A_2 e^{\lambda_2 T} = \mathrm{d}\bar{M} \tag{6.85}$$

现在考察在宣布增加货币供给时，价格水平的初始跳跃的幅度。这可由令方程（6.81）中的第二个等式的 $t = 0$，并利用方程（6.83）获得，即

$$P(0) = \bar{P}_1 + \left(\frac{\lambda_2 - \lambda_1}{a_{12}} \right) A_2 \tag{6.86}$$

求解方程（6.84）、（6.85）得到 A_2 的解

$$A_2 = \frac{\left[1 - \left(\dfrac{\lambda_1 - a_{11}}{a_{12}} \right) \right]}{\left(\dfrac{\lambda_2 - \lambda_1}{a_{12}} \right)} \mathrm{d}\bar{M} e^{-\lambda_2 T}$$

将上式代入方程（6.86）得

$$P(0) = \bar{P}_1 + \left[1 - \left(\frac{\lambda_1 - a_{11}}{a_{12}} \right) \right] \mathrm{d}\bar{M} e^{-\lambda_2 T} \tag{6.87}$$

而在货币供给增加实施之后的稳定状态下有

$$\bar{P}_2 = \bar{P}_1 + \mathrm{d}\bar{M}$$

代入方程（6.87）得

$$P(0) = \bar{P}_2 + \left\{ \left[1 - \frac{a_{21}}{\lambda_1 - a_{22}} \right] \mathrm{e}^{-\lambda_2 T} - 1 \right\} \mathrm{d}\bar{M} \qquad (6.88)$$

由方程（6.87）和方程（6.88）可以看出，在 $t = 0$ 时刻，货币政策当局宣布将增加货币供给，此时会导致价格水平在 0 时刻的局部跳跃，其大小与实施的时间 T 负相关。方程（6.81）和方程（6.82）分别描述了两个阶段的工资和价格水平的演化路径。

下面考察价格和工资水平的相图。在价格和工资水平平面考虑 $P' = 0$ 和 $W' = 0$。已知，在这个平面中

$$\left(\frac{\mathrm{d}P}{\mathrm{d}W} \right)_{W'=0} = -\frac{a_{11}}{a_{12}} = 1 \qquad (6.89)$$

$$\left(\frac{\mathrm{d}P}{\mathrm{d}W} \right)_{P'=0} = -\frac{a_{21}}{a_{12}} \qquad (6.90)$$

因此，在平面中，曲线 $P' = 0$ 和 $W' = 0$ 的斜率都是正的。令直线 AA 代表 $W' = 0$，则 AA 表示在充分就业条件下，名义工资水平与价格水平的线性关系。令直线 BB 代表 $P' = 0$，则 BB 表示在保持价格水平稳定的条件下，名义工资水平与价格水平的关系。

由方程（6.89）可以看出，在充分就业水平下，工资水平的增加将导致价格水平的同幅度提高。其直观的解释是，工资率 W 的提高必然降低市场对劳动力的需求，为使劳动需求保持在其充分就业水平，必须降低真实工资率水平，以使市场对劳动力需求恢复到充分就业水平，而这必然伴随着价格水平的同比例增加。

由方程（6.90）可知，曲线 $P' = 0$ 的斜率小于曲线 $W' = 0$ 的斜率。根据方程（6.90），在保持价格稳定的条件下，工资水平 W 的提高减少了就业，同时导致市场对真实货币需求的减少。为了在稳定的价格水平上维持货币市场的均衡状态，价格水平 P 较小幅度的提高减少了市场上货币的真实存量。

可以证明，均衡点为鞍点稳定的均衡点，因此，存在一条收敛路径。令其为 XX，在这条路径上，价格水平和工资水平会收敛到均衡时的价格水平和工资水平。在相平面上，这条收敛路径代表过均衡点 $(\bar{W}, \bar{P})$ 的鞍点的稳定臂，其表达式为

$$P - \bar{P} = \frac{\lambda_1 - a_{11}}{a_{12}} (W - \bar{W}) = \frac{a_{21}}{\lambda_1 - a_{22}} (W - \bar{W}) \qquad (6.91)$$

沿着这条路径，价格水平和工资水平会收敛到各自的均衡值。而且，沿着这条
路径，价格水平和工资水平的调整方程为

$$P' = \lambda_1(P - \bar{P}), W' = \lambda_1(W - \bar{W})$$

此外，相平面存在一条发散路径（令其为 YY），代表经过均衡点 $(\bar{W}, \bar{P})$ 的鞍
点的非稳定臂，其表达式为

$$P - \bar{P} = \left(\frac{\lambda_2 - a_{11}}{a_{12}}\right)(W - \bar{W}) = \left(\frac{a_{21}}{\lambda_2 - a_{22}}\right)(W - \bar{W}) \qquad (6.92)$$

沿着这条路径，价格水平和工资水平会发散至无穷大。沿着这条路径，价格水
平和工资水平的调整方程为

$$P' = \lambda_2(P - \bar{P}), W' = \lambda_2(W - \bar{W})$$

它们描述了系统偏离其均衡的不稳定的调整。

综合方程（6.89）至方程（6.92）的斜率，可以看到

$$\left(\frac{dP}{dW}\right)_{YY} > 1 = \left(\frac{dP}{dW}\right)_{W'=0} > \left(\frac{dP}{dW}\right)_{P'=0} > \left(\frac{dP}{dW}\right)_{XX} > 0$$

在代表 $W' = 0$ 的直线 AA 的上方，处于名义工资递增状态，而处在其下方的区
域是与递减的名义工资相联系的；同理，处于直线 BB（代表 $P' = 0$）上方的
区域表示价格水平处于递增的状态；反之，在其下方表示价格水平处于递减的
状态。模型中处于任一状态的点，在改变方向之前，其初始运动方向都是趋向
于均衡点的。同时，由于直线 AA 代表 $W' = 0$，瞬时工资率水平 W 保持不变，
其运动轨迹在穿过直线 AA 时，运动方向是垂直的；直线 BB 表示 $P' = 0$，价格
水平在瞬时是静止的，其运动轨迹在穿过直线 BB 时，其运动方向是水平的。

现在考察扩展的卡甘模型中，一次性货币扩张的运动轨迹。假定整个经济
初始均衡位于原点处，而在货币供给增加实施后，新的稳定状态均衡点为 Q
点，由前面的分析可知

$$d\bar{P} = d\bar{W} = d\bar{M}$$

即价格水平和名义工资水平的变动幅度与货币供给的变动幅度相等，货币供给
每增加1%将导致价格水平和名义工资也同样增加1%。因此，Q 点处于经过原点
的45°线上。初始的稳定轨迹线 XX 具有大于0小于1的斜率，并且经过原点；在
货币供给增加之后的新的稳定轨迹线 $X'X'$ 经过新的均衡点，处于曲线 XX 上方，两
者斜率相等。可以看到，一次性的货币供给扩张必然导致稳定轨迹线的上移。

7 货币政策目标与传导的动态分析

7.1 货币政策目标的动态分析

7.1.1 货币政策的多重目标

中央银行的货币政策目标有四个：物价稳定、经济增长、充分就业和国际收支平衡。

首先，物价稳定。它是中央银行货币政策的首要目标，而物价稳定的实质是币值的稳定。所谓币值，原指单位货币的含金量，在现代信用货币流通条件下，衡量币值稳定与否，已经不再是根据单位货币的含金量；而是根据单位货币的购买力，即在一定条件下单位货币购买商品的能力。它通常以一揽子商品的物价指数，或综合物价指数来表示。

目前，各国政府和经济学家通常采用综合物价指数来衡量币值是否稳定。物价指数上升，表示货币贬值；物价指数下降，则表示货币升值。稳定物价是一个相对概念，就是要控制通货膨胀，使一般物价水平在短期内不发生急剧的波动。

根据凯恩斯主义经济理论，货币政策通过扩大总支出增加总需求，产出能够获得更大程度的实现，西方国家长期遵循凯恩斯主义的积极干预政策，导致出现较为严重的通货膨胀，对长期经济发展造成极大影响。20 世纪 70 年代出现滞胀现象，经济增长停滞，通货膨胀率不断提高，代表产出和通胀替代关系的菲利普斯曲线崩溃，凯恩斯主义的宏观政策面临两难选择，货币主义乘势兴起，政府从维持长期经济增长的目的出发开始治理通货膨胀。弗里德曼通过引入自然率的概念，指出货币政策短期内可将生产推进至高于其潜在水平，但长期却只有物价水平效应而没有产出效应。如果物价水平不稳定会造成经济不确定性的增强，经济主体的决策变得困难，加大经济的波动。他主张"单一规则"，通过固定货币供应量来影响通胀预期进而稳定物价水平。但是由于稳定的货币需求并不是经济社会的常态，因此"单一规则"的作用也受到普遍质疑。为了控制物价水平，各国央行都将稳定物价作为目标之一。

物价稳定是指价格总水平的稳定，并不排除商品间相对价格的变化。商品相对价格变化的一个原因在于市场信息的不完美，卢卡斯（1972）指出正是由于这种原因货币政策才会产生作用。

物价稳定与经济增长存在冲突。假定社会生产率不变，经济增长往往会拉动物价水平上升，因而表现为二者之间的替代关系，发现了这一规律。但是如果放松社会生产率不变这一假定，那么二者的冲突不一定存在。

币值稳定与物价稳定存在差异，币值稳定不仅包括国内商品价格水平即物价的稳定，还包括对外汇率水平的稳定。但是随着各国开放程度的加大，汇率不稳定引发的币值不稳定会通过资本的流动对国内物价水平产生影响。

其次，经济增长。所谓经济增长就是指国内生产总值的增长必须保持合理的、较高的速度。目前，各国衡量经济增长的指标一般采用人均实际国内生产总值的年增长率，即用人均名义国内生产总值年增长率剔除物价上涨率后的人均实际国内生产总值年增长率来衡量。政府一般对计划期的实际国内生产总值（GDP）增长幅度定出指标，用百分比表示，中央银行即以此作为货币政策的目标。

货币政策促进经济增长起源于 20 世纪 30 年代的经济危机。早期的经济学家大都持货币数量论，认为货币数量的变动只会等幅度的引起物价变动，对产出不具有作用，他们认为货币只是蒙在真实经济上的一层面纱。20 世纪 30 年代的经济危机导致经济受到重创，凯恩斯提出积极干预理论，通过提高有效需求来扩大总需求，在论述货币政策的作用时，他认为当公众流动性不变时，货币数量的增加会压低利息率，如果利息率低于资本边际效率，就会刺激投资支出。索洛提出的新古典增长理论是以生产函数的有效劳动为要素的，有效劳动是资本、技术与劳动的结合，而货币政策是调节资本形成的重要政策。

经济学家对经济增长持有两种观点：一种持数量说，认为经济增长就是绝对增长；另一种持能力说，认为经济增长是指一国生产和服务能力的提高，即生产可能性边界扩展。与此相对应的是新古典增长模型中的资本广化和资本深化理论。

20 世纪 30 年代的大危机导致失业人口急剧上升，生产力浪费现象非常严重，经济学家认为，在人口没有急剧攀升的时候经济社会出现失业现象说明相应的资本被闲置，生产没有推进到可能性边界，社会福利还没有最大化。充分就业目标不是指追求社会零失业率。因为从现实来看，劳动力市场存在很多缺陷，而这些缺陷是没有办法通过人类活动加以解决的，比如因为劳动者技能与工作岗位的不适配等。经济学家提出自然失业率概念对此加以描述，在排除自然失业的情况后，潜在产出水平就可以看作是实现了充分就业。

第三，充分就业。充分就业与经济增长在一定条件下紧密相联。实证得出当失业率每高于自然失业率 1% 时，实际国民生产总值就低于潜在国民生产总值的 3%。但是二者的这种关联并非绝对。根据新古典增长理论，有效劳动是劳动与资本和技术的结合，可见其中隐含的前提是技术供给能对此形成支持。但是，存在技术的突跃会造成资本需求上升而劳动需求下降的可能性，生产函数在短期内发生较大变化，此时充分就业与经济增长是背离的，这种现象尤其会发生在落后国家刚开放先进技术大量涌进时。

弗里德曼和菲利普斯几乎同时提出自然失业率的概念，在追求充分就业的经济增长理论中引入潜在产出，即失业率等于自然失业率时的产出水平，因此，追求经济增长和充分就业的目标就转化为使实际产出与潜在产出水平相符。

第四，国际收支平衡。所谓国际收支平衡目标，简言之，就是采取各种措施纠正国际收支差额，使其趋于平衡。因为一国的国际收支出现失衡，无论是顺差或逆差，都会对本国经济造成不利影响，长时期的巨额逆差会使本国外汇储备急剧下降，并承受沉重的债务和利息负担；而长时期的巨额顺差，又会造成本国资源使用上的浪费，使一部分外汇闲置，特别是如果因大量购进外汇而增发本国货币，则可能引起或加剧国内通货膨胀。当然，相比之下，逆差的危害尤甚，因此各国调节国际收支失衡一般着力于减少以致消除逆差。

如果国际收支长期存在失衡现象对该国将呈现负面的影响。长期经常项目逆差会导致国内资源利用不足；长期顺差会导致资源流失严重，且容易引发国际贸易争端。长期资本项目逆差是国内资本外流的体现，作为资本市场的信号，长期资本外流会引发"羊群效应"，发生金融危机，同时作为生产要素的资本会严重不足。长期资本项目顺差会导致国内资金过剩，经济金融产生泡沫，而且非国际货币发行国会被迫缴纳"通胀税"，更存在未来资金突然转向的危机放大效应。

国际收支目标也会与经济增长、充分就业目标有冲突。从总需求角度讲，一国为了发展经济有两条道路，一是通过提高内部需求如消费、投资，二是通过出口引进外部需求。当经济处于发展初期时，国内需求往往由于没有能力而造成需求不足，发展外向型经济成为必然选择。而当出口太多时，国内会堆积巨量外汇资源，造成浪费，同时造成经济结构失衡，供给内需的产品生产资源被积压。当国家选择外向型经济时，由于国外先进技术经验随资金进入，会导致技术产生突跃，抑制就业。

7.1.2 优化多重货币目标的动态方法

选择多重货币政策目标必然涉及多重货币政策目标之间的相互关系。一般来说，从长期看，四大货币政策目标之间是一致的或互补的：经济增长产出增加，有利于稳定物价，实现充分就业和国际收支平衡；物价稳定使资源的稀缺性得到正确反映，有利于资源的合理配置和经济的持续增长；充分就业使资源得到充分利用，有利于经济增长；国际收支平衡使本国资源和国际资源都能得到充分利用，从而有利于稳定物价和经济增长。

但是，从短期看，物价稳定、经济增长、充分就业、国际收支平衡这四大货币政策目标之间的确存在矛盾或冲突，即政策目标之间具有相互替代性。

首先，根据菲利浦斯曲线，充分就业与通货膨胀（稳定物价）之间存在替代关系。由于充分就业与经济增长具有互补性，因此，充分就业与稳定物价之间的冲突也表现为经济增长与稳定物价之间的冲突。

其次，当国内出现经济高增长并引起对进口商品的过度需求，就可能导致贸易逆差。在不能通过资本项目进行弥补的情况下，就会导致国际收支失衡。当国内出现经济紧缩，为刺激经济增长而采取的扩张性政策则可能引起通货膨胀，进而导致国际收支失衡。

第三，为消除国内通货膨胀而实施的紧缩政策，在恢复国际收支平衡的同时，又可能导致国内经济衰退。这些情况表明，在短期内，追求一个目标可能会妨碍另一个目标的实现，或使该目标的实现变得更加困难。因此，四大货币政策目标很难同时达到均衡。这正是人们对选择多重货币政策目标采取慎重态度的重要原因。但是在完全开放条件下，货币政策目标的多重性是由宏观调控目标的多重性决定的，因而是不能回避的。在这种情况下，较为合理的选择是在多重货币政策目标之间进行优化，以确定优先目标。

从国际上看，确定优先目标的方式主要有相机抉择和临界点控制。相机抉择是根据经济运行的具体情况，选择货币政策的优先目标，通常是选择一个或两个目标作为优先目标，以解决一定时期的主要经济问题。

临界点控制的基本原理是根据菲利浦斯曲线，确定社会可承受的最大失业率和通货膨胀率，即临界点。只有当经济运行超出临界点时，才根据具体情况予以干预。临界点控制实际上是以充分就业和稳定物价为货币政策的最终目标。

四大货币政策目标在短期内不可能同时实现，决定了在调整我国货币政策最终目标的同时，必须根据实际情况采取相机抉择或临界点控制来确定货币政策的优先目标，即对货币政策目标进行优化。

一般来说，导致货币政策目标冲突的宏观经济运行状态主要有两种：经济过热和经济紧缩。在完全开放条件下，国内发生的经济过热或经济紧缩都会通过商品市场价格和资本市场价格对国际收支产生影响。

7.1.3 货币政策的中介目标

由于货币政策当局并不具有关于真实经济状态的完全信息，因此，一般来说，货币政策的最终目标是货币政策当局所不能直接控制的。[1] 对货币政策当局来说，能够直接控制的是各种货币政策工具（工具变量）。这样，在货币政策工具的运用与货币政策最终目标之间就存在着复杂的传导过程、内部时滞、外部时滞，以及非货币因素的干扰。这便削弱了货币政策的实际效力。

为保证货币政策的实际效力，货币政策当局必须遵循如下前瞻性反应函数：

$$\Delta Z_t = \sum_{n=1}^{4} b_n \big[E(\theta_{t,n} | \Omega_{t-1}) - \theta_n^* \big]$$

其中，Z 为货币政策当局的政策工具，b 为反应速度，θ 为政策目标值，i 为货币政策目标的数量（假定一般不超过 4 个），$t-1$ 为决策时点上拥有的全部信息集，在理论上它应当包括对预测有重大关系的全部信息变量。

根据经济政策原理和政策规则，遵循前瞻性反应函数意味着货币政策当局必须在货币政策工具与货币政策最终目标之间，确定可以对最终目标产生影响并能在最终目标之前被获知，从而为预测货币政策最终目标提供有用信息的货币政策中间目标。

货币政策中间目标包括货币政策操作目标和货币政策中介目标。[2] 货币政

---

[1] 但是，在某些情况下，货币政策最终目标如通货膨胀可能成为货币政策当局的直接控制对象（N. 阿克塞拉，2001）。

[2] 在西方文献中，操作目标也称为近期目标、手段变量、近似指标，中介目标也称为中期指标。通常认为，中介目标与中间目标没有区别，本书与这种看法不同。

策操作目标是货币政策工具的直接作用对象，因而是能够对货币政策最先做出反应的变量；货币政策中介目标是货币政策工具的间接作用对象，但与货币政策最终目标关系密切。货币政策操作目标与货币政策中介目标之间存在因果关系，操作目标变动后会使中介目标发生预期变动。货币政策操作目标与货币政策中介目标的固定搭配，构成货币政策操作程序。容易理解，货币政策中介目标是实现货币政策最终目标的关键环节。

在理论上，能够作为中介目标的变量有两类：价格变量和数量变量。前者包括利率和汇率，后者包括货币供给量和国内信用增加额。

充当货币政策中介目标的经济变量，在技术上必须具备可测性、可控性、稳定性、相关性、敏感性、可行性等条件。[①] 但是，无论从货币政策理论还是从货币政策实践看，能够同时满足可测性、可控性、稳定性、相关性和可行性要求的中介目标并不存在。梅耶、杜森贝里和阿利伯（1988）的研究证明了这一点。同时，究竟应当选择价格变量还是数量变量作为货币政策中介目标，在凯恩斯学派与货币学派之间一直存在争论。

凯恩斯学派认为，利率是商品市场和货币市场的中介，它既是货币政策当局可以通过货币政策工具加以控制的变量，又是与货币政策最密切相关的变量。货币政策当局可以通过货币政策工具调节利率水平的变动来影响总需求，再通过乘数效应影响总产出，实现货币政策最终目标。托宾则进一步从货币的内生性证明了利率作为中介目标的优越性。

相反，货币学派主张以货币供给为中介目标。费里德曼认为，利率是货币数量变动的结果，它的效应是双重的，即当期效应与滞后效应是相反的，从而较高的利率与较多的货币数量、较低的利率与较少的货币数量可以同时存在。

利率不仅受货币数量的影响，而且受预期因素的影响，由预期因素导致的利率水平的变动可能与货币市场上货币数量本身的变动无关，从而不能为货币政策当局所控制。由于货币政策当局在货币市场观察到并能控制的是名义利率，而影响人们决策的是实际利率不是名义利率，实际利率又决定于不同个人对通货膨胀的预期。

这样，在物价水平随着货币数量的变动而变动的过程中，名义利率就会背离实际利率，以利率为指标会将货币政策引入歧途。费里德曼强调货币是外生的，可以由货币政策当局控制。货币量的变动先于经济活动的变动，在存款-储备比率和存款-通货比率稳定的条件下，货币政策当局可以通过控制基础货

---

① 多数文献将中介目标必须满足的条件概括为三个：可测性、可控性和相关性。

币来控制货币供给。

由于真实货币需求主要决定于由真实因素产生的真实恒常收入，并且是稳定的，而货币供给决定于货币体制，与真空经济活动是相互对立的。因此，确定一个与真实经济增长相适应的货币供给增长率并保持稳定，是最有效的货币政策。

从西方国家的货币政策实践来看，20 世纪 50 年代到 70 年代末是以利率为货币政策中介目标，70 年代末以后（美国从 1979 年起）是以货币供给量为货币政策中介目标。但是，90 年代以来，西方主要国家又相继放弃了以货币供给量为货币政策中介目标的做法，重新选择以利率为货币政策中介目标。

导致货币政策中介目标发生变化的根本原因，是金融创新使不同层次的货币之间的重叠增大，货币层次的原有界限变得模糊，货币流通速度不稳定，货币供给量的可控性下降，货币供给与经济增长之间的关系越来越不明显。同时，货币政策中介目标的作用或有效性也受到了怀疑。

这些情况表明，货币政策中介目标的选择十分复杂。需要根据货币政策最终目标的运行状态与预期值的偏差，特别是经济金融的发展趋势等实际情况灵活确定。显然，这涉及随机经济中的最优决策问题。这一问题由普尔（Doole, 1970）给出了经典性分析（普尔基本分析），借助普尔基本分析，可以进一步归纳出选择货币政策中介目标的适用性原则。

7.1.4 确定中介目标的动态方法

在信息不完全条件下，货币政策当局通常不能准确观察并预期引起货币量或利率变化的随机冲击的来源。在这种情况下，货币政策当局将面临是选择货币供给量还是选择利率作为中介目标的难题。普尔（1970）的经典分析（普尔基本分析）给出了货币政策当局在这种随机状态下进行决策的一般规则（普尔规则）。下面给出基本普尔分析。[①]

令对数形式的 $IS - LM$ 基本模型的简化形式为

$$y_t = -\alpha i_t + u_t$$
$$m_t = -\beta_1 i_t + \beta_2 y_t + v_t$$

其中，y_t 为总产出，i_t 为利率，m_t 为货币需求，u_t 和 v_t 分别为实物部门与货币部门的随机冲击（支出冲击与资产冲击）。出于简化，假定 u_t 和 v_t 是服从均值为零且彼此不相关的连续过程。$y_t = -\alpha i_t + u_t$ 是简化的 IS 曲线，货币需求方程是简化的 LM 曲线。由 $IS - LM$ 基本模型的简化形式可知，总产出是利率的减

---

① 对基本普尔分析的陈述参考了卡尔·E·瓦什（1998）。

函数，货币需求是利率的减函数、产出的增函数。中央银行的损失函数为 $L = (y - y^*)^2$，其中 y^* 是目标产出，$y - y^*$ 是产出缺口。货币政策当局的最优决策规则是选择能够使产出方差最小的变量作为货币政策中介目标，即货币政策当局遵循最小化方差准则。如果货币政策当局以货币供给量为操作目标，由简化的 $IS - LM$ 基本模型可知，均衡产出为

$$y_t = \frac{\alpha m + \beta u - \alpha v}{\beta_1 + \alpha\beta_2}$$

设定货币供给量 m，使 $E[y] = 0$，则均衡产出为

$$y_t = \frac{\beta u - \alpha v}{\beta_1 + \alpha\beta_2}$$

目标函数值为

$$E_m[y_t]^2 = \frac{\beta_1^2\sigma_u^2 + \alpha^2\sigma_v^2 - 2\alpha\beta_1\sigma_{uv}}{(\beta_1 + \alpha\beta_2)^2}$$

如果货币政策当局以利率为操作目标，则总产出主要受随机变量 u（支出冲击）的影响。设定利率 i，使 $E[y] = 0$，则

$$E_i[y_t]^2 = \sigma_u^2$$

根据最优决策规则，货币政策当局是选择货币供给量还是利率为货币政策中介目标，取决于两种选择的方差期望值的大小。因此，若

$$E_i[y_t]^2 < E_m[y_t]^2$$

即

$$\sigma_u^2 < \frac{\beta_1^2\sigma_u^2 + \alpha^2\sigma_v^2 - 2\alpha\beta_1\sigma_{uv}}{(\beta_1 + \alpha\beta_2)^2} \text{ 或 } \sigma_v^2 > \beta_2^2\sigma_u^2 + 2\beta_1(\beta_2\sigma_u^2 + \sigma_{uv})/\alpha$$

则利率操作程序优于货币供给量操作程序，因而货币政策当局应当选择利率作为中介目标。相反，若 $E_i[y_t]^2 > E_m[y_t]^2$，即

$$\sigma_u^2 > \frac{\beta_1^2\sigma_u^2 + \alpha^2\sigma_v^2 - 2\alpha\beta_1\sigma_{uv}}{(\beta_1 + \alpha\beta_2)^2} \text{ 或 } \sigma_u^2 > \frac{\alpha\sigma_v^2 - 2\beta_1\sigma_{uv}}{\alpha\beta_2^2 + 2\beta_1\beta_2}$$

则货币供给量操作程序优于利率操作程序，因而货币政策当局应当选择货币供给量作为中介目标。

换言之，从随机冲击角度看，如果随机冲击主要来自货币市场，即货币需求冲击的方差（σ_v^2）较大，LM 曲线（其斜率为 $1/\beta$）较为陡峭，IS 曲线（其斜率为 $-1/\alpha$）较为平缓，LM 曲线的波动大于 IS 曲线的波动，则应当选择利率作为货币政策中介目标；如果随机冲击主要来自商品市场（实物部门），即总需求冲击的方差（σ_u^2）较大，LM 曲线较为平缓，IS 曲线较为陡

峭，*IS* 曲线的波动大于 *LM* 曲线的波动，则应当选择货币供给量作为货币政策中介目标。当 $\sigma_u^2 = \sigma_v^2 = 0$ 时，选择货币供给量与选择利率作为货币政策中介目标是无差异的，此时无论选择哪一个作为中介目标都有 $E[y]^2 = 0$。

基本普尔分析是在严格假定下展开的，忽略了通货膨胀、预期、总供给冲击等因素的作用。萨金特和华莱士（1975）、布兰查德和费希尔（1989）对基本普尔分析的拓展证明，即使考虑这些因素的作用，普尔基本分析得出的决策规则也是成立的，并且在许多不同场合下都是非常有用的（弗里德曼和哈恩，2002）。

7.2 多重货币政策目标的优化

7.2.1 引言

我国现行的货币政策最终目标是"保持货币币值的稳定，并以此促进经济增长"。[①] 这一货币政策最终目标具有如下特点：第一，货币币值的稳定与经济增长都是货币政策目标；第二，将稳定货币币值放在货币政策目标的首位；第三，稳定币值是促进经济增长的手段或条件，经济增长以币值的稳定为基础。这些特点表明，我国现行的货币政策最终目标是双重性的。其背景是我国经济曾长期承受通货膨胀的巨大压力。但是，从 20 世纪 90 年代中期以来，我国的经济规模和经济运行体制都发生了重大的甚至是根本性的变化，在这种情况下，货币政策目标是否需要调整就是一个值得认真思考的问题。

本节的任务是在新条件下讨论我国货币政策最终目标是否需要调整的问题。结构安排如下：首先，从中央政府与地方政府委托-代理合同的视角，回顾并重新解读我国双重货币政策目标的形成条件；其次，讨论我国货币政策背景的重大变化和在新的条件下我国货币政策最终目标改革的必要性与改革方向；最后，建立一个以家庭为核心的两部门一般均衡模型来讨论货币政策目标的选择问题。尽管这样做在分析方法上有些冒险，但分析结果仍然是满足预期的。

7.2.2 现行货币政策最终目标的形成背景及变化

我国货币政策目标的焦点，一直是如何处理"稳定"与"增长"的关系。

---

① 这一政策目标最早是在 1993 年《国务院关于金融体制改革的决定》中明确提出的。

现行的货币政策目标是经过反复争论权衡了"稳定"与"增长"的关系后确立的。[①]在货币政策上做这种选择的基本背景，是我国经济曾长期承受通货膨胀的巨大压力。发展经济学家费景汉认为，发展中国家较高通货膨胀率的出现是因为中央银行缺乏独立性，货币扩张一直被当作一种政策工具用以通过为政治势力所支持的工业创造虚拟利润来促进增长。这种用新生货币支配产品市场上的货物与服务会遇到持有货币的公众的强烈抑制和反对，并用加快使用其手中贮藏的货币购买力即提高货币的流通速度来使这种抑制产生效果。费景汉认为这是发展中国家通货膨胀的根本原因。在费景汉看来，我国从 1978 年开始的改革造成了发展中国家型的价格上涨。[②]尽管费景汉这种基于"可贷资金理论"对我国通货膨胀的解释具有相当的代表性，但即使在当时也并不完全适合我国的情况。

我国的基本经济制度决定了我国并不是费景汉意义上的发展中国家。从我国的实际情况看，我国曾长期面临增长与就业的双重压力，这决定了我国经济偏好于高增长。经济的高增长不仅在缩短经济差距所需时间方面具有替代作用，而且可以维持尽可能高的就业率，从而具有缩短经济发展差距和缓解就业压力的双重效应。如果令总量生产函数为 $Q = F(K, L)$，可以得到速度方程

$$\frac{\mathrm{d}Q}{Q\mathrm{d}t} = \alpha \frac{\mathrm{d}K}{K\mathrm{d}t} + \beta \frac{\mathrm{d}L}{L\mathrm{d}t} \text{ 或 } g = \alpha k + \beta l$$

该方程表明，在要素产出弹性一定的条件下，总量增长率取决于要素增长率。在劳动替代资本的最大限度内，总量增长率取决于资本增长率 k。资本增长率取决于投资增长率，而投资增长率又取决于积累率或储蓄率。这些关系解释了我国经济追求总量高增长的内生偏好。

但是，与传统的由国家直接配置资源以实现高增长的计划体制不同，在以试错为特征的市场化改革的前期阶段，高积累是通过分权体制实现的。这种具有过渡性的分权体制本质上是一种非对称信息下委托-代理的承包（分包、包干）合同制。下面给出这一非对称信息完全合同的一般形式。

假定委托人和代理人的 V-N-M 期望效用函数分别是 $u(w - s(x))$ 和 $v(s(x) - c(a))$，其中 w 是广义产出，$s(x)$ 是激励合同，$a \in A$ 是代理人的行动，c 是代理人的成本，且 $u' > 0, u'' < 0; v' > 0, v'' < 0; c' > 0, c'' > 0$。令 θ 是

---

① 参见 1995 年 3 月 18 日第八届全国人民代表大会第三次会议通过的《中华人民共和国中国人民银行法》。

② 参见费景汉：《中国通货膨胀问题分析》，《管理世界》1989 年第 1 期。

不受代理人和委托人控制的自然状态（外生随机变量），分布函数和密度函数分别为 $G(\theta)$ 和 $g(\theta)$，代理人的行动选择 a 只有代理清楚而委托人无法观测到。代理人的行动选择 a 和自然状态 θ 共同决定了一个可观测产出结果 $x = x(a,\theta)$ 和 $w = w(a,\theta)$。将分布函数 $G(\theta)$ 转换成结果 x 和 w 的分布函数，并假定 $x = w$ 是可观测的，于是可以采用参数化分布函数表达式，委托人的问题就是给定代理人参与约束（IR）和激励相容约束（IC）的条件下，最大化其效用函数

$$\max_{a,s(w)} \int u(w - s(w))f(w,a)\,\mathrm{d}w$$

$$\mathrm{s.t.}\ (IR)\ \int v(s(w))f(w,a)\,\mathrm{d}w - c(a) \geqslant v$$

$$(IC)\ \int v(s(w))f(w,a)\,\mathrm{d}w - c(a) \geqslant \int v(s(w))f(w,a_A)\,\mathrm{d}w - c(a_A),\ \forall\, a_A \in A$$

其中，a 是委托人希望的行动，a_A 是代理人选择的行动。中央政府是最终委托人，其效用函数可以概括为经济的高增长。在分权体制下，为保证经济高增长，必须调动地方和企业的积极性，同时保证中央的财政收入。因此，上述非对称信息完全合同在现实中有两种类型：在中央与地方的关系上，非对称信息完全合同采取的是财政包干合同；在国有企业与国家的关系上，采取的是经营承包合同。在这两类性质相同的合同中，令 $a = H$ 为代理人努力，$a = L$ 为代理人不努力，相应的分布函数为 $F_H(w)$ 和 $F_L(w)$，分布密度函数为 $f_H(w)$ 和 $f_L(w)$。作为委托人的中央政府选择激励合同以解下列最优化问题

$$\max_{s(w)} \int u(w - s(w))f_H(w)\,\mathrm{d}w$$

$$\mathrm{s.t.}\ (IR)\ \int v(s(w))f_H(w)\,\mathrm{d}w - c(H) \geqslant v$$

$$(IC)\ \int v(s(w))f_H(w)\,\mathrm{d}w - c(H) \geqslant \int v(s(w))f_L(w)\,\mathrm{d}w - c(L)$$

在这两类性质相同的合同中，地方政府和企业必须承担风险，其支付形式为

$$\frac{u'(w - s(w))}{v'(s(w))} = \lambda + \mu\left(1 - \frac{f_L(w)}{f_H(w)}\right) \text{ 和 } w(a^*,\theta) - y^0$$

其中，y^0 是中央政府的固定收入水平。由支付 $w(a^*,\theta) - y^0$ 可知，地方政府和企业会受到强投资激励。对地方政府的 GDP 政绩考核是中央与地方财政包干激励合同的核心，这会引发地方为增长而竞争。同时，中央与地方的财政包干合同实际给予了地方政府以货币发行权：在政绩考核引起的竞争中，中央银行只能被动地适应地方的扩张而增发货币。

但是，储蓄能否转化为投资、社会所能接受的储蓄率的高低，最终取决于经济中瓶颈部门的最大潜在增长率 g_N。当现实增长率 g_p 大于由瓶颈部门最大潜在增长率所决定的总量增长率时，经济中就会发生货币普遍短缺，形成通货膨胀压力。由 $g_P > g(g_N)$ 形成的是经济中的超额需求 AD^*，为满足 AD^*，各经济行为主体会以各种方式迫使中央银行不顾最大潜在增长率而发行货币。同时，在"金融约束"环境下，银行系统的业务扩张和激励性存贷安排也使银行愿意创造货币，从而形成超额货币供给。这会造成"货币幻觉"，政府会有意无意地利用公众的这种幻觉来提高投资率、储蓄率和利润率，以刺激经济增长。这样，我国的经济增长过程就必然伴随着通货膨胀。

在通货膨胀条件下，经济行为人很容易形成货币贬值预期。货币贬值预期一旦形成，经济行为人的消费、投资、资本重置活动将面临更加不确定的价格冲击（P）和由此引起的经济冲击（ε），经济增长过程将因此而变得更加不稳定。在价格冲击和经济冲击下的不稳定增长可以描述为一个超过可接受波动值域的随机过程

$$\bar{g} = \alpha k + \beta l + (P, \varepsilon)\,\mathrm{d}z, Var(\bar{g}) = \sigma^2 > \theta\ (\theta\ 为可接受波动值域)$$

假定两种冲击是不可分离的，从而有单一冲击 ε_t，令增长率 g 为一随机过程，且为无限阶移动平均的，即

$$g_t = \sum_{i=0}^{\infty} \lambda_i \varepsilon_{t-i}$$

$\dfrac{\partial g_{t+i}}{\partial \varepsilon_t} = \lambda_{t+1}$ 为 t 时冲击 ε_t 对 g_{t+i} 的影响乘数。$f(i) = \dfrac{\partial g_{t+i}}{\partial \varepsilon_t} = \lambda_{t+1}$，$i = 0, 1, \cdots,$ 即为冲击的反应函数。冲击的滞后乘数和作用方差分别为

$$\sum_{i=0}^{T} \left(\frac{\partial g_{t+i}}{\partial \varepsilon_t} \right) = \sum_{i=0}^{T} f(i) = \sum_{i=0}^{T} \lambda_{t+i}$$

$$Var\left(\sum_{i=0}^{T} \lambda_{t+i} \varepsilon_t \right) = \sigma^2 \sum_{i=0}^{T} \lambda_{t+i}^2$$

显然，由 t 时刻的冲击形成的冲击效应取决于反应函数的特征。在货币贬值预期的作用下，经济中的冲击可以在给定时域内反复发生，使 $\{g_t\}$ 成为一个非平稳过程，甚至可能形成持久性的冲击效应。

正是在上述背景下，我国形成了以稳定货币币值为首要任务的双重货币政策目标。我国现行货币政策目标的另一个重要形成背景，是当时我国经济的有限开放性。这决定了我国的货币政策目标可以不考虑开放经济的要求，从而不包括对外收支方面的内容。

7.2.3 货币政策最终目标改革的必要性与改革方向

20 世纪 90 年代中期以来，我国现行的货币政策目标环境和宏观背景发生了重大变化。首先，尽管以财政包干和企业承包为内容的委托-代理合同造成了中央财力的不足和持续的通货膨胀压力，但同时维持了经济的高增长，缓解了增长与就业的双重压力，使经济总量迅速增加，生产可能性边界得以扩张，生产能力得到提高。其次，为解决中央财政能力问题，1994 年开始实行分税制改革。中央与地方的委托-代理合同发生重大改变，中央财力得到加强。但以 GDP 为政绩考核指标的激励性合同没有改变。第三，随着国有企业改革的深入，国有企业制度和国有企业布局发生战略性调整，国有企业的独立性进一步增强。同时，非公有制企业在国民经济中的比重迅速提高。这些变化使市场机制的调节范围迅速扩大，已经在比重上收缩的国有企业的行为受到市场的约束与调节。第四，通过不断推进的金融体制改革，金融逐步从"金融约束"转向金融深化，利率基本市场化，资本市场基本成熟。第五，用贸易依存度来度量的对外开放度超过了发达国家，表明我国已经成为一个开放的经济体。第六，价格总水平呈总体紧缩趋势，通货膨胀不再是经济稳定增长的主要障碍。第七，2008 年全球金融危机使世界经济发生了重大变化，到 2014 年，我国的整个经济转向新常态。

货币政策目标环境和宏观背景的重大变化必然会对我国现行的货币政策选择和货币政策目标产生重大的影响，从而在客观上要求对现行的货币政策目标进行改革。根据宏观经济学原理，在开放条件下，一国的均衡国民总产出（GDP）由下式决定

$$C + I + G + \delta K + (X - M) = C + S + T + R + F$$

其中，C、I、G、δK、X、M、S、T、R、F 分别是消费、投资、政府支出、出口、进口、实际资本折旧、税收、对外转移支付、对外净投资和生产。均衡国民总产出的条件是商品市场、货币市场、劳动市场和国际市场同时均衡并共同相交于由生产函数决定的潜在总供给曲线，从而形成普遍出清的一般均衡。在普遍出清的一般均衡位置，整个经济处于物价稳定、经济增长、充分就业和国际收支平衡的最优状态。如果某一市场偏离了普遍出清的一般均衡位置，整个经济将偏离最优状态，从而导致经济波动和福利损失。[①] 为保证经济沿一般均

---

① 在所有的西方经济学教科书中，普遍出清的均衡过程是用 IS-LM 模型来描述的。一旦宏观经济偏离了一般均衡位置，在模型的动力作用下，宏观经济会自动调整到普遍出清的一般均衡位置。不过这样一来，宏观调控就失去了应有的意义。

衡位置形成的最优路径增长，宏观调控必须把物价稳定、经济增长、充分就业和国际收支平衡作为最终目标，即把四个市场的同时均衡作为调控目标。

因此，应当适应我国经济的重大变化，改革我国的货币政策目标，将现行的以稳定货币币值为首要任务的双重货币目标政策改革为包括稳定货币币值、保证经济稳定增长、充分就业和国际收支平衡在内的多重货币政策目标。选择多重货币政策目标必然涉及多重货币政策目标之间的相互关系问题。一般来说，从长期看，四大货币政策目标之间是一致的或互补的。但是，从短期看，这四大政策目标之间的确存在矛盾或冲突，很难同时达到均衡。这正是人们对选择多重货币政策目标采取慎重态度的重要原因。

但是，货币政策目标的多重性是由我国新的宏观经济背景决定的，是不能回避的。在这种情况下，较为合理的选择是在多重货币政策目标之间进行优化，以确定优先目标。一般来说，导致货币政策目标冲突的宏观经济运行状态主要是经济过热和经济紧缩。在完全开放条件下，国内发生的经济过热或经济紧缩都会通过商品市场价格和资本市场价格对国际收支产生影响。为进一步分析这种影响，给出如下简化的国际收支函数

$$BP = [X(P,e) - M(Y,P,e)] - F(r) - R(T) = CA + KA = \Gamma(p,p_f,e,Y,Y_f,r,r_f,\dot{e}^E)$$

并且

$$\frac{\partial \Gamma}{\partial p} < 0, \frac{\partial \Gamma}{\partial p_f}, \frac{\partial \Gamma}{\partial e}, \frac{\partial \theta}{\partial Y} < 0, \frac{\partial \Gamma}{\partial Y_f}, \frac{\partial \Gamma}{\partial r} > 0, \frac{\partial \Gamma}{\partial r_f} < 0, \frac{\partial \Gamma}{\partial e^E} < 0$$

其中，下标 f 为外国，E 表示预期。这些关系表明，一国经济运行发生的失衡状态会通过价格、汇率、利率和总需求的变动来影响国际收支状态，使国际收支失衡。同时，经济运行状态也会由于外部冲击（可贸易部门需求状态的突然改变）而失衡。因此，为确定货币政策目标的优化方案，需要对上述关系做更进一步的分析。

7.2.4　多重货币政策目标下的优化分析——以经济增长为优先目标的优化选择

假定开放经济的初始状态是均衡的。代表性个人或宏观个人的动态效用函数为 $U(c_t)$，不变的国际利率为 r，生产函数为 $Y = Af(K,L)$，工资率为 w，净投资为 $I_t = K_{t+1} - K_t$，政府支出为 G_t，则代表性个人的最优化问题是动态效用函数的贴现值的最大化，即

$$\max \sum_{s=t}^{\infty} \beta^{s-t} U(c_s) \text{ 或 } \max \int_t^{\infty} u(c_s) \exp(-\theta(s-t)) \mathrm{d}s$$

代表性个人在时期 t 拥有的外国净资产为 B_t、资本存量为 K_t 的条件下，代表性个人的经常账户可表示为

$$(1 + r)B_t = C_t + G_t + I_t - Y_t + B_{t+1}$$

通过递推得到代表性个人的预算约束

$$\sum_{s=t}^{\infty} \left(\frac{1}{1+r}\right)^{s-t}(C_t + I_t) = (1 + r)B_t + \sum_{s=t}^{\infty}\left(\frac{1}{1+r}\right)^{s-t}(Y_s - G_s)$$

非蓬齐对策条件为

$$\lim_{T \to \infty}(1 + r)^{-T}B_{t+T+1} = 0$$

将代表性个人的经常账户改写为

$$B_{t+1} - B_t = A_t f(K_t, L_t) + rB_t - C_t - (K_{t+1} - K_t) - G_t$$

并代入代表性个人的效用函数

$$U_t = \sum_{s=t}^{\infty}\beta^{s-t}u[(1 + r)B_s - B_{s+1} + A_s f(K_s, L_s) - (K_{s+1} - K_s) - G_s]$$

最大化一阶条件为

$$u'(C_s) = (1 + r)\beta u'(C_{s+1})$$
$$A_s f_K(K_s, L_s) = r$$
$$A_s f_L(K_s, L_s) = w_s$$

令 $\beta = (1 + r)^{-1}$，有 $u'(C_s) = u'(C_{s+1})$，再由代表性个人的预算约束解得

$$C_t = r(1 + r)^{-1}\left[(1 + r)B_t + \sum_{s=t}^{\infty}\left(\frac{1}{1+r}\right)^{s-t}(Y_s - G_s - I_s)\right]$$

其中 $\left[(1+r)B_t + \sum_{s=t}^{\infty}\left(\frac{1}{1+r}\right)^{s-t}(Y_s - G_s - I_s)\right]$ 为代表性个人的净财富。因此，代表性个人所消费的是净财富现值所生成的"年金值"。

若 $\beta \neq (1 + r)^{-1}$，并假设效用函数为等弹性的 $u(C) = \dfrac{C^{1-\frac{1}{\sigma}}}{1 - \frac{1}{\sigma}}$，则由最大化消费问题的一阶条件 $u'(C_s) = (1 + r)\beta u'(C_{s+1})$ 且令消费的净增长小于 r 得到

$$C_{s+1} = (1 + r)^{\sigma}\beta^{\sigma}C_s$$

代入代表性个人的预算约束解得

$$C_t = (r + v)(1 + r)^{-1}\left[(1 + r)B_t + \sum_{s=t}^{\infty}\left(\frac{1}{1+r}\right)^{s-t}(Y_s - G_s - I_s)\right]$$

其中，$v = 1 - (1 + r)^{\sigma}\beta^{\sigma}$。

以上假定国际利率是不变的，现在考虑国际利率是可变时的情况。令 r_{s+1} 为时期 s 和时期 $s+1$ 之间国际借贷市场的实际利率，时期 s 的消费贴现为时期 $t(t \leq s)$ 消费的贴现因子，则

$$R_{t,s} = \frac{1}{\prod\limits_{v=t+1}^{s} (1 + r_v)}$$

代表性个人的跨时预算约束为

$$\sum_{s=t}^{\infty} R_{i,s}(C_t + I_i) = (1 + r)B_t + \sum_{s=t}^{\infty} R_{t,s}(Y_s - G_s)$$

非蓬齐对策条件是

$$\lim_{T \to \infty} R_{i,t+T} B_{t+T+1} = 0$$

于是，代表性个人的最大化问题的一阶条件为

$$u'(C_s) = (1 + r_{s+1})\beta u'(C_{s+1})$$

$$A_{s+1} f_K(K_{s+1}, L_{s+1}) = r_{s+1}$$

$$A_{s+1} f_L(K_{s+1}, L_{s+1}) = w_{s+1}$$

在等弹性效用函数假定下，$u'(C) = C^{-1/\sigma}$，由 $u'(C_s) = (1 + r)\beta u'(C_{s+1})$ 得到最优消费选择的一般欧拉条件

$$C_s = R_{t,s}^{-\sigma} \beta^{\sigma} C_t$$

以及从 t 到 s 的消费增长率

$$\frac{C_s}{C_t} = R_{t,s}^{-\sigma} \beta^{\sigma(s-t)}$$

令 $\tilde{\Gamma}$ 为消费增长率的贴现加权平均值

$$\tilde{\Gamma}_t \equiv \frac{\sum\limits_{s=t}^{\infty} R_{t,s}(R_{t,s}^{\sigma} \beta^{-\sigma(s-t)})}{\sum\limits_{s=t}^{\infty} R_{t,s}}$$

由代表性个人跨时预算约束得到最优消费水平

$$C_t = \frac{(1 + r)B_t + \sum\limits_{s=t}^{\infty} R_{t,s}(Y_s - G_s - I_s)}{\sum\limits_{s=t}^{\infty} R_{t,s}(R_{i,s}^{\sigma} \beta^{-\sigma(s-t)})}$$

将最优消费水平代入代表性个人的经常账户，得到

$$B_{t+1} - B_t = (r_t - \tilde{r}_t)B_t + (Y_t - \tilde{Y}_t) - (G_t - \tilde{G}_t) - (I_t - \tilde{I}_t) + \frac{\tilde{\Gamma}_t - 1}{\tilde{\Gamma}_t} \cdot$$

$$(\tilde{r}B_t + \tilde{Y}_s - \tilde{G}_s - \tilde{I}_s)$$

其中，$\tilde{r}$、$\tilde{Y}$、$\tilde{I}$、$\tilde{G}$ 为相应变量的虚拟常值变量。

综合以上分析，在利率不变的条件下，代表性个人的消费决策由 β 决定。若 $\beta > (1 + r)^{-1}$，即时间贴现率 $\theta < r$，则当期消费下降，储蓄增加；若 $\beta > (1 + r)^{-1}$，即时间贴现率 $\theta > r$，则当期消费增加，储蓄下降。这些都会影响商品市场和货币市场的均衡，进而影响国际收支状况。

由代表性个人消费的是净财富现值生成的"年金值"可知，代表性个人的时间偏好因子取决于代表性个人的长期净财富，而长期净财富又取决于经济增长率和短期的货币供给冲击。[①]

在利率不变的条件下，代表性个人作为生产者，其产出决策由资本和劳动的边际生产率即生产函数的边际生产率决定。若边际生产率提高，即 $f' > r$ 则投资会增加，形成经济扩张；若 $f' < r$ 则会减少投资。投资支出的变动会改变商品市场和资本市场的均衡状态，并进而影响国际收支。生产函数边际生产率的变化取决于短期货币供给冲击和生产率效率因子 A_s 的改变。短期货币供给冲击和生产率效率因子 A_s 的改变都表现为经济增长率的变化。

在利率可变的条件下，若本国为债权国，则当国际利率高于它的常值水平时，会增加经常账户盈余；若本国为债务国，则会增加经常账户赤字。同时，$\tilde{r}B_t + \tilde{Y}_s - \tilde{G}_s - \tilde{I}_s$ 是一个与跨时替代无关的消费水平（$\sigma = 0$），因此，若代表性个人属于 $\sigma > 0$ 的消费者，则 $\tilde{\Gamma}_t > 1$ 时消费增长，$\tilde{\Gamma} < 1$ 时消费紧缩。消费需求的改变将导致商品市场均衡状态的变化并进而导致资本市场和对外收支状况的改变。

由最优消费选择的一般欧拉条件可知，在 σ 一定时，代表性个人的消费决策取决于时间偏好因子和利率。代表性个人的时间偏好因子取决于代表性个人的长期财富，因而取决于经济增长和短期货币供给冲击。利率取决于国际借代市场的供求关系，这种关系又取决于资本边际效率、国内利率水平和居民储蓄倾向。资本边际效率、国内利率水平和居民储蓄倾向，最终决定于经济增长率。

在利率可变条件下，代表性个人的产出决策由生产函数的边际生产率和利率水平与工资率水平决定。显然，生产函数的边际生产率、利率水平与工资率水平取决于经济增长率和短期货币供给冲击。

---

① 根据奥伯特费尔德-罗戈夫两国模型，短期的货币供给冲击使本币贬值，国内产出和消费随之增加。产出大于国内消费的部分形成贸易盈余，并形成对国外产出的要求权（参见卡尔·E·瓦什，2001）。

由此可见，在物价稳定、经济增长、充分就业与国际收支平衡四大政策目标的一致与冲突中，经济增长具有决定性意义。因此，可以考虑将经济稳定增长作为货币政策的优先目标，以此协调四大政策目标。

7.3 货币政策传导的动态分析

7.3.1 货币政策的传导渠道

关于货币传导机制，西方经济学界有许多不同的观点，各种观点强调不同因素在货币传导机制中的作用。这些观点可以分为三类：传统的利率渠道、其他资产价格渠道和信贷渠道。

7.3.1.1 传统的利率渠道

从希克斯于 1937 年提出 $IS-LM$ 模型到现在，已有 80 余年。80 余年来，该模型一直是大多数西方宏观经济学教科书中的主要内容，也一直是西方国家政策讨论中使用的主要工具。在这一模型中，货币政策是通过利率的变化来传导的。货币存量的增加将降低利率即借贷成本，借贷成本的降低增加厂商的投资支出和消费者对耐用品的消费支出。这样需求将增加，从而导致总产量和总收入的增加。这就是利率渠道。就是说，货币存量的变动将导致利率的变动，而利率的变动又将引起投资的变动，从而引起总需求的变动，最终导致总产量的变动。因此，在 $IS-LM$ 模型中利率渠道是主要的货币传导机制。货币政策的利率传导机制的一个重要特点是，它强调真实利率而非名义利率。另外，人们通常认为，对支出有主要作用的是长期真实利率而非短期真实利率。

但是，如果中央银行使得短期名义利率发生变化，就会导致短期债券和长期债券的真实利率发生相应变化。由于价格黏性的存在，扩张性的货币政策降低了短期名义利率，也就降低了短期真实利率，即使在理性预期的世界中也是如此。利率期限结构中的预期假说指出，长期利率是预期的未来短期利率的平均数，因此短期真实利率的降低将导致长期真实利率的降低。真实利率的降低导致企业固定投资、住宅投资、耐用消费品支出和库存投资的上升，所有这些又将导致总产量的上升。对支出起作用的是真实利率，而非名义利率。这一事实对货币政策刺激经济提供了一个重要的启示：即使名义利率在通货紧缩时期到达零限，货币政策依然有用。如果名义利率在零限上，货币扩张将提高预期价格水平，从而提高预期通货膨胀率，进而降低真实利率。真实利率的降低将使投资支出增加，从而导致总产量的增加。这个机制说明，即使名义利率被货币当局降到零，货币政策可能依然有效。实际上，在货币主义者说明在大萧条时期美国经济为什么没有处于流动性陷阱之中，以及为什么在那时扩张性货币政策有可能防止产量的急剧下降时，这个机制是一个关键要素。泰勒考察了利率渠道，他认为有坚强的证据表明，利率对消费支出和投资支出有巨大影响，这使得货币的利率传导机制成为一个坚强的机制。对他的观点争论很大，因为许多研究者认为经验研究很难认定利率通过资本成本而发生的影响。这些研究者看到了利率渠道的经验失效，这就刺激了对其他传导机制的研究。

7.3.1.2 其他资产价格渠道

货币主义者对上述 *IS － LM* 范式的一个主要的反对意见是，它只关心一种资产的价格——利率，而非许多种资产的价格。货币主义者看重的是一个通过其他相对资产价格和真实财富将货币政策传导到经济的机制。凯恩斯主义者也认识到，这些其他资产价格对于货币传导机制十分重要。

汇率渠道。随着各国经济的不断国际化和浮动汇率制度的出现，人们越来越注意到货币政策通过汇率对净出口所产生的影响。实际上，在西方主要的宏观经济学和货币银行学教科书中，这种传导机制已成为其中的标准内容。这种渠道的作用过程如下：如果货币供应量增加，本国的短期名义利率将下降，在存在价格黏性的情况下，这意味着短期真实利率将下降，从而对本国货币的需求也将下降，本国货币就会贬值。本国货币贬值使得本国产品比外国产品便宜，因而使净出口上升，最终导致总产量的上升。

权益价格渠道。对于货币传导机制而言，有两个与权益价格有关的渠道：托宾的 q 投资理论和财富对消费的作用。

（1）托宾的 q 理论。

该理论所提供的机制是，货币政策通过影响权益的价值来影响经济。托宾把 q 定义为企业的市场价值除以其资本的重置成本。如果 q 高，则企业的市场价值高于其资本的重置成本，因而相对于企业的市场价值而言，新的厂房和设备比较便宜。这样企业就可以发行权益，并取得相对于其为购买这些厂房和设备所花费的成本的较高价格，从而投资支出就将上升，因为企业只需发行少量权益即可购买大量投资品。另一方面，如果 q 较低，企业就不愿意购买投资品，因为相对于资本成本而言企业的市场价值较低。如果企业在 q 低时想获取资本，它可以便宜地购买另一家企业，从而获得的是已有资本，因此投资支出将较低。这种理论的关键在于，在托宾的 q 与投资支出之间存在一种联系。但是，货币政策如何能够影响权益价格？货币主义认为，如果在货币供给上，公众发现他手中的货币持有量大于他所希望的，从而通过增加支出来降低之。公众可以支出更多的一个地方是权益市场，这就增加了对权益的需求，提高了其价格。凯恩斯主义得出了一个类似的结论：扩张性货币政策导致利率下降，使得债券的吸引力下降，从而导致权益价格上升。如果权益价格上升，则 q 也上升，因而投资支出也上升，最后总产量跟着上升。

（2）财富效应。

货币政策通过权益价格传导的另一渠道依赖于财富对消费的影响。在莫迪利安尼的生命周期理论中，消费支出决定于消费者一生的资源，这些资源由人力资本、真实资本和金融财富构成。金融财富的一个主要组成部分是普通股票。股价上升，金融财富增加，消费者可用资源增加，从而消费上升。前面我们已经看到，扩张性货币政策可以导致股票价格的上升。因此，这一机制可以总结如下：如果货币供应量增加，则股票价格上升，消费者的金融财富增加，如果其他条件不变，则总财富也增加，消费者可用资源增加，从而消费支出增加，总需求和总产量随之上升。

（3）房地产价格渠道。

以上两种效应均适用于房地产。托宾的 q 理论可以直截了当地应用于房地产市场，其中房地产是一种权益。房地产价格的上升，将导致房地产的 q 上升，从而刺激其生产。与此类似，房地产是财富的一个极为重要的组成部分，因此房地产价格的上升将使总财富增加，从而提高消费，增加总需求。因此，货币传导也可通过房地产价格渠道来进行。

7.3.1.3 信贷渠道

利率效应未能很好地解释货币政策对长期资产支出的影响，这就导致了一种新的观点。这种观点强调金融市场上的不对称信息。由于信贷市场上信息问题的存在，就产生了货币传导的两个基本渠道：银行贷款渠道和平衡表渠道。

银行贷款渠道。在大多数国家，银行仍然是信贷资金的主要来源。它们专门从事克服信贷市场上的信息问题和其他摩擦的工作。因此，银行在金融体制中具有特殊的作用。某些借款者除从银行借款外别无他途。这样银行就有了传导货币政策的作用。扩张性货币政策将增加银行准备金和银行存款，从而使可行的银行贷款数量增加。银行贷款数量的增加将导致投资支出的增加。该机制的一个含义是：货币政策对小企业的作用更大。因为他们更加依赖于银行贷款，而大企业则可以通过股票和债券市场直接进入信贷市场，对银行的依赖性不大。但是现在在美国理论界有人怀疑，银行贷款渠道在美国不如以前那样有力了。第一，现在的美国管理规则对银行筹集资金的能力的限制不像以前那么大了。在 20 世纪 80 年代中期以前，存款证（CDs）必须满足准备金要求和 Q 条例的存款利率上限，这使银行在货币紧缩时期难以补充流出银行体系的存款。在废除了这些条例之后，银行可以通过以市场利率发行无须以法定准备金支持的 CDs 对准备金的减少作出反应。第二，爱德华和米什金 1995 年在《传统银行业的衰落：对金融稳定和管制政策的启示》一文中指出，在全世界范围内传统银行贷款业务有一种下降的趋势。这种下降意味着银行在信贷市场上的重要性越来越小，使得银行贷款渠道越来越无力。

平衡表渠道。即使银行贷款渠道的重要性可能正在下降，但这并不意味着另一个信贷渠道即平衡表渠道也是如此。所谓的平衡表在这里指的是企业的财务状况。在平衡表渠道中，一个关键概念是借款者的净值（net worth）。这个净值可理解为借款者的流动性资产与可售抵押品之和。平衡表渠道也因信贷市场的不对称信息而出现。企业的净值越低，在向这些企业放贷时逆向选择和道德障碍的问题越严重。净值越低，意味着放贷者对其贷款拥有的抵押品越少，因而来自逆向选择的损失越大。净值的降低加重了逆向选择问题，从而导致支持投资支出的贷款下降。企业净值的降低也加重道德风险问题。因为它意味着所有者在其企业所拥有的权益比重下降，使他们介入高风险投资项目的动机增强。因为采取高风险投资项目使贷款者收不回贷款的可能性增大，企业净值的下降将降低贷款从而降低投资支出。平衡表渠道的产生，是因为中央银行能够直接和间接地影响借款者的财务状况。货币政策可能以几种方式影响企业的平衡表。

（1）扩张性货币政策将通过前面所说的路线导致权益价格上升，这将提高企业净值，从而降低逆向选择和道德风险，这将导致贷款和投资支出的增加，最后引起总需求和总产量的增加。

（2）扩张性货币政策也降低利率，这也改善企业的平衡表，因为它增加了现金流量，从而降低逆向选择和道德风险，这将依次导致贷款、投资支出、总需求和总产量的增加。这种传导机制的一个重要特征是影响企业现金流量的是名义利率。因此，这种利率机制与传统的利率机制不同。另外，在这种传导机制中短期利率起到了特殊的作用。因为一般而言对现金流量影响最大的是短期利息支付而非长期利息支付。此处，与逆向选择有关的一个机制涉及所谓信贷配给现象。信贷配给出现于借款人即使愿意支付高利率也被拒绝贷款的时候。这是因为具有最高风险投资项目的个人和企业恰恰是那些愿意支付较高利率的人，如果高风险项目成功，他们将是主要的受益者。因此，高利率增加逆向选择问题，而降低利率则减少之。若扩张性货币政策降低利率，货款人中风险倾向较低者占的比重增大，因而贷款者更愿意放贷，从而提高投资和产量。

（3）货币政策也通过对一般价格水平的影响发生作用。因为债务在合同中是以名义量确定的。价格水平未预计到的上升将降低企业债务的真实价值（降低债务负担），但却不降低企业资产的真实价值。这样，货币扩张增加了真实净值，这又降低了逆向选择和道德风险问题，因而导致贷款、投资支出和产量的增加。

家庭平衡表效应。关于信贷渠道的大部分文献都着重考虑企业支出，但信贷渠道同样适应于消费支出，尤其是耐用消费品和住房支出。货币紧缩造成的银行贷款的下降造成家庭平衡表的恶化，因为消费者的现金流受到反向影响。考虑平衡表渠道如何通过消费者发生作用的另一种方式，是耐用消费品和住房支出的流动性效应。按照流动性效应的观点，平衡表效应通过对消费者支出意愿的影响起作用，而非通过其贷款者的贷款意愿的影响起作用。耐用消费品和住房是流动性很差的资产，因为对其质量存在不对称信息。如果由于收入冲击使得消费者不得不出售其耐用品或住房以增加货币，他们将遭受损失，不能实现这些资产的全部价值。相反，如果消费者持有金融资产（如银行存款、股票、债券等），他们可以迅速地以市场价值出售这些资产从而增加现金。因此，如果消费者预计到他们处于财务困境的可能性增大，他们将少持有流动性差的耐用消费品和房地产，而持有流动性更大的金融资产。消费者在估计其遭受财务困境的可能性时，其平衡表有重要影响。具体而言，如果相对于其债务而言消费者持有的金融资产数量较大，他们就会认为自己陷于财务困境的可能性较小，因而他们就会更愿意购买耐用品或住房。如果股票价格上涨，金融资产的价值也会上升，从而耐用消费品支出上升。因为这时消费者的财务状况更为安全，他遭受财务困境的可能性降低。这导致了货币政策另一传导机制：货币供应量的增加将导致股票价格的上升，使得消费者的金融资产增加，这就降低了其出现财务困境的可能性，从而耐用品和住房支出增加，最后导致总需求和总产量的增加。

对于各种政策传导渠道的相对重要性问题，西方经济学界目前尚无统一的看法。有些研究者认为，传统的利率渠道是极为重要的货币传导机制。但许多其他研究者并非这样认为。有人认为，与投资对金融市场数量变量的反应相比，投资对金融市场价格变量的反应较小且较不重要。当然宏观经济计量模型大都有大的利率效应。

不过，尽管传统的利率渠道可能不那么重要，我们已经看到，货币传导的信贷渠道提供了利率对总需求有较大影响的其他途径。实际上，信贷渠道的倡导者认为，这些其他途径放大和传播了传统的利率效应。西方宏观经济学中，近年来关于信贷渠道的文献大量涌现。这表明信贷渠道是货币传导机制的一个重要部分，值得专门讨论。

7.3.2 信贷配给与货币政策传导

7.3.2.1 信贷配给现象和信贷配给理论

古典经济学认为，在信贷市场上，只有资金的供给与资金的需求相匹配，市场才能出清。如果资金需求大于其供给，作为信贷价格的利率将自动上升，从而导致资金供给增加、需求减少，直至信贷市场达到均衡。在完美的市场经济里，价格机制（利率）会使得信贷市场自动出清，除非受到人为管制，否则信贷市场不会出现长期的供求不平衡状况。但是，现实经济中大量存在着愿意接受银行贷款利率却贷不到款的借款人，这说明银行广泛采用非价格手段独立地配给信贷资金，这种情况被称为"信贷配给"（credit rationing）。

对信贷配给现象进行研究的文献，可以追溯到 20 世纪 50 年代。但是，系统的信贷配给理论，则是 20 世纪 70 年代，由 E. 贾菲和拉塞尔（Juffie & Russel，1976）、基顿（Keeton，1979）、斯蒂格利茨和温斯（Stiglitz & Weiss，1981）等新凯恩斯主义经济学家通过将不完全信息运用到对信贷市场的分析创立的。斯蒂格利茨和温斯 1981 年的论文《Credit Rationing in Markets with Imperfect Information》奠定了信贷配给理论的基础。[1] 信贷配给理论认为，信贷配给是由于信贷市场的信息不完全、不对称。在信贷市场上，银行与借款人之间是一种委托—代理关系，借款人能否按期还贷是借款人的私人信息，银行事先并不能确定借款人能否按时还贷，通常只能事后确定哪些借款人会违约。事前借款人比银行拥有更多信息。同时，银行一旦放贷给借款人，就无法控制借款人的行为。银行的目的是利润最大化，这不仅取决于利率的高低，而且取决于借款人的履约概率，即取决于贷款风险的大小。在信贷实践中，为了识别借款人的类型和影响借款人的行为，银行的主要手段是贷款合同条款和贷款人愿意支付的利率。

信贷配给理论认为，当信贷市场存在超额需求时，如果银行提高利率，那些从事低风险项目经营稳健、信用好的借款者会退出，愿意在高利率条件下借款的人，通常是从事高风险项目、还款概率低的人。前者正是那些可以使银行获利最高贷款利润的借款人。高利率会产生逆向选择，使银行的利润降低。银行从利润最大化考虑，不会通过提高利率使信贷市场出清，而是将贷款放给接受低利率但从事低风险项目的借款人，由此产生了信贷配给。这是信贷配给理

---

① Stiglitz and Weiss, Credit Rationing in Markets with Imperfect Information, American Economic Review, 71 (3), June 1981, pp. 393 –410.

论所说的利率的甄别作用（机制）。同时，信贷配给理论认为，利率还具有改变借款人行为的激励作用（激励机制）：当信贷市场存在超额需求时，如果提高利率可能会使借款人采取不符合银行利益的行动选择高风险项目。这使银行在面对超额需求时采取信贷配给，而不是提高利率。

信贷配给理论将银行期望利润最大化的利率定义为"最优利率"，虽然市场没有出清，但"最优利率"仍然是均衡利率。

7.3.2.2 信贷配给模型

（1）作为甄别工具的利率。

假设银行面临一组投资项目，每一个项目 θ 对应的总收益 R 具有一个概率分布，这种概率分布在短期内不受借款人行为的影响，不同的借款人具有不同的收益分布，银行能够区分具有不同平均回报的项目，即银行进行决策时面临的项目都是具有相同的平均回报的项目。但是，银行不清楚各个项目风险的大小，而借款人对项目的风险具有私人信息，银行与借款人之间存在着事前信息不对称。现在考察银行在面对具有相同收益均值项目时的信贷决策问题，为简单起见，假设回报的概率分布函数为 $F(R,\theta)$，其密度函数为 $f(R,\theta)$，根据罗斯查尔德和斯蒂格利茨（1970）的研究，在平均有限分布意义上，较大的 θ 对应着较大的风险，即对于 $\theta_1 > \theta_2$，如果

$$\int_0^\infty Rf(R,\theta_1)\mathrm{d}R = \int_0^\infty Rf(R,\theta_2)\mathrm{d}R \qquad (7.1)$$

那么，对于 $y \geq 0$ 有

$$\int_0^y F(R,\theta_1)\mathrm{d}R \geq \int_0^y F(R,\theta_2)\mathrm{d}R \qquad (7.2)$$

若借款人的借款数量为 B，借款利率为 $\hat{r}$，贷款抵押为 C，如果出现

$$C + R \leq B(1 + \hat{r}) \qquad (7.3)$$

则借款人可能出现违约行为。借款人的净回报 $\pi(R,\hat{r})$ 可以写成

$$\pi(R,\hat{r}) = \max(R - B(1 + \hat{r}); -C) \qquad (7.4)$$

银行的回报可以写成

$$\rho(R,\hat{r}) = \min(R + C; B(1 + \hat{r})) \qquad (7.5)$$

假定银行和借款人都是风险中性的，投资项目具有不可分割性且成本固定，每个项目所需要的贷款额相同，借款金额的分布函数与借款人的数量分布函数相同，贷款资金供给不受银行索要利率的影响。于是，有如下定理。

定理1 对于给定利率，存在一个临界值 $\hat{\theta}$，当且仅当 $\theta > \hat{\theta}$ 时，借款人才会从银行借款。

如图7-1所示，利润是 R 的凸函数，期望利润随 π 的风险上升而上升。

在临界值 $\hat{\theta}$ 处，期望利润为 0，即 $\hat{\theta}$ 满足

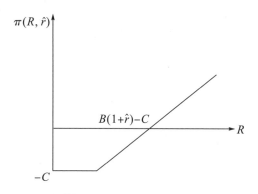

图 7-1　借款人收益是项目收益的一个凸函数

$$\Pi(\hat{r},\hat{\theta}) \equiv \int_0^\infty \max(R-(\hat{r}+1)B; -C)\mathrm{d}F(R,\hat{\theta}) = 0 \qquad (7.6)$$

定理 2　如果提高利率，θ 低于临界值 $\hat{\theta}$ 的借款人将退出信贷市场。

利率的这种逆向选择效应，可能引起银行收入随利率的提高而减少。低风险的借款人不再申请贷款，高风险借款人在借款者中的比重上升。高风险借款人导致还款率下降，银行收入随之减少。对式（7.6）微分得到

$$\frac{\mathrm{d}\hat{\theta}}{\mathrm{d}\hat{r}} = \frac{B\int_{(1+\hat{r})B-C}^\infty \mathrm{d}F(R,\hat{\theta})}{\dfrac{\partial \Pi}{\partial \hat{\theta}}} > 0 \qquad (7.7)$$

因此，对每一个 θ，期望利润都降低了，即期望利润随 θ 递减。

定理 3　银行贷款的期望收益是该项贷款风险程度的递减函数。

$\rho(R,\hat{r})$ 是 R 的凹函数，因此有定理 3。具体如图 7-2 所示。定理 2 和定理 3 意味着利率的逆向选择效应，这种效应对银行收益有负向的影响，这种影响可能超过利率增加能提高银行收益的直接影响，即正向选择效应。

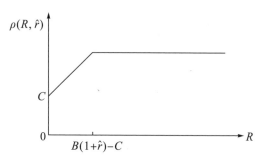

图 7-2　银行利润是项目收益的一个凹函数

定理4 如果潜在借款人的数量或者类型是离散分布的，每个借款人的 θ 值各不相同，如果用 $\bar{\rho}(\hat{r})$ 表示这组贷款的平均收益，那么 $\bar{\rho}(\hat{r})$ 不会是 $\hat{r}$ 的单调函数，$\bar{\rho}(\hat{r})$ 的下降会存在间断点。具体如图7-3所示。

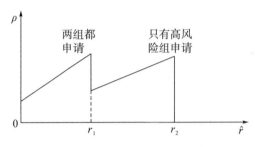

图7-3 利率水平与企业贷款选择

为了说明这一情况，假设有两组借款人：低风险组和高风险组。低风险组的借款人获得稳定的低收益，高风险组的借款人获取高收益但具有较大的失败风险。低风险组的借款人只有在利率低于 r_1 时才愿意从银行借款，高风险组借款人在利率低于 r_2 时从银行借款，且 $r_1 < r_2$。如图7-3所示，当利率低于 r_1 时，两组借款人都会从银行借款，银行不能区分那些借款人属于低风险组；当利率高于 r_1 又低于 r_2 时，低风险组的借款人将不再借款，信贷市场仅剩高风险组借款人在借款；当利率高于 r_2 时，所有的借款人都不再申请借款。那么，提高利率的结果是低风险组的借款人不再申请借款而剩下高风险组的借款人继续申请借款，从而产生逆向选择现象。为了避免逆向选择，银行只会将利率限定在一定水平之内，从而避免将低风险组的借款人赶出信贷市场而让高风险组的借款人充斥市场。

定理5 无论在何种情况下，只要 $\bar{\rho}(\hat{r})$ 有内部极大值，$\bar{\rho}(\hat{r})$ 都具有一种内在模式，使得银行资金供给在竞争均衡下存在信贷配给。

定理5可以用四象限图来说明。具体如图7-4所示。

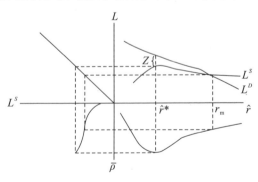

图7-4 信贷配给与市场均衡

图 7-4 中左下象限表示了信贷供给取决于贷款平均收益 $\bar{\rho}$，贷款需求 L^D 是利率的递减函数，银行贷款的平均收益与利率的非单调关系由右下象限的 $\bar{\rho}(\hat{r})$ 表示。r_m 是信贷市场供求均衡（$L^S = L^D$）的瓦尔拉斯均衡利率，但 r_m 只能吸引高风险借款人，使银行平均收益下降。因此，r_m 不是实际市场均衡利率。银行可以将利率降到 $\hat{r}^*$，以吸引低风险借款人，使银行平均收益最大。在 $\hat{r}^*$ 处存在超额需求 $L^D > L^S$，即存在信贷配给，但银行平均收益最大。因此，利率 $\hat{r}^*$ 是信贷市场的实际均衡利率。

在利率为 $\hat{r}^*$ 时，贷款供给与贷款需求之间存在差额 Z，Z 是借款人对信贷的超额需求，但此时信贷市场已经实现均衡。虽然提高利率至 r_m 可以实现信贷市场的供求均衡，但是银行并没有动力将利率提高到 $\hat{r}^*$ 以上。因为只要贷款利率超过 $\hat{r}^*$，银行贷出的每一单位资金都会伴随着平均收益的下降。银行只会将贷款利率定于能满足自身利润最大化的实际均衡利率水平 $\hat{r}^*$，然后通过信贷配给来管理贷款投放。这是由银行内在的利益追求所决定，这种运行机制不会因其他外在因素而改变。

当银行资金增加时，信贷的超额需求 Z 减少，但只要存在信贷配给，银行利率不会改变。

定理 6 若函数 $\bar{\rho}(r)$ 有多个局部极大值，则市场均衡在等于或低于市场出清利率时，有单均衡利率或双均衡利率，且在较低的利率水平上存在对信贷的超额需求，即存在信贷配给。

定理 6 的含义是在这种情况下，银行不会偏离局部极大值但存在信贷配给的利率水平。用 r 表示 $\bar{\rho}(r)$ 最大化的利率，r_m 是市场出清利率，令 $r_1 = r$ 和 $r_2 = r$，若 $r < r_m$，根据定理 5，存在信贷配给，且 r_1 是使 $\bar{\rho}(r)$ 最大化的利率；若 $r > r_m$，可贷资金在 r_1 和 r_2 之间分配。但 r_2 是高于 r_m 的利率中满足 $\bar{\rho}(r_2) = \bar{\rho}(r_1)$ 的那些利率中的最低利率。银行既不会以利率 $r_3 < r_1$ 放贷，也不会以 $r_4 > r_2$ 放贷，而只会以局部极大值点的利率 r_1 放贷。银行没有偏离 r_1 的激励。

下面给出资金供求既定前提下形成信贷配给的充分条件。首先，考虑"连续统"项目。设 $G(\theta)$ 是项目风险的分布函数，$\rho(r,\theta)$ 是银行贷款的期望收益，银行以利率 $\hat{r}$ 贷款的平均收益为

$$\bar{\rho}(\hat{r}) = \frac{\int_{\hat{\theta}(\hat{r})}^{\infty} \rho(\hat{r},\theta)\,\mathrm{d}G(\theta)}{1 - G(\hat{\theta})} \tag{7.8}$$

由定理 5，存在某些 $\hat{r}$ 值，使得 $\mathrm{d}\bar{\rho}(\hat{r})/\mathrm{d}\hat{r} < 0$ 是存在信贷配给的充分条件。

其次，考虑项目结果为成功或失败的情况。若项目成功收益为 R，若失败收益为 D，将 B 正则化为 1，所有成功项目的收益 R 为 $S \leqslant R \leqslant K$，抵押 $C=0$，项目的期望收益为 T，成功时有收益为 R 的概率为 $p(R)$，则

$$T = p(R)R + (1 - p(R))D \tag{7.9}$$

项目失败时厂房、设备的残值构成银行贷款承担的损失 X，项目价值的密度函数为 $g(R)$，分布函数为 $G(R)$。若令 $J = 1 + \dot{r}$，则以利率 $\dot{r}$ 放贷的期望回报为

$$\rho(J) = \frac{1}{\int_J^K g(R)\,\mathrm{d}R}(J\int_J^K p(R)g(R)\,\mathrm{d}R + \int_J^K (1 - p(R))(D - X)g(R)\,\mathrm{d}R)$$

$$\tag{7.10}$$

利用洛必达法则和式（7.11），可以得到 $\lim\limits_{J \to K}(\frac{\partial \rho(J)}{\partial J}) < 0$ 即信贷配给的充分条件。

最后，考虑借款人的风险偏好。贷款申请人的风险偏好存在差别，这些差别将反映在项目选择上，从而影响银行对最优利率的确定。高利率使得借款投资低回报低风险的项目不可行，而对投资高风险高收益的项目没有影响。但银行在高风险项目上的收益低于低风险项目。借款人风险偏好的系统性差异，导致银行要确定一个能使银行利润最大化的最优利率。

假定借款申请人中有比例为 λ 的人是风险无限厌恶者，他们只投资于完全无风险的项目，项目回报的分布函数是 $G(R)$，且满足 $G(K) = 1$。剩下比例为 $1 - \lambda$ 的借款申请人是风险中性者，假设他们面对具有相同风险的项目，项目的成功概率为 p，且成功时的回报为 $R^* > K$，失败时的回报为 0。设 $\dot{R} = (1 + \dot{r})B$，则银行的期望回报为

$$\bar{\rho}(\dot{r}) = \frac{(\lambda(1 - G(\dot{R})) + (1 - \lambda)p)}{\lambda(1 - G(\dot{R})) + (1 - \lambda)}(1 + \dot{r}) = (1 - \frac{(1 - p)(1 - \lambda)}{\lambda(1 - G(\dot{R})) + (1 - \lambda)}) \cdot \frac{\dot{R}}{B} \tag{7.11}$$

对于 $R < K$ 无风险项目回报的上界为

$$\frac{\mathrm{dln}\bar{\rho}}{\mathrm{dln}(1 + \rho)} = 1 - \frac{(1 - \lambda)(1 - p)\lambda g(\dot{R})\dot{R}}{(1 - \lambda G(\dot{R}))(\lambda(1 - G(\dot{R})) + p(1 - \lambda))} \tag{7.12}$$

同样地，银行最大化收益的内点解的充分条件即信贷配给的充分条件是 $\lim\limits_{R \to K}\frac{\partial \bar{\rho}}{\partial \dot{r}} < 0$，或者由式（7.12）有

$$\frac{\lambda}{1-\lambda} \lim_{R \to K} g(R) \dot{R} > \frac{p}{1-p}$$

风险项目的风险越大，即 p 值越低，越有可能存在内点最优解。类似地，提高利率对风险厌恶者的影响越是相对大于对风险中性者的影响，则越有可能存在内点最优解即信贷配给。

（2）作为激励手段的利率。

利率不仅是甄别工具，而且也是银行用来改变借款人行为的激励手段。一般来说，借款人只关心企业不破产时的投资回报，银行只在企业破产影响银行收益的范围内考虑借款人的行为。银行与借款人的利益不一致，并且银行不能无成本地监督借款人的行为，这就使得银行有动机将利率作为激励手段影响借款人的行为，以使银行利润最大化。

提高利率会使风险大的项目对借款人有吸引力，但高风险项目却使银行的期望收益比较低。利率的提高可能引起借款人与银行采取相反的行动：借款人愿意投资高风险项目，这不符合银行的利益。这会使银行对超额信贷需求采取信贷配给，将贷款分配给那些接受低利率却投资低风险项目的借款人，而不是提高利率。

假设每个借款人都可以对项目进行选择，考虑任意两个项目 j 和 k。

定理 7 给定名义利率水平 r，如果两个项目对风险中性的借款人来说是无差异的，则提高利率将导致借款人偏好于高风险项目。

如果第 i 个项目的期望回报是

$$\pi^i = E(\max(R^i - (1+\hat{r})B, -C)) \tag{7.13}$$

所以

$$\frac{d\pi^i}{d\hat{r}} = -B(1 - F_i((1+\hat{r})B - C)) \tag{7.14}$$

因此，如果在某个利率水平 $\hat{r}$ 上有 $\pi^j = \pi^k$，则提高 $\hat{r}$ 后，借款人从较高还贷概率项目获得的期望回报小于较低还贷概率的项目。

定理 8 在利率为 $\hat{r}$ 时，借款人对项目 j 和 k 无差异，项目回报的分布函数分别是 $F_j(R)$ 和 $F_k(R)$，项目 j 比项目 k 有更高的破产概率，且存在一个分布函数 $F_l(R)$ 满足：$F_j(R)$ 代表分布 $F_l(R)$ 的一个平均有限分布；$F_k(R)$ 一阶随机占比优于 $F_l(R)$，即对任意 R，$F_l(R) > F_k(R)$。

定理 8 表明，提高 $\hat{r}$ 将使银行的期望回报降低。假定有项目 a 和 b，成功后收益为 R^a 和 R^b，且 $R^a > R^b$，成功概率为 p^a 和 p^b，且 $p^a < p^b$，即 a 是高风险项目，$C = 0$。在利率为 $\hat{r}$ 时，若企业对两个项目的偏好无差异，则

$$(R^a - (1 + \dot{r})B)p^a = (R^b - (1 + \dot{r})B)p^b \qquad (7.15)$$

$$B(1 + \dot{r}) = \frac{p^b R^b - p^a R^a}{p^b - p^a} \equiv (1 + \dot{r}^*)B \qquad (7.16)$$

其中 $\dot{r}^* = \dfrac{p^b R^b - p^a R^a}{B(p^b - p^a)} - 1$，银行的期望回报是利率 r 的函数。当银行利率低

于 $\dot{r}^*$ 时，企业选择低风险项目；当利率介于 $\dot{r}^*$ 和 $(R^a/B) - 1$ 时，企业只会

选择高风险项目。当利率为 $\dot{r}^*$ 时，银行获得最大利润的充分必要条件是

$$p^a R^a < \frac{p^b(p^b R^b - p^a R^a)}{p^b - p^a}$$

由于 $p^b R^b > p^a R^a$，$(1 + \dot{r}^*) > 0$，且 ρ 不是 $\dot{r}$ 的单调函数成立，因此，存在信
贷配给。当利率为 $\dot{r}^*$ 时，银行不会提高利率而是对超额信贷需求进行信贷配
给，以促使借款人选择低风险项目。[①]

7.3.2.3　政策启示

信贷配给的存在表明，信贷市场不能单纯靠信贷供求自发实现出清。由于
信贷市场的信息不对称，作为固定金额负债的贷款会引起借款人和银行之间的
利益冲突，在两组项目预期收益相等而风险程度不同的情形下，提高利率，会
促使借款人选择预期收益更高但风险更大的项目，最终的净效应是银行预期收
入的减少。因此，银行没有动力提高利率以满足更大的贷款需求，而是对超额
信贷需求进行信贷配给。商业银行实际上是在一定利率范围内按照利润最大化
原则采用信贷配给对信贷进行投放，而不是听任利率的自发调节。这种机制对
中央银行的货币政策有重大影响。

中央银行货币政策的主要传导渠道是商业银行的信贷渠道，通过调控利率
来调节经济的货币政策，离不开商业银行的传导作用。但是，商业银行不是宏
观调控机构，而是以利润最大化为目标的赢利机构。在信息不完全、不对称的
背景下，商业银行会从自身利益最大化考虑，综合运用利率和信贷配给，而不
是单纯运用利率杠杆。中央银行通过调整准备金率扩大或缩小商业银行的可贷
资金规模，以期扩张或收缩经济，会受到商业银行的信贷配给行为的影响。如
果考虑经济活动的动态性质，这种影响也可能导致中央银行通过信用渠道调节
经济的货币政策失效。

---

① 信贷配给模型来自 Stiglitz and Weiss（1981），pp. 393 - 403；信贷配给理论的其他内容限于篇
幅没有介绍。

7.4 从"杰克逊霍尔共识"到"双支柱"调控框架：货币政策目标反思

7.4.1 "杰克逊霍尔共识"

欧洲央行首席经济学家于尔根·斯塔克（Jürgen Stark，2011）指出，金融危机的爆发总会引起学界对中央银行的功能和理念产生新的认识，产生在同时代经济理论基础上的为学界和政策制定者广泛接受的规则的改变。在 2008 年国际金融危机之前，中央银行制定货币政策广泛接受"杰克逊霍尔共识"（Jackson Hole Consensus），2008 年国际金融危机之后，宏观审慎政策以及在此基础上的"双支柱"调控框架成为对中央银行该如何调控宏观经济的新共识。

"杰克逊霍尔共识"起源于在美国怀俄明州的杰克逊霍尔（Jackson Hole）主办的年度货币政策研讨会。自 1982 年起，美国堪萨斯城联邦储备银行（Kansas City Federal Reserve）每年 8 月都会在此地邀集西方国家的多国央行行长、财政部部长以及金融理论界人士举办政策研讨会，由此形成了关于中央银行宏观调控的一些共识，2010 年 8 月，英格兰银行副行长 Charlie Bean 首次将这些共识归纳为"杰克逊霍尔共识"。其主要要点有：（1）认同弗里德曼"通货膨胀是一种货币现象"的观点，认为稳定物价是中央银行的根本任务，货币政策的核心是锚定通货膨胀预期，利率政策是锚定通胀预期、实现价格稳定的主要工具；（2）中央银行不以钉住资产价格为目标，只有当资产泡沫影响了通胀预期或财富效应影响了消费的时候，央行才对资产价格以及金融不平衡做出反应，价格稳定是金融稳定的充分条件；（3）通过固定规则来管理金融市场对未来政策的预期，提高政策的透明度和可预见性，央行可信度和货币政策透明度是预期管理的关键。"杰克逊霍尔共识"的上述观点从 20 世纪 90 年代起已经开始在西方国家的中央银行得到普遍认可和实施，也成功治理了这一时期各国的通货膨胀，是各国央行普遍遵循的"调控法则"。

7.4.2 "双支柱"调控框架

2008 年，美国次贷危机的爆发打破了对"杰克逊霍尔共识"的迷思，学者们发现物价稳定不等于金融稳定，个体金融机构稳健也不能代表整体金融体系就稳健，需要有一个机构从整体、宏观层面进行系统性风险防范，宏观审慎监管正式进入学界的视野。宏观审慎监管兴起后，"单一目标、单一工具"的传统政策框架受到挑战，加强中央银行金融稳定职责的研究得到重视，将货币政策与宏观审慎政策相结合的呼声日益强烈，"货币政策 + 宏观审慎政策"的"双支柱"政策框架雏形逐渐开始出现。早在 2007 年，美国费城联储前主席Plosser 就将货币政策和金融稳定作为央行的"双支柱"；伦敦政治经济学院的Grauwe 和欧洲政策研究所的 Gros 于 2009 年建立了一个能够权衡价格稳定与金融稳定目标的"双支柱"策略；虽然有些国家的央行采用"金融稳定 + 价格稳定"的"双支柱"提法，另一些国家的央行采用"货币政策 + 审慎政策"的"双支柱"提法。还有一些国家的央行表明没有明确使用"双支柱"概念，但在实际宏观管理操作中已经具备了"货币政策 + 宏观审慎政策"的"双支柱"框架内涵。[①]

我国"双支柱"调控框架的提法最早出现在中国人民银行 2016 年第四季度发布的《中国货币政策执行报告》中，当时称为"货币政策 + 宏观审慎政策双支柱的金融调控政策框架"。[②] 随后在 2017 年第三季度发布的《中国货币政策执行报告》中，人民银行对这一概念作了专题论述。在"双支柱"调控框架中，货币政策"支柱"主要是针对宏观经济的"总量"政策，着眼于调节总需求，"瞄准"通货膨胀和产出波动做出政策响应，以维护物价稳定；宏观审慎政策"支柱"主要是针对金融系统的"结构性"政策，采用审慎政策工具调节经济与金融体系的"顺周期"和系统重要性机构"大而不倒"的问题，以防范和化解系统性风险，维护金融体系稳定。可见，"双支柱"调控框架是货币政策和宏观审慎政策相互协调、相互补充、相互促进，共同形成的整体政策调控框架。

7.4.3 对货币政策目标的反思

1979 年国际清算银行（BIS）的前身库克委员会（Cooke Committee）在讨论发达国家向新兴国家贷款时，最早提出了"宏观审慎"一词。然而，宏观审慎这一概念被库克委员会提出后，并未引起学界的重视，随后便从主流学术界"销声匿迹"（钟震，2012）。1997 年亚洲金融危机爆发，促使人们重新认

---

① 参见李波：《构建货币政策和宏观审慎政策双支柱调控框架》，中国金融出版社，2018 年，第293 - 294 页。

② 参见中国人民银行货币政策分析小组：《中国货币政策执行报告（2016 年第四季度）》，中国人民银行网站 http://www.pbc.gov.cn//goutongjiaoliu/113456/113469/3254786/index.html.

识到金融体系的整体稳健对一国经济安全具有举足轻重的意义，国际货币基金组织于是要求被救助国要通过微观审慎和宏观审慎的非现场监管来对银行进行持续有效的监管，宏观审慎概念重新回到监管当局的视野。这一概念真正引起国际组织、理论界和监管者的广泛讨论和关注是在 2008 年次贷危机发生和蔓延之后（Brunnermeier & Sannikov, 2009；Caruana, 2014）。以 1997 年亚洲金融危机和 2008 年次贷危机为分界点，宏观审慎概念的发展可以大致可分为三个阶段①：第一阶段是 20 世纪 70 年代至 1997 年亚洲金融危机前，这是理念萌芽阶段；第二阶段是 1997 年至 2008 年，这是朦胧探索阶段；第三阶段是 2008 年次贷危机至今，全面研究，方兴未艾。具体见表 7 - 1。

表 7 - 1　宏观审慎概念的发展演进

阶段划分	时间	背景	主要内容
第一阶段： 理念萌芽	1979	关于国际银行贷款期限转换的讨论	库克委员会（Cooke Committee, 国际清算银行前身）第一次使用"宏观审慎"一词，用以说明"金融监管应具有系统性的宏观视野"
	1986	《国际银行业的最新创新》研究报告	国际清算银行（BIS）最早在公开文件中引用"宏观审慎"一词，旨在阐述"抑制影响宏观经济稳定的金融体系动荡的风险"
第二阶段： 亚洲金融危机， 朦胧探索	1998	亚洲金融危机爆发	国际货币基金组织要求通过微观审慎和宏观审慎的非现场监管来对银行进行持续有效的监管
	2000	BIS 行长兼 FSF 主席 Crockett 的公开演讲	首次对宏观审慎的政策目标进行了界定，认为与微观审慎不同的是，宏观审慎主要是"为了防范金融体系的系统性风险"
	2003	编制金融稳健指标体系（FSI）	国际货币基金组织编制的金融稳健指标体系（FSI）不仅包含微观审慎指标，还包含宏观经济指标

---

① 学界把宏观审慎的理论发展一般划分为"两阶段"（钟震，2012；刘婵婵，2016）和"三阶段"（张瑜，2018），本书经过综合比较，更倾向于张瑜的"三阶段"划分法。

续表7－1

阶段划分	时间	背景	主要内容
第三阶段：次贷危机，全面研究	2009	G20 伦敦峰会成立金融稳定理事会（FSB）	要求各国加强宏观审慎监管，将其作为微观审慎与市场一体化监管的重要补充
	2010	G20 首尔峰会表决通过《巴塞尔协议Ⅲ》	《巴塞尔协议Ⅲ》突出了逆周期和跨系统监管的重要性，提出了微观审慎监管与宏观审慎监管相结合、资本监管与流动性监管相结合
	2011	G20 戛纳峰会发布了《宏观审慎政策工具和框架》	正式对宏观审慎政策进行定义，即"宏观审慎政策是指以防范系统性金融风险为目标，以运用审慎工具为手段，而且以必要的治理架构为支撑的相关政策"
	2016	BIS、IMF 和 FSB 发布《有效宏观审慎政策要素：国际经验与教训》	再次总结宏观审慎政策的国际经验与教训，明确提出了宏观审慎政策的时间维度和空间维度的双维度中介目标

资料来源：根据 IMF，BIS & FSB（2011）、钟震（2012）、张瑜（2018）等的相关文章及笔者的综合整理。

次贷危机发生以前，西方经济学界普遍认为，如果个体金融机构稳健，则整体层面的金融体系就会稳健。正如美联储前任主席格林斯潘所言："监管部门不需要过多地关注风险，因为金融机构出于自身利益的考虑，会非常关注经营过程中的风险过程中的风险。"[①] 次贷危机的爆发和蔓延打破了这种微观稳健自动"合成"宏观稳健的神话，实践发展显示，微观金融个体层面的稳健和安全并不能简单类推到宏观层面，传统的金融监管框架下监管当局认为的所有单个金融机构的稳健运行能自发"加总"为整体金融系统稳定的观点，会出现"合成谬误"（Jacome & Nier，2012）。针对单个个体金融机构的微观审慎监管措施并不一定能够保障金融体系的整体稳定，如果处理不当，甚至还会造成整个金融体系的压力（Brunnermeier，2009；Morris & HyunSong Shin，2016）。全球金融体系在联系越来越紧密的同时，也变得越来越脆弱。专注于金融机构个体风险的微观审慎监管却未能及时捕捉到这一点，加强宏观审慎监管，防范系统性风险，已成为全球金融监管制度改革的一条主线，并在不断探

[①] 转引自况昕、高惺惟：《构建"双支柱"监管框架与金融风险防控》，《财经科学》2018 年第 4 期。

索中逐步优化升级。[①]宏观审慎监管的问题树分析如图7-5所示。

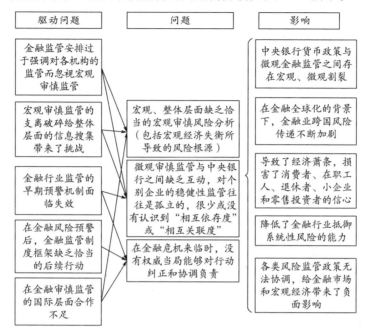

图7-5 宏观审慎监管的问题树分析

资料来源：笔者根据欧盟委员会（2009）的研究报告整理编制。

时而至今，宏观审慎已由最初"当微观经济问题变为宏观经济问题时不能不关心宏观审慎性"的朦胧提法，发展到"防范系统性金融风险"的标准定义；从关注单个银行稳健，发展到关心整体金融体系的稳健；从金融体系的监管套利、监管标准不严，发展到关注金融的"顺周期"问题和系统重要性机构的"大而不倒"问题。构建宏观审慎的理论与政策体系，增强金融体系的稳定性，防范系统性风险，成为后危机时代各国金融监管改革的核心理念。

7.5 "流动性陷阱"理论质疑[②]

7.5.1 货币政策失效的"流动性陷阱"解释

随着经济市场化程度的不断提高，由产能相对过剩引起的经济周期性波动

---

① 参见李波：《构建货币政策和宏观审慎政策双支柱调控框架》，中国金融出版社，2018年，第293-294页。

② 本节与付彤杰合作，见张衔、付彤杰：《凯恩斯"流动性陷阱"的批判性考察》，《政治经济学报》第28卷，第3-18页。

成为我国经济运行的一个突出现象。在经济周期的下行阶段，中央银行通常采取扩张性货币政策，以刺激总需求，恢复经济增长。但是，货币政策的效果并不明显。学术界有不少人据此认为我国形成了"流动性陷阱"，导致货币政策失效。其理由是，中央银行增加的货币没有转化为投资和消费流入实体经济，而是转化成了预防性储蓄，从而使货币流通速度下降，形成了货币沉淀。

"流动性陷阱"是研究凯恩斯理论的西方经济学家对凯恩斯在《就业、利息和货币通论》（即《通论》）中相关论述的概括，"流动性陷阱"理论则是克鲁格曼的说法。"流动性陷阱"之所以重要，是因为按照凯恩斯的理论，这与货币政策是否有效直接相关。

西方经济学认为，如果经济中形成了所谓"流动性陷阱"，通过增加货币刺激经济的货币政策必然失效。并且，一旦货币政策失效，人们就会用"流动性陷阱"来解释。按照克鲁格曼的说法，自 20 世纪 40 年代以后，"流动性陷阱"作为一种记忆和经济研究的主题，都在稳步消退。但是，克鲁格曼认为"流动性陷阱"在当代依然存在，这就是日本。他用实证方法对日本"流动性陷阱"的研究（1998）[1] 起到了"流动性陷阱"研究的引领作用，使"流动性陷阱"重新成为宏观经济学的重要议题。克鲁格曼主张要重振"流动性陷阱"理论并使之现代化。然而，围绕"流动性陷阱"的实证研究一直没有形成统一的结论。对凯恩斯《就业、利息和货币通论》中涉及"流动性陷阱"的那些分析和论述进行考察将会发现，流行于西方宏观经济学教材和货币金融理论中的"流动性陷阱"原理并不符合凯恩斯的原意，而"流动性陷阱"本身就不成立。凯恩斯将货币政策失效归结因于"流动性陷阱"也是不成立的，货币政策失效另有原因。

7.5.2　"流动性陷阱"概述

在《通论》中，凯恩斯在多个地方阐述了如下见解：当利率 r 已经降低到某种既定水平以下时，流动性偏好 M_2 几乎可以无限制的增长，变为绝对的，即无穷大；人们对将来利率趋势的看法可以达到非常一致的程度：未来利率上涨的预期将大于其下降的预期，以致现行利率的微小变化，就可以使大批人转向持有现金，即每个人都宁可持有现金，而不愿持有债券。[2] 西方经济学将凯

---

① Krugman Paul R. It's Baaack: Japan's Slump and the Return of the Liquidity Trap [J]. Brookings Papers on Economic Activity, 1998 (2): 137 – 187.

② 参见凯恩斯：《就业、利息和货币通论》，高鸿业译，商务印书馆，1999 年，第 176、197、210、213 页。但凯恩斯有时将这种情况归结为放弃现金的报酬降低、债券得到的利率太低。

恩斯描述的货币需求利率弹性无限大的情况叫作"流动性陷阱"。对"流动性陷阱"的流行描述是：一旦利率处于某个低水平，货币总需求对利率就变得完全富有弹性，利率不会再进一步下降，并且任何增加的货币数量将完全被吸收，而不会使利率有任何下降。[①] 但是，凯恩斯在回答为什么货币当局不能为期限和风险都不同的各种债券建立一整套利率体系时又明确指出：这个极端场合在将来可能成为重要事态，目前没有具体可检验的事例。[②] 换言之，西方经济学所说的"流动性陷阱"是凯恩斯根据其理论做出的推论。凯恩斯认为，当流动性偏好无穷时，货币当局就不能对利率进行有效控制。[③] 这意味着货币政策失效。

要理解"流动性陷阱"与货币政策的关系，必须理解凯恩斯的货币需求理论，特别是他的利息、利率理论及投资理论。凯恩斯的货币需求理论，是根据人们持有货币的动机来定义货币需求的。与古典学派不同，凯恩斯认为，货币需求回答的是人们以何种形式来持有对将来的消费的支配权，是持有具备瞬息流动性的货币，还是愿意在一定的期限内放弃这个支配权的瞬息流动性，而持有各种生息资产，听由将来的市场情况决定？在必要时，他能以何种比例把他对某些物品的延期支配权转换成对一般物品有瞬息流动性的支配权即货币？也就是他的流动性偏好有多大。[④] 在凯恩斯看来，人们持有货币是因为货币具有流动性，对货币的需求也就是流动性需求。凯恩斯认为，人们持有货币的动机有三个：交易动机、谨慎动机和投机动机，货币需求因此被分为满足交易动机和谨慎动机的货币（ M_1 ）以及满足投机动机的货币（ M_2 ）。M_1 是收入 Y 的函数，M_2 是利率 r 的函数，货币需求函数为：

$$M = M_1 + M_2 = L_1(Y) + L_2(r)$$

其中，L_1 和 L_2 是流动性偏好函数，且 $\frac{\partial M_1}{\partial Y} > 0$ ，$\frac{\partial M_2}{\partial r} < 0$ 。凯恩斯否定了古典学派的利息和利率理论，认为利息不是古典学派所说的等待的报酬，而是人们放弃流动性（灵活性）的报酬，利率也不是如古典学派定义的使投资的资金需求量与自愿放弃目前消费量即储蓄趋于均衡的"价格"，而是使公众愿意

---

① 参见戴维·E·W·莱德勒：《货币需求：理论、证据和问题》，上海三联书店，1989年，第74－75页。

② 参见凯恩斯：《就业、利息和货币通论》，高鸿业译，商务印书馆，1999年，第213页。但是，凯恩斯一直将这种极端场合作为其理论的重要组成部分。

③ 参见凯恩斯：《就业、利息和货币通论》，高鸿业译，商务印书馆，1999年，第213页。

④ 参见凯恩斯：《就业、利息和货币通论》，高鸿业译，商务印书馆，1999年，第169页。

以现金形式保持其财富的愿望和现有的现金数量相均衡的"价格"。就是说，利率是由债券市场上债券买卖形成的货币供给和货币需求决定的，或者说实际利率是由货币数量与流动性偏好一起决定的。这蕴含着，如果利率低于这样决定的均衡利率，放弃现金的报酬下降，则公众愿意持有的现金量就会超过现金的现有供给量，利率会因债券价格下降而上升；如果利率高于均衡利率，则不会有人愿意持有多余的现金，这又会使利率下降。[①] 利率与货币数量的这种关系，使货币当局可以在债券市场上通过买卖债券以增加或减少货币数量来调节利率。债券市场的投机机制可以简单描述如下：

令 P_B 是债券价格，R 是持有债券的收益，T 是债券到期日，B_T 是债券到期日的偿付价值，则

$$P_B = \sum_{n=1}^{T-1} \frac{R_{t+i}}{(1+r)^t} + \frac{B_T}{(1+r)^T}, \text{且} \frac{dP_B}{dr} < 0$$

由于凯恩斯分析的是类似股票的永续（永久）债券，不偿付本金，$B_T = 0$，则上式简化为：

$$P_B = R \sum_{n=1}^{\infty} \frac{1}{(1+r)^t} = R\left[\frac{1}{(1+r)} + \frac{1}{(1+r)^2} + \cdots \right] = \frac{R}{r} \Rightarrow P_B = \frac{R}{r}$$

$$\text{且} \frac{dP_B}{dR} > 0, \frac{dP_B}{dr} < 0$$

投机过程如下：如果预期债券价格上升 $P_B^e > P_B$，利率下降 $r^e < r$，投机者会买入债券，待价格上升后再卖掉债券获取投机收益 ΔP，总收益为 $P_B^e + R > P_B$；如果预期债券价格下降 $P_B^e < P_B$，利率上升 $r^e > r$，债券持有者会以价格 P_B 或价格 $P_B - \varepsilon$ 卖掉债券以减少损失。凯恩斯认为，可以将放弃流动性的所得看作是一种保险赔偿金[②]，因此，只有当

$$\frac{R}{r^e} - \frac{R}{r} = \Delta P \leqslant R$$

人们才会购买该债券。债券市场的投机活动依赖于人们对利率未来变化的不同预期。凯恩斯认为，这种不同预期，是经济体系的稳定性和对货币数量变动的敏感性的基础。[③]

---

① 参见凯恩斯：《就业、利息和货币通论》，高鸿业译，商务印书馆，1999 年，第 170 - 171 页。但凯恩斯没有说明利率的变化。

② 参见凯恩斯：《就业、利息和货币通论》，高鸿业译，商务印书馆，1999 年，第 208 页。

③ 参见凯恩斯：《就业、利息和货币通论》，高鸿业译，商务印书馆，1999 年，第 174 页、176 页。

　　凯恩斯之所以强调债券投机市场的上述机制，是因为这与他提出的投资理论直接相关。凯恩斯认为，一项新投资是否值得，取决于资本边际效率（i）与市场利率（r）的关系。只有资本边际效率高于市场利率，$i > r$，新投资 $I(i,r)$ 才是值得的。因此，投资规则是

$$\frac{i}{r} = \beta > 1, \quad \mathrm{d}I = \frac{\partial I}{\partial i}\mathrm{d}i + \frac{\partial I}{\partial r}\mathrm{d}r \Rightarrow \mathrm{d}I = \frac{1}{r}\mathrm{d}i - \frac{i}{r^2}\mathrm{d}r$$

随着投资的增加，资本边际效率会下降，直到与市场利率相一致。如果市场利率高于资本边际效率，则不会有新投资。但是，根据上述债券市场的投机机制，特别是满足投机动机的货币需求会随着利率的变化而变化，即在满足投机动机的货币需求量的变动与债券价格的变动之间存在联系。[1] 这样，货币当局就可以通过增加货币供给，即以稍高的价格买进债券来压低利率，以便使利率低于资本边际效率，达到刺激投资，增加就业，进而增加国民收入的目的。[2] 这表明，在凯恩斯看来，货币政策对整个经济体系的调节作用依赖于债券市场的投机行为。正如凯恩斯本人所说：正是由于能够利用投机动机的作用，所以只有控制货币数量（或者在不施加控制的情况下，货币数量的自发变动），才能对整个经济体系产生影响。[3]

　　但是，凯恩斯又指出，如果长期利率已经很低，人们对将来利率变化的看法将会达到非常一致的程度，即对未来利率上升的预期大于利率继续下降的预期。因而，持有债券将面临严重损失。一旦出现这种情况，流动性偏好就会变得无穷大，即使利率只有轻微的上升，人们也会大量持有货币，不愿意持有债券。在这种情况下，货币当局就不能对利率进行有效控制。[4] 货币政策随之失效，无法通过降低利率刺激投资。这应该是所谓"流动性陷阱"的政策含义。经 Robertson（1936）的解读和 Hicks（1937）的形式化[5][6]，以及 Krugman（1998）的再发现[7]，"流动性陷阱"已广泛存在于西方宏观经济学教科书，并

---

① 参见凯恩斯：《就业、利息和货币通论》，高鸿业译，商务印书馆，1999 年，第 202–203 页。

② 参见凯恩斯：《就业、利息和货币通论》，高鸿业译，商务印书馆，1999 年，第 203 页。译文有误。

③ 参见凯恩斯：《就业、利息和货币通论》，高鸿业译，商务印书馆，1999 年，第 202 页。

④ 参见凯恩斯：《就业、利息和货币通论》，高鸿业译，商务印书馆，1999 年，第 213 页。

⑤ Robertson Dennis H. Some Notes on MR. Keynes' General Theory of Employment [J]. Quarterly Journal of Economics, 1936（Nov）：168–191.

⑥ Hicks J. Mr. Keynes and the Classics [J]. Econometrica, 1937（5）：147–159.

⑦ Krugman Paul R. It's Baaack: Japan's Slump and the Return of the Liquidity Trap [J]. Brookings Papers on Economic Activity, 1998（2）：137–187. 克鲁格曼关于日本"流动性陷阱"的研究引领了近二十年对"流动性陷阱"的研究潮流。

成为一个重要原理。[1]

凯恩斯不仅分析了当利率低到某一临界水平（r）而导致流动性偏好无穷大，货币当局不能通过货币供给影响利率，从而货币政策失效；也解释了为什么会有一个最低的临界利率（r）。凯恩斯认为，人们有一个安全水准的利率水平，利率的每次下降使得市场利率比之安全利率相对减小，从而放弃流动性的风险加大。同时，利率下降会减少放弃流动性而获得的用于补偿因利率变动而造成的资本损失的收益，使补偿能力随利率的下降而下降。这也许是阻碍利率下降到很低水平的主要原因。[2]

7.5.3 学术界围绕"流动性陷阱"的争论

从凯恩斯的论述中可以看出，如果把"流动性陷阱"看作一个理论命题，则"流动性陷阱"具有可检验蕴含。因此，自克鲁格曼以来，宏观经济运行中是否出现过"流动性陷阱"再度成为学术界关注的重要课题。但是，围绕"流动性陷阱"的研究没有取得一致意见。美国次贷危机以后采取了量化宽松的货币政策，对这一政策的评价涉及流动性陷阱。李欢丽（2013）认为，美国量化宽松货币政策失灵的主要原因是银行货币供给系统的"流动性陷阱"，并认为违约率高、贷款占比低是"流动性陷阱"的主要表现。[3] 但周雅琪（2015）则认为，量化宽松及非常规货币政策是美国从"流动性陷阱"走出来的重要原因。

---

[1] 关于"流动性陷阱"，主流经济学和金融学教材中的观点包括：萨缪尔森、诺德豪斯（2013）认为通货紧缩状态下，当央行将短期名义利率降至零时，就陷入"流动性陷阱"，此时央行无法再降低名义利率，实际利率仍然为正，无法刺激投资和经济发展，货币政策不再起作用，财政政策成为解决通货紧缩和"流动性陷阱"的办法，并指出日本和美国都曾经出现"流动性陷阱"，参见保罗·萨缪尔森，威廉·诺德豪斯：《经济学》，萧琛主译，商务印书馆，2013 年，第 555－558 页；多恩布什等（2010）认为，"流动性陷阱"是在既定的利率情况下，货币供应多少，公众就打算持有多少，货币政策不影响利率和收入水平，他们仅认可克鲁格曼对日本陷入"流动性陷阱"的判断，参见鲁迪格·多恩布什，斯坦利·费希尔，理查德·斯塔兹：《宏观经济学》，王志伟译，中国人民大学出版社，2010年，第218页；米什金（2020）认为，"流动性陷阱"是货币需求对利率极其敏感的极端情形，传统的货币政策对总支出不产生直接的影响，原因在于货币供给的变动不会影响利率，参见弗雷德里克·S.米什金：《货币金融学》，蒋先玲等译，机械工业出版社，2020 年，第 469 页；黄达、张杰（2017）介绍"流动性陷阱"是指当一定时期的利率水平降低到不能再低时，人们就会产生利率上升、债券价格下跌的预期，从而货币需求弹性就会变得无限大，即无论增加多少货币，都会被人们储存起来，参见黄达、张杰：《金融学》，中国人民大学出版社，2017 年，第 192－218 页。

[2] 参见凯恩斯：《就业、利息和货币通论》，高鸿业译，商务印书馆，1999 年，第 208－209 页。

[3] 参见李欢丽：《流动性偏好、流动性陷阱与美国量化宽松货币政策的失灵》，《新金融》2013年第 8 期。

关于日本是否形成了"流动性陷阱"存在较多争论。Krugman（1998）、萨缪尔森和诺德豪斯（2013）、多恩布什等（2010）指出，日本曾经出现"流动性陷阱"。①②③ 然而，在关于日本"流动性陷阱"的很多问题上仍然存在较大争议，看法甚至截然相反。首先，在时间上，由于"流动性陷阱"经常与经济衰退或萧条同时发生，因此，Krugman（1998）认为从 1993 年至 1997 年日本出现了"流动性陷阱"。④ 辜朝明（2016）认为，日本大衰退从 1991 年持续至 2005 年，但不认可以投资人为中心的"流动性陷阱"观点，认为真正的经济原因是融资人削减债务。⑤ 李翀（2019）则认为，2008 年至 2015 年日本更接近"流动性陷阱"。⑥ 事实上，"流动性陷阱"本来也没有统一的标准，根据日本统计局网站公布的数据，以 2015 年为基础调整的实际 GDP 在 1995—2015 年出现的负增长率分别为 -2.0%（1998 年）、-1.3%（1999 年）、-2.0%（2002 年）、-0.4%（2003 年）、-0.7%（2008 年）、-6.3%（2009 年），其他年份均实现正增长，表现出阶段性负增长的特点，而从 1994 年 501.37 万亿日元增长至 2019 年的 561.44 万亿日元，平均年化增长率 0.45%，又表现出持续性低增长的特点，以 GDP 负增长为标准无法判定日本是否陷入"流动性陷阱"。

在资产选择上，Krugman（1998）认为"流动性陷阱"应当导致现金（或存款）替代债券。⑦ 但是，辜朝明（2016）发现日本即使短期利率下降为零、十年期国债利率跌至历史低值 0.4%，也从未发生资金从债券向现金转移的现象。⑧ 董永祥（2019）发现日本企业和家庭在资产选择中表现不同，企业的现金和存款总额下降，而家庭的现金和存款在资产中的占比上升。⑨ 李翀

---

① Krugman Paul R. It's Baaack：Japan's Slump and the Return of the Liquidity Trap. Brookings Papers on Economic Activity，1998（2）：137 - 187.

② 参见保罗·萨缪尔森、威廉·诺德豪斯：《经济学》，萧琛主译，商务印书馆，2013 年，第 555 - 558 页。

③ 参见鲁迪格·多恩布什、斯坦利·费希尔、理查德·斯塔兹：《宏观经济学》，王志伟译，中国人民大学出版社，2010 年，第 218 页。

④ Krugman Paul R. It's Baaack：Japan's Slump and the Return of the Liquidity Trap ［J］. Brookings Papers on Economic Activity，1998（2）：137 - 187.

⑤ 参见辜朝明：《大衰退：宏观经济学的圣杯》，喻海翔译，东方出版社，2016 年，第 117 - 119 页。

⑥ 参见李翀：《流动性陷阱之谜的解析》，《学术研究》2019 年第 6 期。

⑦ Krugman Paul R. It's Baaack：Japan's Slump and the Return of the Liquidity Trap ［J］. Brookings Papers on Economic Activity，1998（2）：137 - 187.

⑧ 参见辜朝明：《大衰退：宏观经济学的圣杯》，喻海翔译，东方出版社，2016 年，第 119 页。

⑨ 参见董永祥：《经济虚拟化下的流动性陷阱与宏观经济政策》，经济科学出版社，2019 年，第 118 - 120 页。

（2019）发现 1993—1997 年日本债券存量不断增加，债券未被现金和存款替代，日本进入"流动性陷阱"是由于货币供给转变为可贷资金供给的途径遇到障碍，而货币流通速度下降又抵消了货币供给增加。[①]

在政策效果上，一般认为由于"流动性陷阱"，货币政策无效，需要用财政政策刺激经济。例如，辜朝明（2016）认为日本的财政刺激政策可以成为人类历史上最成功的经济政策之一，量化宽松货币政策只是很好地配合了财政政策。[②] 裘越芳、李波（2017）、董永祥（2019）则认为是日本的量化宽松货币政策帮助日本走出深渊、实现经济复苏，为 2008 年美国、欧洲应对金融危机提供了借鉴基准。[③][④]

学术界已有研究对"流动性陷阱"状态的界定、行为推断与现实解释详见表 7 - 2。

表 7 - 2　已有研究对"流动性陷阱"状态的界定、行为推断与现实解释

	状态界定	行为推断	现实解释
凯恩斯 （1935）	当利息率已经降低到某种水平时，流动性偏好几乎变为绝对的，货币当局会失掉它对利息率的有效控制	选择现金、抛弃债券	
Hicks （1937）	货币供给增加、LM 曲线右移，IS、LL 决定的利率不再下降，就业和国民收入无法增加		
Krugman （1998）	经济增速下降，货币市场利率接近于零	持有现金与债券无差异，公众持有现金、替代存款和债券；银行增加储备、替代贷款、应对取现	日本 1993—1997 年出现流动性陷阱，经济增速平均 1.4%、货币市场利率平均 1.5%；其中 1997 年经济增速 0.9%、货币市场利率 0.6%

---

① 参见李翀：《流动性陷阱之谜的解析》，《学术研究》2019 第 6 期。

② 参见辜朝明：《大衰退：宏观经济学的圣杯》，喻海翔译，东方出版社，2016 年，第 48 - 61 页。

③ 参见裘越芳、李波：《中国式"流动性陷阱"：识别、根源与应对政策选择》，《上海金融》2017 年第 3 期。

④ 参见董永祥：《经济虚拟化下的流动性陷阱与宏观经济政策》，经济科学出版社，2019 年，第 80 - 81 页。

	状态界定	行为推断	现实解释
李翀 (2019)		现金与存款可以自由转化；现金替代债券程度很低，投机需求增加不明显，总的货币需求减少；货币供给量增加，以超额准备金形式存在；可贷资金供需决定信贷利率水平，货币流通速度下降（GDP/M）	日本2008—2015年出现"流动性陷阱"，货币市场利率保持0.3%，经济增长速度平均-0.8%
刘巍 龙竞 (2013)	产生前提：央行持续增加货币供给；公众预期证券收益率达到最低		两个前提现实中均不存在：金本位制下，央行持续增加货币供给受限于黄金；公众预期难以一致。美国大萧条不符合"流动性陷阱"前提
张昱 龙竞 (2014)	凯恩斯"流动性陷阱"逻辑正确，包括四种假设：货币、证券两种资产选择；经济萧条；央行持续增加货币供给；公众预期证券收益率达到最低	货币需求的利率弹性变大	1981—2006年美国货币需求的利率弹性小，不存在"流动性陷阱"；2007—2009年美国只是出现萧条，不符合其他三个条件
辜朝明 (2016)		资产从债券向现金转移	日本1991—2005年期间短期利率下降为零，也未发生资产从债券向现金转移
付一婷 刘慧悦 (2016)①		货币需求的利率弹性变大	日本在1980—1998年期间未出现流动性陷阱，但在1999—2002年出现"流动性陷阱"
董永祥 (2019)		资产从债券向现金和存款转移	日本大衰退期间，家庭的现金和存款在资产中的占比上升；企业的现金和存款资产总额下降

资料来源：笔者根据已有研究资料整理。

在关于中国是否存在"流动性陷阱"的研究中，付一婷、刘慧悦（2016）通过测算1992—2011年随机系数的货币需求函数，估计货币需求的动态弹性

---

① 参见付一婷、刘慧悦：《中日货币政策"流动性陷阱"的时变弹性检验》，《现代日本经济》2016年第4期。

系数，指出我国没有出现显著的"流动性陷阱"。[1] 但是，裴越芳、李波
（2017）认为，2011—2016 年我国真实资金成本较低、利率对货币流通速度的
边际弹性逐渐扩张，存在"流动性陷阱"的可能，产生根源在于优质投资和
消费机会缺乏[2]，张炜等（2019）也持类似观点[3]。在政策建议方面，陈湛匀
（2001）分析了 1994—2000 年我国利率杠杆运用的有效性和局限性，指出货
币政策应与财政政策灵活结合避免"流动性陷阱"[4]；陈丰（2010）认为我国
1996—2009 年避免落入"流动性陷阱"的原因包括利率管制、贷款供给充
足等[5]。

也有文献质疑"流动性陷阱"。《帕尔格雷夫经济学大辞典（第五卷）》
的"流动性陷阱"词条指出，"流动性陷阱"引起多种争论，但语焉不详。[6]
刘巍、龙竞（2013）和张昱、龙竞（2014）认为，凯恩斯"流动性陷阱"产
生的前提（即货币当局具有持续货币供给能力、市场出现公认一致的最低利
率等）不成立[7][8]，以美国大萧条和美国 2007—2009 年次贷危机证明"流动性
陷阱"只是一个假说。曾在美联储和日本金融机构工作多年的经济学家辜朝
明（2016）提出，美国大萧条、日本大衰退的原因是企业偿还债务导致的资
产负债表缩减，是企业缺少融资需求，并非投资或者投机动机方面的问题，指
出"传统经济学教科书中关于流动性陷阱的所有解释都是错误的"。[9]

7.5.4　"流动性陷阱"理论不成立

从学术界围绕"流动性陷阱"的研究及争论可以看出，这些意见不一的文
献没有认真思考凯恩斯"流动性陷阱"本身是否成立，也没有注意到"流动

---

① 参见付一婷、刘慧悦：《中日货币政策"流动性陷阱"的时变弹性检验》，《现代日本经济》
2016 年第 4 期。

② 参见裴越芳、李波：《中国式"流动性陷阱"：识别、根源与应对政策选择》，《上海金融》
2017 年第 3 期。

③ 参见张炜、景维民、李海伟、姜旭男，《中国货币政策进入了"流动性陷阱"吗——基于预期
与货币政策有效性视角》，《财经科学》2019 年第 2 期。

④ 参见陈湛匀：《由"流动性陷阱"看我国利率杠杆的运用》，《经济研究》2001 年第 2 期。

⑤ 参见陈丰：《金融危机下中国货币政策是否陷入流动性陷阱——基于货币政策非对称性的实证
研究》，《经济学动态》，2010 年第 5 期。

⑥ 参见史蒂文·N. 杜尔劳夫，劳伦斯·E. 布卢姆：《帕尔格雷夫经济学大辞典（第五卷）》，
经济科学出版社，2016 年，第 141 - 145 页。

⑦ 参见刘巍、龙竞：《对凯恩斯"流动性陷阱"学说的质疑》，《国际经贸探索》2013 年第 4 期。

⑧ 参见张昱、龙竞：《对纸币制度下"流动性陷阱"学说的思考—基于美国 1973—2011 年的经
验》，《广东外语外贸大学学报》2014 年第 4 期。

⑨ 参见辜朝明：《大衰退：宏观经济学的圣杯》，喻海翔译，东方出版社，2016 年，第 119 页。

性陷阱"形成机制存在着根本问题。这是本书将要讨论的。在对"流动性陷阱"提出质疑前,有必要澄清凯恩斯的货币需求理论和相关理论。无论从何种角度考察,凯恩斯基于人们持有货币动机而定义的货币需求,都不具有需求的性质,不属于市场交易范畴,而只是拥有货币收入的人们根据其偏好而将其货币收入在不同用途或支出上的分配。这种分配只取决于取得的货币收入和偏好,不需要通过市场交易来满足。假定个体 i 的货币收入为 $y_i = m_i$,分别以 $m_{i,1}$、$m_{i,2}$ 和 $m_{i,3}$ 用于交易、谨慎和投机,比例是 $\alpha_{i,1}$、$\alpha_{i,2}$ 和 $\alpha_{i,3}$,则

$$m_{i,1} + m_{i,2} + m_{i,3} = m_i = y_i ; \quad \frac{m_{i,1}}{m_i} + \frac{m_{i,2}}{m_i} + \frac{m_{i,3}}{m_i} = 1 = \alpha_{i,1} + \alpha_{i,2} + \alpha_{i,3}$$

其中,$m_{i,1} + m_{i,2}$ 也就是凯恩斯的 M_1,$m_{i,3}$ 则是凯恩斯的 M_2。可见,这完全是既定货币收入在不同用途上的分配,不是通过市场交易才能满足的需求。凯恩斯混淆了这两者。用于投机的那部分货币收入($m_{i,3}$)要进入债券市场买卖债券。

假定用货币计算的国民收入($Y = M$)中用于债券买卖的部分为 $\bar{\alpha}_3 M$,这部分货币会因债券的买卖形成债券市场的货币供给(买入债券)和货币需求(卖出债券):如果利率上升即债券价格下降,人们会购买债券,减少投机性货币的持有量,以便利率下降债券价格上升时再卖掉债券投机获利;如果利率下降即债券价格上升,人们会卖掉债券,增加投机性货币持有量,以便利率上升债券价格下降时买入债券为投机做准备。只有这样,凯恩斯的 $M_2 = L_2(r)$ 才能成立。①

但是,用于交易的货币部分,不仅受货币收入的影响,而且受市场价格的影响,并反过来影响市场价格。在凯恩斯的货币需求函数中却没有考虑这种影响,因此,凯恩斯的货币需求函数是内在不统一的。就凯恩斯"流动性陷阱"而言,这里提出以下质疑。

第一,"流动性陷阱"能否成立值得怀疑。根据凯恩斯的分析,当利率 r 降低到某种既定水平(本书的临界利率 $\underline{r}$)以下时,流动性偏好 M_2 几乎可以

---

① 参见凯恩斯:《就业、利息和货币通论》,高鸿业译,商务印书馆,1999 年,第 202－205 页。高鸿业对此的解释是:只有当投机所带来的利益大于利率时,人们才会在手中存放一笔现款,以备投机之用。利率越高,投机利益超过它的可能性越少,人们存放的现款数量也越小;利率越低,投机的利益超过它的可能性越多,人们存放现款数量越大。因此,由于投机动机而存放于手中的现款数量与利率呈相反的关系:利率越高,现款数量越小,利率越低,现款数量越大。如果这样,意味着投机者只是根据利率的变化,改变货币在自己手中的存放数量,而不是通过债券买卖改变投机性货币的持有量。这样的解释是值得商榷的。参见高鸿业:《一本拯救资本主义的名著》,山东人民出版社,2002 年,第 89－90 页。

无限制的增长，人们会形成利率上升的可能性大于下降的可能性的非常一致的心理预期，因而将只愿意持有货币而不愿意持有债券。但是，如果要持有货币，那些债券持有者就必须能够卖掉手中的债券以换成货币。既然没有人愿意持有债券，也就没有人愿意购买债券，债券持有者手中的债券就无法卖掉，债券持有者就只能继续持有债券。这样，一部分投机者持有债券，另一部投机者持有货币，不会出现只持有货币不持有债券的情况，所谓"流动性陷阱"就不成立。这可以用一个简单的动态博弈过程来证明。

假定在阶段 t 利率降到临界水平 $\underline{r}$，因此，债券价格达到最大 $P_{B,max}$，债券市场参与人分为 A 和 B 两组。现在轮到 B 行动，决定是否购买债券。B 显然不会购买。退到阶段 $t-1$，此时 $r_{t-1} > \underline{r}$，$P_{B,t-1} < P_{B,max}$，由 A 行动。若 A 按价格 $P_{B,t-1}$ 购买债券，到阶段 t 按价格 $P_{B,max}$ 卖出，取得投机收益 ΔP。但 A 会预计到一旦到阶段 t，B 不会购买债券，因此，A 在阶段 $t-1$ 将不会购买债券。退到阶段 $t-2$，此时 $r_{t-2} > r_{t-1} > \underline{r}$，因此 $P_{B,t-2} < P_{B,t-1} < P_{B,max}$。轮到 B 决策。如果 B 按价格 $P_{B,t-2}$ 购买债券，并在阶段 $t-1$ 按价格 $P_{B,t-1}$ 卖出债券可以获得投机收益 ΔP。但是，参与人 B 会预计到参与人 A 会预计到一旦 A 购买债券，当进入阶段 t，B 将不会购买债券，则 A 不会获得投机收益。因此，在阶段 $t-1$ A 不会购买债券。可见，不购买债券对所有参与人都是一个占优策略，结果无法形成所谓"流动性陷阱"，并且这个过程从一开始就不会形成市场交易，债券持有者只能持有债券取得债息收入。但是，在现实中债券交易市场是客观存在的，这就证明了不可能出现"流动性陷阱"。因此，不会形成"流动性陷阱"是一个纳什均衡。

以上分析没有考虑货币当局的作用，再现考虑这种作用。根据凯恩斯的理论，货币当局的作用是通过增加货币供给降低市场利率。但是，当市场利率降到了临界水平，货币当局就无法对利率进行控制。在这种情况下，货币当局就没有必要增加货币供给。如果货币当局一定要增加货币供给，按价格 $P_{B,max}$ 购买债券，虽然满足了流动性需求，但会造成流动性过剩，货币当局又不得不按低价卖出债券。这不仅要承受损失，而且必然使利率上升。因此，货币当局不会增加货币供给，其结果与不考虑货币当局作用时的情况一样，不会形成"流动性陷阱"。这样，即使利率降到临界水平 $\underline{r}$，债券持有者的流动性需求无穷大，也只是一种无法实现的主观愿望。

凯恩斯认为，一旦利率低到临界水平，流动性偏好就会无穷大，即货币的需求弹性无限大。这是一种没有实际意义的夸张的说法。因为，在债券价格一定时，流动性偏好所能吸收的货币即货币需求量取决于市场上愿意卖出的债券的数量。假定这个数量是 Q，在债券价格为 $P_{B,\max}$ 时，流动性偏好所能吸收的货币量为 $QP_{B,\max} = M^d \neq +\infty$，这根本就是一个有限数量。同时，货币当局购买债券的货币也就是货币供给和被流动性偏好吸收的货币。这些货币只能转到卖出债券的投机者的手中，无论被流动性偏好吸收多少，这些货币都不是形成有效需求的因素，只会从一些投机者的手中转到另一些投机者的手中，继续用于债券投机。事实上，通过货币当局购买债券形成的货币供给本来也不是总需求的组成部分。此外，所谓流动性偏好无穷大只能理解为债券持有者会承受一定的损失将债券出清。如果这样，仍然不能形成所谓"流动性陷阱"。

需要强调的是，凯恩斯认为利率是一个因循成规的现象。因此，长期利率是相当稳定的。货币当局则往往只是根据利率体系集中于可控的短期债券的买卖，用短期债券的价格来对长期债券的价格施加滞后的和不完全的影响。中央银行也是根据单一的银行利率买卖短期债券。但是，凯恩斯分析的又是利率相当稳定、一旦利率偏离均衡水平就被认为可以自动调整且降低长期均衡利率是一个十分缓慢过程的长期债券市场。[①] 如果这样，就更不可能形成所谓"流动性陷阱"。这反映出凯恩斯理论本身的矛盾。也许正因为如此，凯恩斯才总是假定长期利率降到人们根据过去经验和现在对将来的货币政策的预期而普遍认为不安全的水准，货币当局无法控制利率，流动性偏好 M_2 就变得无穷大。[②] 换言之，"流动性陷阱"应当是凯恩斯的一个没有实际根据的纯思想实验。[③]

事实上，凯恩斯本人就明确指出：如果每个人都相同，并处于相同的地位时，处境和预期状态的改变不会造成任何货币在人们之间的转移交易。这种最简单的情况会直接把利率改变到任何必要的程度，以便抵消处境或预期状态的改变在利率维持原状的情况下，人们会因之而改变他们要持有的货币量的欲望。[④] 既然如此，当利率已经降到很低水平，市场上形成了一致预期，就不可能出现货币转手的交易，"流动性陷阱"就不会形成。

第二，凯恩斯在分析中假定只有一种债券用于投机性交易，这与实际情况不一致。投机性流动性偏好无穷大可以理解为长期债券持有者面对市场利率风险时的做空意愿。但实际上，债券投资者配置长期债券会通盘考虑市场利率风险，通过分散投资短期、中期、长期各种期限债券来规避风险，用长期资金配置长期债券、短期资金配置短期债券，只要债券持有到期而不是中途交易，就

---

① 参见凯恩斯：《就业、利息和货币通论》，高鸿业译，商务印书馆，1999 年，第 210－213 页。

② 参见凯恩斯：《就业、利息和货币通论》，高鸿业译，商务印书馆，1999 年，第 209 页。

③ 参见凯恩斯：《就业、利息和货币通论》，高鸿业译，商务印书馆，1999 年，第 123 页。

④ 参见凯恩斯：《就业、利息和货币通论》，高鸿业译，商务印书馆，1999 年，第 204 页。

能规避市场利率风险。如果要投资永续债券，只需使得永续债券持有期限超过经济周期或利率调整周期，同样可以规避市场利率风险。

凯恩斯实际上假定，个人是盲目的投机者，他们的预期是无弹性的，因而不会持有多样化的资产组合。[①] 如果这是形成"流动性陷阱"的一个条件，由于现实中的投机者通常持有多样化的资产，这个条件不存在，"流动性陷阱"也就不存在。

第三，在实际操作上要形成"流动性陷阱"存在实际困难。根据"流动性陷阱"，当债券价格达到最高时才会产生反向预期，使投机性流动性偏好无穷大。但是，中央银行是否像市场预期的那样进行公开市场操作，债券投机者是无法掌控的。这里以新冠疫情期间美国和中国货币政策为例。先看美国的情况。美联储 2020 年 3 月 3 日宣布将联邦基金目标利率下调 50 个基点，3 月 15 日再次下调 100 个基点至 0 ~ 0.25%，同时宣布推出 7000 亿美元的资产购买计划。即便如此也很难认为国债价格达到最高，因为国债等资产的购买一般是分批实施，即使 7000 亿美元资产购买实施结束也可能推出新的资产购买计划，而事后来看美国 30 年国债收益率在 2020 年 3 月 9 日达到最低点，即发生在第一次降息和第二次降息之间。对此，人们并不能形成一致预期。

再看中国的情况。中国 30 年国债收益率在 2020 年 3 月 9 日达到最低 3.1449%，发生在 2020 年 2 月降息 0.1% 之后的次月、2020 年 3 月 13 日降准之前，而 2020 年 4 月降息 0.2% 超过了 2 月降息。所以，市场国债收益率最低、价格最高的时机很难判断，而且与中央银行货币政策步调并不一致。由于很难准确把握中央银行货币政策的变化，所以投机债券的买卖时机就很难把握。

如果像凯恩斯所说，那些预期利率下降的人就会有动机以短期借款来购买长期债券。[②] 这样做的条件是

$$\frac{R}{r^e}\lambda - Ae^{\rho\tau} = \Delta P > R, 且 \lambda = 1$$

其中，r^e 是还款到期日的预期利率，$r^e < r_t$（当期利率），$Ae^{\rho\tau}$ 是短期贷款的本息，λ 是概率。只有当短期贷款的本息小于卖出债券的收益 ΔP，其差额大于利息收益 R，贷款投机才有意义。但是，r^e 是个受多种因素影响的概率事件，没有人能保证 $\lambda = 1$。同时，贷款会受到偿还日的刚性约束。因此，如果 $\lambda < 1$

① 参见基恩·卡恩伯森：《货币供求》，徐诺金等译，中国金融出版社，1990 年，第 26 - 27 页。
② 参见凯恩斯：《就业、利息和货币通论》，高鸿业译，商务印书馆，1999 年，第 174 页。

就可能亏损；如果 $\lambda = 1$ 但不能在到期日之前完成投机操作、还本付息，就会发生贷款逾期的损失。显然，只有效用函数为 $U''(W) > 0$（风险偏好）的债券投资者才愿意冒险。这些债券投资者所以能够买进债券，是因为债券卖者预期利率是上升的。这种预期上的不一致使"流动性陷阱"无法形成。需要指出的是，在当代有效的银行监管体系下，不允许利用短期借款购买长期债券。

以上分析表明，"流动性陷阱"在理论上难以成立，在操作上也不成立，它是似有实无的凯恩斯的思想实验。

7.5.5 货币政策失效的理论分析

7.5.5.1 "流动性陷阱"与总需求

凯恩斯"流动性陷阱"的真正意义在于，一经出现"流动性陷阱"，货币政策就会变得无效，不能刺激总需求。可以肯定，货币政策确实会失效，但这是否与所谓"流动性陷阱"有关，需要分析。假定经济中形成了"流动性陷阱"，在这个假定下分析总需求。

先看投资需求。根据凯恩斯的投资理论，如前所述，投资规则是

$$\frac{i}{r} = \beta > 1, \quad dI = \frac{\partial I}{\partial i}di + \frac{\partial I}{\partial r}dr \Rightarrow dI = \frac{1}{r}di - \frac{i}{r^2}dr$$

假定市场利率已经处于临界水平 $\underline{r}$，形成了"流动性陷阱"。但是，这个利率水平与资本边际效率的关系并不清楚。这可能有三种情况：如果 $i > \underline{r}$，即使形成了"流动性陷阱"，也不影响新投资；如果 $i = \underline{r}$，存在"流动性陷阱"，但投资与否无差异；只有当 $i < \underline{r}$，才不会投资，此时形成了"流动性陷阱"。

假定市场利率是 $r > \underline{r}$，没有形成"流动性陷阱"，是否投资也有三种情况：若 $i > r$，投资；若 $i = r$，投资与否无差异；若 $i < r$，不投资。这些情况说明，是否投资与是否存在"流动性陷阱"无关，即使存在"流动性陷阱"也会投资；即使不存在"流动性陷阱"也会不投资。投资需求与"流动性陷阱"是相互独立的。

也许凯恩斯的分析中假定了临界利率仍然大于资本边际效率，即 $\underline{r} > i$，且形成了"流动性陷阱"，货币政策因此失效。但是，如果这样，货币政策从一开始就是失效的。证明如下：根据凯恩斯的假定，市场利率是通过货币当局增加货币供给逐步降到临界水平的。如果令初始利率为 r_0，则必然存在递减的利率序列 $r_0 > r_1 > \cdots > r_{t-1} > \underline{r} > i$。从递减的利率序列可以看出，由于无

法使 $i > \underline{r}$，无论货币当局怎样增加货币供给，持续降低市场利率，都不可能刺激投资，货币政策从一开始就是无效的。这进一步说明，货币政策的失效与是否存在所谓"流动性陷阱"没有关系。

再看消费需求。根据凯恩斯的理论，消费（C）是国民收入（Y）的函数 $C = C(Y)$，可以表示为人们熟悉的简单的消费函数：$C = C_0 + cY$。如果用货币来计算国民收入，并考虑凯恩斯的货币需求理论，则 $Y = M$，$cY = M_1 = L_1(Y)$。凯恩斯认为，降低利率会使交易动机的流动性偏好吸收较多货币，因为利率下降会增加国民收入。[①] 之所以如此，是因为降低利率会增加投资。因此，国民收入取决于投资，投资取决于本书根据凯恩斯的投资理论给出的投资准则中的 β，即

$$\frac{\mathrm{d}Y}{\mathrm{d}\beta} \begin{cases} > 0;\ \beta > 1, i > r > \underline{r} \\ = 0\ or > 0;\ \beta = 1, i = r, i = \underline{r}, r > \underline{r} \\ = 0;\ \beta < 1, i < \underline{r} < r \end{cases}$$

可见，国民收入是否增加与是否存在"流动性陷阱"无关：即使不存在"流动性陷阱"，由于 $i < r$，$\dfrac{\mathrm{d}I}{\mathrm{d}\beta} = 0$，国民收入不会增加 $\dfrac{\mathrm{d}Y}{\mathrm{d}\beta} = 0$；即使存在"流动性陷阱"，由于 $i > \underline{r}$，$\dfrac{\mathrm{d}I}{\mathrm{d}\beta} > 0$，国民收入因投资而增加 $\dfrac{\mathrm{d}Y}{\mathrm{d}\beta} > 0$。显然，消费需求与"流动性陷阱"无关，两者是相互独立的。由 $C = C_0 + cY$ 可知，既然 Y 不受"流动性陷阱"的影响，消费需求必然也不会受"流动性陷阱"的影响。

以上分析表明，由投资需求和消费需求构成的社会总需求并不受所谓"流动性陷阱"的影响。货币政策失效的原因不是由于形成了所谓"流动性陷阱"，而是货币政策体系的内在冲突。[②]

7.5.5.2　货币政策失效的原因

一般来说，在经济周期的危机阶段和萧条阶段应当采取扩张性财政政策或货币政策，在经济周期的繁荣阶段应当采取紧缩的财政政策或货币政策以便熨平周期。这应当是宏观调控的行为准则。货币政策的作用具有间接性，需要中央银行运用货币政策工具通过中介目标和相关传导渠道构成的政策体系来实现

---

① 参见凯恩斯：《就业、利息和货币通论》，高鸿业译，商务印书馆，1999年，第176页。

② 张衔：《货币政策还是有效的吗？》，见孟捷、张晖明：《中国话语》，重庆出版社，2020年，第96－100页。

调控目标，其中商业银行是货币政策的重要传导机构，中央银行的货币政策通常离不开商业银行信贷渠道的传导作用。同时，中央银行的调控行为必须遵循逆周期准则，但作为货币政策的重要传导机构的商业银行不是宏观调控部门，而是以预期利润最大化为目标并承担经营风险的盈利机构，其行为具有顺周期性，表现为货币供给的顺周期变化，反映为利率的顺周期作用。因此，商业银行的行为准则与中央银行完全不同，这构成了货币政策体系的内在冲突。

如果要求商业银行采取中央银行的行为准则，在经济衰退阶段降低利率、扩张信贷，商业银行将面临不良贷款率迅速上升甚至无法正常经营的风险，进而可能导致整个银行业的风险。所有这些风险又必须由商业银行自己承担。这种情况决定了商业银行不会轻易改变自己的行为准则去用储户的储蓄和自有资本来承担额外风险。正是货币政策体系的这种内在冲突，导致了货币政策的失效，而非"流动性陷阱"。

此外，根据信贷配给理论①，在正常情况下，面对不完全、不对称信息的商业银行会从自身利益最大化考虑，综合运用利率和信贷配给，而不是单纯运用利率杠杆。中央银行通过公开市场业务影响利率，调整准备金率扩大或缩小商业银行的可贷资金规模，以期扩张或收缩经济，会因受到商业银行信贷配给行为的影响而打折扣。

但是，从根本上说，当整个经济陷入相对生产过剩危机，投资和消费处于自发收缩状态，靠货币政策刺激总需求必然是无效的。

7.5.6　结论与启示

第一，在理论上，"流动性陷阱"难以成立，具有纯粹的理论推论和思想实验的性质；在现实中，"流动性陷阱"似有实无。凯恩斯在《通论》中虽然承认"极端场合"尚无"具体的事例"，但主流经济学认为"流动性陷阱"存在于美国20世纪30年代大萧条和日本20世纪90年代大衰退。辜朝明（2016）则认为，日本大衰退和美国大萧条发生的是资产负债表衰退，完全不符合"流动性陷阱"的特征，这一观点得到了越来越多的支持。

第二，从根本上说，"流动性陷阱"连同凯恩斯的有效需求理论，是为了掩盖资本主义基本矛盾所导致的相对生产过剩危机，掩盖有效需求不足的真正原因是再生产比例的严重失调和由资本主义生产关系决定的收入分配的严重分化，把经济危机和有效需求不足问题的解释和解决停留在货币层面，而不触及

---

①　见本书第七章7.2节。

资本主义制度本身。

第三，就货币政策本身来说，其所以失效，并不在于所谓"流动性陷阱"，而是货币政策体系的内在冲突。这一点对我国运用货币政策进行宏观调控是有启发意义的：货币政策的制定，必须考虑作为货币政策重要传导机构的商业银行的盈利性质和行为特征，考虑在信息不完全条件下商业银行出于自身利益而采取的信贷配给策略对货币政策的不利影响，以完善我国的货币政策体系。

附：对普尔规则的一个运用

1995—2001 年我国货币政策中介目标选择的实证分析

我国从 1996 年起正式将 M_1 和 M_2 作为货币政策的调控目标。1998 年取消贷款规模，使货币供给量成为唯一的货币政策中介目标。但是，许多文献认为，我国的货币供给具有内生性，以货币供给量为货币政策中介目标是无效的。因此，主张放弃货币供给量作为货币政策中介目标，而代之以利率作为货币政策中介目标，或者直接钉住通货膨胀。

根据基本普尔分析，改变货币政策中介目标的基本实证依据，应当是基础性冲击的根本变化。因此，如果以利率为货币政策中介目标，其基本前提应当是货币市场的冲击方差大于商品市场的冲击方差，即货币市场的失衡超过商品市场的失衡。货币市场的失衡是否超过商品市场的失衡，需要根据基本普尔分析进行判断。

基本普尔分析给出的是在目标产出方差最小化的前提下，确定货币政策中介目标的一般决策规则。这一规则与我国寻求保证经济持续稳定增长的货币政策中介目标的努力，在原则上是一致的。因此，可以运用基本普尔分析来判断我国货币政策中介目标的选择是否有效。

我们以 1995—2001 年为样期，采用季度数据，首先在简化的 IS-LM 基本模型下，运用基本普尔分析来判断我国的基础性冲击，然后对基本普尔分析的结论做辅助性检验，同时与有关分析进行比较。选择这一时间进行实证分析的主要原因，是学术界和政策部门围绕我国的货币政策中介目标的选择存在明显分歧和争论。

附表 1 是用于分析的基本数据。其中 i 为一年期存款利率，ci 为同业拆借利率（谢平，2002）。除同业拆借利率，其余数据均来自《中国人民银行统计季报》相关各期。随机冲击 u_t、v_t 采用的利率是 i，u_{tc}、v_{tc} 采用的利率是 ci。附表 2 是由回归分析得到的基本普尔分析的估计参数。在计算中，使用同业拆借利率得到的各参数和随机冲击方差、协方差分别用符号 α_c、β_{1c}^2、β_{2c}^2、σ_{uc}^2、σ_{vc}^2、σ_{ucvc}^2 表示。

附表1

时间	GDP	i	ci	M_2	u_t	v_t	u_{tc}	v_{tc}
1995.1	9811.00	10.98	12.3822	50297.10	−0.4257	−0.0850	−0.4804	−0.1248
1995.2	13054.00	10.98	12.4900	53150.30	−0.1401	−0.1076	−0.1928	−0.1686
1995.3	13630.00	10.98	12.7998	56813.20	−0.0969	−0.0528	−0.1438	−0.1086
1995.4	21765.50	10.98	12.7119	60750.50	0.3711	−0.1134	0.3225	−0.2112
1996.1	13156.00	10.98	12.5406	64512.10	−0.1323	0.0840	−0.1841	0.0238
1996.2	16600.00	9.18	11.9618	68132.80	0.0529	−0.0002	0.0375	−0.0214
1996.3	15919.00	7.47	11.7756	72042.60	−0.0435	−0.0197	−0.0080	0.0437
1996.4	22125.00	7.47	11.4327	76094.90	0.2857	−0.0548	0.3144	−0.0296
1997.1	14685.60	7.47	11.4552	79581.30	−0.1242	0.1018	−0.0950	0.1622
1997.2	18494.80	7.47	11.1417	82811.50	0.1064	0.0787	0.1292	0.1098
1997.3	17971.60	7.47	10.8967	85892.40	0.0777	0.1230	0.0954	0.1486
1997.4	23620.00	5.67	9.6037	90995.30	0.2781	−0.0098	0.3396	0.0637
1998.1	15899.40	5.22	8.2176	92037.00	−0.1396	0.0747	−0.0922	0.1610
1998.2	18831.60	5.22	6.6451	94657.60	0.0297	0.0566	0.0281	0.0529
1998.3	19704.40	4.77	5.1116	99794.50	0.0512	0.0592	0.0129	−0.0039
1998.4	25117.50	3.78	4.6333	104498.50	0.2324	−0.0589	0.2329	−0.0795
1999.1	16784.00	3.78	4.3861	108438.20	−0.1708	0.0880	−0.1829	0.0820
1999.2	19405.00	2.25	4.2397	111363.50	−0.1629	−0.1433	−0.0456	0.0447
1999.3	19881.00	2.25	2.8914	115079.30	−0.1386	−0.1170	−0.1096	−0.0675
1999.4	25254.00	2.25	2.7084	119897.90	0.1006	−0.1412	0.1145	−0.1352
2000.1	18137.00	2.25	2.5075	122606.80	−0.2304	−0.0287	−0.2343	−0.0221
2000.2	21318.00	2.25	2.3823	126605.30	−0.0688	−0.0406	−0.0845	−0.0659
2000.3	22632.50	2.25	2.3553	130473.80	−0.0090	−0.0268	−0.0273	−0.0613
2000.4	27279.60	2.25	2.4083	134610.30	0.1777	−0.0465	0.1646	−0.0888
2001.1	19894.90	2.25	2.6070	138744.50	−0.1379	0.0698	−0.1328	0.0824
2001.2	23047.10	2.25	2.4975	147809.70	0.0091	0.0930	0.0043	0.0779
2001.3	23284.90	2.25	2.4379	151642.70	0.0194	0.1158	0.0090	0.0912
2001.4	28706.10	2.25	2.3370	158301.90	0.2287	0.1017	0.2086	0.0444

附表 2

	α	β_1	β_2	σ_u^2	σ_v^2	σ_u	σ_v
i	0.264463 (4.7996)	0.420915 (11.5636)	0.272606 (2.8897)	0.034047	0.007878	0.184518	0.088758
ci	0.230666 (4.4240)	0.356186 (9.4175)	0.357130 (3.3236)	0.036635	0.010998	0.191404	0.104872

注: 括号中数字为 t 检验值。

根据附表 2 给出的参数, 计算

$$E_m\left[y_t\right]^2 = \frac{\beta_1^2\sigma_u^2 + \alpha^2\sigma_v^2 - 2\alpha\beta_1\sigma_{uv}}{(\beta_1 + \alpha\beta_2)^2}$$

并将计算结果与 σ_u^2 进行比较, 若存在

$$\sigma_u^2 > \frac{\beta_1^2\sigma_u^2 + \alpha^2\sigma_v^2 - 2\alpha\beta_1\sigma_{uv}}{(\beta_1 + \alpha\beta_2)^2}$$

则货币供给量作为货币政策中介目标有效, 否则利率作为货币政策中介目标有效。计算结果如下:

$$\frac{\beta_1^2\sigma_u^2 + \alpha^2\sigma_v^2 - 2\alpha\beta_1\sigma_{uv}}{(\beta_1 + \alpha\beta_2)^2} = 0.012083$$

$$\frac{\beta_{1c}^2\sigma_{uc}^2 + \alpha_c^2\sigma_{vc}^2 - 2\alpha_c\beta_{1c}\sigma_{ucvc}}{(\beta_{1c} + \alpha_c\beta_{2c})^2} = 0.001066$$

由计算结果可知, 显然存在

$$\sigma_u^2 > \frac{\beta_1^2\sigma_u^2 + \alpha^2\sigma_v^2 - 2\alpha\beta_1\sigma_{uv}}{(\beta_1 + \alpha\beta_2)^2}$$

$$\sigma_{uc}^2 > \frac{\beta_{1c}^2\sigma_{uc}^2 + \alpha_c^2\sigma_{vc}^2 - 2\alpha_c\beta_{1c}\sigma_{ucvc}}{(\beta_{1c} + \alpha_c\beta_{2c})^2}$$

这就证明, 在样本期, 基础性冲击 (随机冲击) 主要来自商品市场 (实物部门)。根据基本普尔分析所确定的决策规则, 在这种情况下, 货币政策当局 (中央银行) 应当选择货币供给量作为货币政策中介目标, 即采用货币供给量操作程序而不是利率操作程序。

附表 3 是从事后角度对基本普尔分析的结论做的辅助性检验。检验方法如下: 假定在时期 t, 货币政策当局选择货币供给量作为货币政策中介目标并且是有效的, 可以观察到的产出波动方差为 $\sigma_{y,t}^2$。但在时期 $t+n$, 基础性冲击在货币政策当局不能察觉的情况下发生了改变, 而货币政策当局仍然采取时期

t 的货币操作程序，则根据基本普尔分析，这相当于错选了货币操作程序，因而，可观察到的时期 $t+n$ 的产出波动方差 $\sigma_{y,t+n}^2$ 必然大于时期 t 的产出波动方差，即存在 $\sigma_{y,t+n}^2 > \sigma_{y,t}^2$。由此就可以做出推断：基础性冲击已经发生变化，已有的货币操作程序已经失效，从而必须改变货币政策中介目标。

附表3

时 间	σ_y^2	μ_y	δ_y	σ_g^2	μ_g	δ_g
1995.1—2001.4	20735132	19500.3393	0.233513095	0.06183448	9.84982043	0.025245678
1995.1—1998.2	15399336	16825.9643	0.233222817	0.05829375	9.70438111	0.024879587
1998.3—2001.4	12261025	22174.7143	0.157908447	0.02457227	9.99525976	0.015682977

注：σ_y^2 为 GDP 方差，μ_y 为 GDP 均值，δ_y 为 GDP 相对波动系数；σ_g^2、μ_g、δ_g 是对数 GDP 的方差、均值和相对波动系数。根据表1计算。

由附表3可知，时期 1998.3—2001.4 的产出波动既小于整个样本期，也小于时期 1995.1—1998.2 的产出波动。这就表明，我国的基础性冲击没有发生变化，仍然主要来源于商品市场。否则，在货币政策当局的货币政策中介目标和相关操作程序没有改变的情况下，若基础性冲击发生了变化，则总产出就应当有更大的波动和相对波动系数。这表明前述基本普尔分析的结论是正确的。

下面对比秦宛顺等（2002）运用 Ball 给出的货币政策规则对同样问题所进行的讨论。通过比较短期利率（i）与货币供给量（m_2）作为货币政策中介目标在产出缺口、通胀缺口、中央银行福利损失等方面的计量分析结果（见附表4），秦宛顺等的分析结论是：货币政策当局以短期利率作为货币政策中介目标和以货币供给量作为货币政策中介目标是无差异的。这与本书采用基本普尔分析所得结论有所不同。按本书的分析，短期利率不能作为货币政策中介目标。事实上，根据附表4，以货币供给量（m_2）作为货币政策中介目标要优于短期利率（i）作为货币政策中介目标。

附表4　以利率 i 和货币供给量 m_2 为货币政策中介目标的比较

λ	对产出缺口的反应系数		对通胀缺口的反应系数		产出缺口的方差		通胀缺口的方差		中央银行福利损失	
	i	m_2	i	m_2	i	m_2	i	m_2	i	m_2
1/9	2.19	-0.61	1.33	-0.38	7.19	7.18	46.99	46.99	12.41	12.40
1/4	2.33	-0.65	2.02	-0.58	9.92	9.92	33.20	33.20	18.22	18.22
1/3	2.39	-0.67	2.35	-0.67	11.26	11.26	29.52	29.52	21.10	21.09

续附表4

λ	对产出缺口的反应系数		对通胀缺口的反应系数		产出缺口的方差		通胀缺口的方差		中央银行福利损失	
	i	m_2	i	m_2	i	m_2	i	m_2	i	m_2
1/2	2.51	−0.71	2.92	−0.83	13.61	13.60	25.15	25.15	26.18	26.18
1	2.77	−0.78	4.25	−1.21	19.43	19.42	19.51	19.51	38.93	38.93
2	3.18	−0.90	6.26	−1.79	29.14	29.14	15.58	15.58	60.31	60.30
3	3.51	−0.99	7.91	−2.26	38.07	38.07	13.90	13.90	79.77	79.77
4	3.80	−1.07	9.38	−2.68	46.86	46.86	12.94	12.94	98.61	98.60
9	5.02	−1.42	15.51	−4.43	95.66	95.65	11.19	11.19	196.33	196.32

资料来源：根据秦宛顺等《从货币政策规则看货币政策中介目标选择》一文中的表1、表2整理，见《数量经济技术经济研究》2002年第6期。

我们在简化的 IS－LM 模型下的基本普尔分析和辅助性检验表明，在样本期，我国以货币供给量作为货币政策中介目标的选择是合理有效的。

8 货币金融监管体制的动态优化分析：基于"双支柱"调控框架

习近平总书记在"十三五"开局之际指出："近年来，我国金融业发展明显加快，形成了多样化的金融机构体系、复杂的产品结构体系，更加开放的金融市场，这对现行的分业监管体制带来重大挑战……现行监管框架存在着不适应我国金融业发展的体制性矛盾，要坚持市场化改革方向，加快建立符合现代金融特点、统筹协调监管、有力有效的现代金融监管框架"。[①] 2017 年 10 月，党的十九大报告正式提出了"健全货币政策和宏观审慎政策双支柱调控框架"，这是金融发展一般规律与我国金融改革实践探索相结合的科学部署，也是指导新时代金融改革的行动方向。[②]

8.1 "货币政策＋宏观审慎政策"双支柱调控框架缘起

8.1.1 传统货币政策与微观审慎监管难以防范系统性金融风险

8.1.1.1 传统货币政策的局限性

2008 年国际金融危机爆发之前，各国央行普遍将货币政策作为政策框架的核心。在信用货币制度下，中央银行可以通过调节货币数量与价格来影响实体经济运行的状况。传统西方经济理论侧重于考察资本、劳动等要素对经济周期的影响，特别是在占主导地位的新古典经济理论框架里，市场主体在无摩擦的"完美市场"中能够自动达到"出清"，因此，物价稳定就能在较大程度上

---

① 习近平：《关于〈中共中央关于制定国民经济和社会发展第十三个五年规划的建议〉的说明》，《人民日报》2015 年 11 月 4 日。

② 周小川：《守住不发生系统性金融风险的底线》，《人民日报》2017 年 11 月 22 日。

代表了经济稳定。中央银行的主要目标就是通过货币政策熨平宏观经济的周期性波动，维护物价稳定。特别是货币主义兴起后，货币政策的规则性和透明性受到重视，主流货币政策框架开始沿着单一目标（价格稳定）和单一工具（利率政策）的方向发展和完善。

美国次贷危机的爆发使各国认识到，在传统经济周期之外还存在着金融周期，并且两者可能会出现分离。经济周期主要指经济活动水平扩张与收缩的交替性波动，金融周期主要是指由金融变量扩张与收缩导致的周期性波动。[①] 随着金融体系内部的杠杆性、复杂性和关联性不断提高，金融周期可能会出现脱离经济周期而"自我"运行，产生金融"脱实向虚"现象。金融周期涵盖了风险、风险偏好、价值和金融约束相互之间"自我强化"的交互作用，这些交互作用既有可能加剧经济波动，又有可能导致金融压抑和经济错配，反过来对实体经济产生重大影响。

金融周期的产生和发展对传统货币政策产生了重要影响。首先，价格稳定不再能够保证金融稳定。虽然传统以 CPI 通胀为主要甚至唯一目标的货币政策框架在很大程度上增强了货币政策的规则性和透明度，并在一定程度上克服了动态不一致问题，成为国际上长期倚重的通货膨胀"锚"。但是，如果 CPI 作为"锚"本身出现了偏差，就可能会造成系统性的风险。传统货币政策主要是盯物价稳定，金融周期形成后，即使物价保持稳定，资产价格也可能出现巨幅波动，而且最终会对物价和实体经济产生巨大冲击。例如，2003 年至 2007 年次贷危机爆发之前，全球经济经历了一轮强劲的增长期，在此期间初级商品价格和 MSCI 全球股指上涨达到惊人的 93%，美国大中城市的房价也上涨了56%，累积了巨大的风险，但全球 CPI 同期却基本保持稳定。[②] 事实上，美国在这一时期的货币政策在一定程度上纵容了资产和金融泡沫，促进了风险的累积。因此，传统作为总需求管理工具的货币政策在维护金融稳定方面存在着较大局限性。

同时，作为货币政策工具的利率调节机制容易产生"超调"。使用杠杆放大交易，几乎是所有金融机构增加盈利的基本手段，也成了众多金融风险累积的源头。金融活动本身具有"买涨不买跌"的市场特征，预期资产价格上涨，投资者跟风买进，推动价格上涨到非理性水平，形成泡沫；预期资产价格下跌，

---

① 参见中国人民银行货币政策分析小组：《中国货币政策执行报告（2017 年第三季度）》，中国金融出版社，2018 年，第 61 - 64 页。

② 数据来源于李波：《构建货币政策和宏观审慎政策双支柱调控框架》，中国金融出版社，2018年，第 289 - 290 页。

投资者争相抛售，出现"羊群效应"和相互"踩踏"，形成"止损—卖出—再止损—再卖出"的恶性循环。而"加杠杆"则使金融市场的"追涨杀跌"交易行为被成倍放大，出现加杠杆与资产价格非理性上涨，去杠杆与资产价格非理性下跌的正向和反向反馈机制，产生"自我强化"式的顺周期波动，形成利率调节机制的"超调"反应，进一步加剧金融市场的动荡。[1]

8.1.1.2　传统微观审慎监管的局限性

传统微观审慎监管源于巴塞尔银行监管委员会（Basel Committee on Banking Supervision，BCBs）1997 年发布的《银行业有效监管核心原则》，它是指导各国实施银行监管的国际标准，主要关注个体金融机构的健康程度，主要包括资本充足率、拨备覆盖率、不良贷款率等核心指标，监管当局通过对这些指标的分析，评估单个金融机构存在或可能存在的金融风险，并确保各个单个金融机构能够稳定运行。但是，个体稳健不等于整体稳健，防范单个机构的金融风险也不能保障整个金融体系不出现系统性风险[2]，由于金融系统本身具有的顺周期性以及个体风险的传染性，会产生所谓的"合成谬误"问题[3]，致使微观审慎监管存在以下三个方面的局限性。

首先，微观审慎监管难以防范金融体系的顺周期性。房地产价格和广义信贷是评判金融周期最核心的两个指标，前者代表了投资者对风险的认知和态度，后者反映了融资条件。由于房地产是信贷的最为重要的担保品之一，因此房地产价格和信贷投放之间会相互影响、相互放大，导致资产价格"自我强化"的顺周期波动。在上升的金融周期中，由于房地产等资产价格上涨，抵押品价值上升，个体金融机构看起来更"稳健"，从而可以获得更多贷款，进一步助长资产泡沫；金融周期进入收缩期，资产价格下跌，个体金融机构抵押品价值减少，为维持资本充足率等监管指标，金融机构会加快抛售资产，进而导致资产价格加剧下跌。可见，依据资本充足率和风险拨备等指标进行的微观审慎监管，不仅难以有效应对金融体系的顺周期性，还可能助长系统性金融风险。

其次，微观审慎监管难以有效应对跨机构、跨市场传染所产生的系统性风险。20 世纪 80 年代以来，随着全球金融自由化的发展，金融创新层出不穷，

---

① 参见张晓慧：《宏观审慎政策在中国的探索》，《中国金融》2017 年第 11 期。

② Crochett, Andrew, 2000, "Marrying the Micro-and Macro-Prudential Dimensions of Financial Stability Marrying Stability", BIS.

③ 参见张晓慧：《从中央银行政策框架的演变看构建宏观审慎性政策体系》，《中国金融》2010 年第 23 期。

影子银行、P2P 的出现和发展进一步加剧了信用扩张的趋势，新的互联网技术让风险也更容易跨行业、跨市场传染，现行微观审慎监管缺乏对宏观经济与金融体系之间关联性的监测、分析、评估和应对，缺乏从宏观、整体、全局角度看待系统性金融风险，金融监管当局通过简单的监管全覆盖，难以解决跨机构、跨市场的金融风险传播，难以有效提升防范系统性金融风险的能力，在微观审慎监管全覆盖情况下，通过金融资产证券化和金融衍生品风险转嫁，国际上仍然产生了很多金融风险案例。

最后，微观审慎监管无法有效处置因系统重要性金融机构而产生的系统性风险。传统的微观审慎监管没有充分考虑和预估到系统重要性金融机构的外部性问题，对系统重要性金融机构也缺乏有效的监管工具和措施。当系统重要性金融机构发生风险时，仅靠存款保险制度根本无法完成救济，任由其破产倒闭，同时对金融体系造成难以估量的损失。以次贷危机中的美国 AIG 集团为例，AIG 是美国最大的保险集团公司，除保险外，其业务范围还涉及银行、证券、年金等多个领域，交易对手遍布全球，是一家具有全球系统重要性的金融控股集团公司。次贷危机爆发前，AIG 集团大量投资美国次贷产品，并利用其拥有的 AAA 级信用评级，为大量以房地产为基础资产的担保债务凭证（CDO）和担保贷款凭证（CLO）提供信用违约互换（CDS）保证，成为全球最重要的信用违约互换（CDS）提供商之一。次贷危机使得 AIG 集团陷入困境。如果任其倒闭，除数以百万计持有其保单的投保人得不到保障外，高达400 亿美元的年金计划将得不到兑付，100 亿美元地方政府债权、700 亿美元银行、投资银行和共同基金债权将遭受巨大损失，全球信用违约互换市场也将不能正常交易。① 在这种系统性金融风险面前，没有最后贷款人出面救助，单靠微观审慎监管无法有效处理。

8.1.1.3 单一政策框架难以有效应对系统性金融风险

当我们从更广阔的经济学理论图景来审视宏观经济学的发展，可以发现，金融因素一直未纳入主流宏观经济学的理论模型框架之中。长久以来，主流经济学一直未能真正建立起内生金融因素的完整分析框架，这不仅使金融体系对经济运行的实际影响被严重低估，更在理论上排除了二者之间的内在联系和相互影响。② 2018 年的全球金融危机促使国际学术界重新审视金融周期，国际清

---

① 案例来源于中国人民银行金融稳定分析小组：《中国金融稳定报告 2010》，中国金融出版社，2010 年，第 123－124 页。

② 参见陈雨露：《国际金融危机后金融学的发展与创新》，《人民日报（理论版）》2014 年 4 月 18 日。

算银行研究发现，金融周期不仅持续时间（一般 15～20 年，平均为 16 年）比经济周期（一般 1～8 年）长，而且其衰退的幅度比经济周期大得多。金融周期从顶峰开始下落时，往往紧跟着就是金融危机或者大幅的经济下行，如果金融危机与金融周期收缩期"重叠共振"，GDP 的下降幅度会比通常情况的衰退幅度高出 50%。而金融周期的作用机理又和一般的经济周期大相径庭，其持续时间和波动幅度取决于货币体制、金融体制和实体经济体制等多种政策体制因素，单一政策框架往往难以有效监测、分析和应对。

在金融周期的作用和影响下，传统货币政策主要关注宏观总量，对具体的某个金融市场和金融部门的调节存在短板，传统微观审慎监管主要关注个体金融机构的稳健，但个体稳健并不能代表整体稳健，在传统货币政策与传统微观审慎监管之间存在着一块政策"空白"，这块"空白"是导致 2008 年国际金融危机爆发的重要原因，加强对系统性风险的管理是应对这场金融危机最为重大的启示，而系统性风险应对机制的缺失是这场国际金融危机爆发和传染所揭示出的最大制度缺陷。[①]

危机后各国监管当局均认识到仅靠以物价稳定等为表征的经济周期来实施宏观调控已不能满足要求，中央银行仅仅靠货币政策不仅无法有效维护金融稳定，还可能在一定程度上纵容资产泡沫，累积金融风险。要有效地防范系统性金融风险，核心是要把扩大金融监管覆盖面与强化宏观审慎监管有机结合起来，把宏观审慎政策与货币政策的"双支柱"政策框架搭建起来，构建全面覆盖微观、宏观和货币政策支柱的全面监管和宏观调控体系，监测、管理和应对金融周期，防范系统性金融风险。宏观审慎管理本质上是从采用宏观性、逆周期和防传染的视角，依据自上而下的衡量方法，以减缓金融周期性波动和跨行业、跨市场风险传染对宏观经济造成的冲击。当前，我国供给侧结构性改革的一项主要任务就是去杠杆，如果利率水平长期处于低位，仅靠单一政策框架难以应对金融周期的"灰犀牛"冲击，只有构建货币政策与宏观审慎政策"双支柱"调控框架，并叠加全面覆盖的微观审慎监管，才能有效预防金融周期性冲击，有效管理整个金融体系的风险，支持实体经济平稳快速发展。

8.1.2　货币政策与宏观审慎政策之间存在协调问题

货币政策与宏观审慎政策关系的讨论，核心是对这两个政策目标相互关系

---

① 参见张亮、周志波：《完善中国宏观审慎金融监管框架研究——基于德英日三国的比较分析》，《宏观经济研究》2018 年第 2 期。

的讨论（张敏锋，2014），本质上源于货币政策目标应该单一还是多样的取向之争，理论界的分歧由来已久。在次贷危机发生之前，Taylor（1993）、Schwartz（1999）、Bernanke & Gertler（2001）、Schioppa（2003）等均认为货币政策应坚持稳定价格的单一政策目标，因为货币政策稳定物价的目标就能够兼顾金融稳定，不应再将稳定资产价格纳入货币政策的目标体系；Filardo（2004）、Borio（2004）则从目标冲突视角指出，由于货币政策在遵循相机抉择的总量调节时具有顺周期效应，这与宏观审慎监管的逆周期原则相违背，协调两者存在较大困难，因此，货币政策不应纳入稳定资产价格的目标。另一部分学者则认为，货币政策在维护价格稳定的基础之上应包含经济增长、充分就业、金融稳定等多重目标（Borio & Lowe，2002；刘朝明和张衍，2003）；White（2004）认为，货币政策、宏观审慎监管和财政政策均是宏观审慎政策框架的有机整体，货币政策应考虑宏观审慎政策目标。

次贷危机后，货币政策是否应该将金融稳定作为一个新的独立政策目标，成为政策讨论的前沿领域（Borio，2014），而货币政策与宏观审慎监管的关系成为其中讨论最为聚焦的问题（王勤，2018）。概括起来，主要可以划分为四类观点[①]：目标冲突、无法兼容，存在冲突、需要权衡，存在促进、需要协调，相互协同、目标一致。具体见表8－1。

表8－1　有关货币政策与宏观审慎间关系的观点比较

类别	细分	代表性观点
目标不同、无法兼容	目标不一致	货币政策仅应该关注传统目标，如通货膨胀和真实的经济行为，它对金融稳定没有作用（Smets，2014）；金融稳定并不是又一个货币政策目标，它与货币政策是相互独立的（吴培新，2011）
	目标冲突	货币政策的逆周期操作与顺周期积累的金融风险之间的冲突，会使得价格稳定与金融稳定的双重目标无法同时兼得（Borio，2014）

---

① 国内学者对货币政策与金融监管的关系还有其他分类方法，如童中文等（2017）概括为协同观点、权衡观点和新环境假说，王勤（2018）概括为目标不同观、相互协调观和目标一致观。

续表8-1

类别	细分	代表性观点
存在冲突、需要权衡	货币政策对金融稳定产生干扰	货币政策会影响金融稳定，其政策制定应对金融体系可能产生的潜在系统性风险做出"事前反应"（Borio & White, 2009）；货币政策对金融稳定存在"副作用"，宏观审慎政策能减少这些"副作用"（Erlend Nier & Heedon Kang, 2016）
	宏观审慎对货币政策产生干扰	宏观审慎工具会影响货币政策的传导，让货币政策更加复杂（Kannan, P., Rabanal, P. and A. Scott, 2009）；部分货币政策需要通过改变资产价格来管理宏观经济，宏观审慎政策可能会削弱这种作用机制（Jeannine Bailliu & Cesaire Meh and Yahong Zhang, 2012）
	相互干扰	货币政策和宏观审慎之间存在干扰，应该分别独立实施，每种政策在实施时都应该知晓另一种政策的实施情况（Lars E. O. Svensson, 2015）；货币政策和宏观审慎政策会在相似或相同的路径上影响总需求、总供给和金融条件。货币政策会影响资产价格和金融市场，宏观审慎政策会有宏观经济外溢效用。因此须对两项政策的影响变量与传导路径进行分析，避免潜在矛盾（王璟怡, 2012）
存在促进、可以协调	货币政策促进宏观审慎	货币政策通过影响资产价格从而起到防范系统性风险作用（Loisely et al., 2009; Charles Bean, Matthias Paustian, Adrian Penalver, and Tim Taylor, 2010）；货币政策通过影响金融中介间杠杆率从而起到防范系统性风险作用（Borio and Zhu, 2008）
	宏观审慎促进货币政策	宏观审慎监管中的逆周期资本充足规则能使货币政策以更小的利率调整实现相同的通胀和产出目标，逆周期规则有助于降低宏观经济周期性风险（Papa N'Diaye, 2009）；在新凯恩斯模型中引入宏观审慎政策的实证研究发现，即使宏观审慎与货币政策没有任何合作，依然显示出最优政策分析结果存在福利收益（Paul Levine & Diana Lima, 2015）
	相互补充	货币政策和宏观审慎之间具有较强的互补性，两者互为前提：稳健的货币政策环境是宏观审慎有效的前提；反之，稳健的金融体系亦是货币政策有效的前提（Claudio E. V. Borio, IlhyockShim, 2007）；货币政策和宏观审慎在处理"顺周期性"问题上具有较好的互补性（Trichet, 2009; Otaviano Canuto & Matheus Cavallari, 2013）
目标一致、相互协同	内生一致、应合为一体	货币政策与宏观审慎间不存在冲突，合理安排货币政策和宏观审慎政策工具，能够实现相互协同（Caruana, 2014）；宏观经济与金融运行周期、风险特征具有高度的关联性，因此，货币政策与宏观审慎政策以及微观审慎监管实际上具有高度的同一性（卜永祥, 2016）

资料来源：笔者综合整理。

从表 8-1 可以看出，学界对于货币政策与宏观审慎之间的关系存在广泛的分歧。事实上，货币政策和宏观审慎的关系到底该如何定位，这十分类似于当初货币政策和财政政策之间相互关系的讨论（Lars E. O. Svensson，2015），每一种政策的实施都可能对另一种政策带来"正作用"或"副作用"，但是金融危机的发生导致这两种政策工具又不得不被使用，致使货币政策偏离传统的政策目标，引发货币政策是否应该将金融稳定作为自身新的目标的争论，成为货币政策和宏观审慎政策关系争论的根源。几经争论，对于货币政策与宏观审慎之间需要相互协调，学界已达成广泛共识（Erlend Nier & Heedon Kang，2016；王勤，2018）。

货币政策目标在一定程度上就具有周期波动性，在经济萧条或者金融危机期，多重政策目标的主张会在一段时间占上风，而到了经济繁荣期或者出现明显通胀威胁时，货币政策盯着物价的单一目标又会占上风。在宏观审慎政策形成后，货币政策的决策需要综合考虑对宏观审慎的"潜在"影响；反之，宏观审慎政策出笼也需测算其对货币政策可能产生的影响。货币政策和宏观审慎政策是两种不同的政策工具，它们在政策目标、作用对象、传导渠道等方面存在诸多差异，在应对经济金融周期变动的过程中，两者作用的方向可能相同，也可能不同，甚至相反（两者的差异见表 8-2）。例如，当经济处于萧条阶段，中央银行实施降息等宽松货币政策，由于实体经济不景气，并不一定能引导资金真正进入实体经济，反倒可能会在金融体系中进行"体内循环"，从而加剧杠杆炒作和资产泡沫；当经济处于过热阶段，此时杠杆率已经相当高，中央银行实施减息等紧缩货币政策又有可能会刺破泡沫，对金融稳定和宏观经济造成不利影响。因此，尽管货币政策和宏观审慎政策都具有宏观性和逆周期的调节视角，但两者具有相对独立的操作空间，只能相互合作，难以互相替代，更需要相互协调。

表 8-2 货币政策与宏观审慎政策差异

差异点	货币政策	宏观审慎政策
目标	稳定物价和促进经济增长	维护金融稳定
作用对象	调节总需求，关注经济周期和整体经济	针对加杠杆行为，应对金融周期
针对的周期	经济周期	金融周期
工具	M2、利率等	调整资本要求、杠杆水平、生命周期总价值（LTV）等

差异点	货币政策	宏观审慎政策
传导渠道	通过利率、信贷、汇率等渠道进行传导	通过资产价格渠道进行传导

资料来源：根据李波（2018）、吕进中（2018）等相关文章及笔者的综合整理。

8.1.3　宏观审慎政策与微观审慎监管之间存在协调问题

虽然宏观审慎政策也会用一些资本充足率、拨备覆盖率等类似微观审慎监管的调节工具，但就本质而言，宏观审慎政策以防范系统性风险为主要目标，以宏观性、逆周期为根本视角，完全不同于微观审慎监管主要关注个体金融机构稳健的监管思路。二者既有联系也存在着区别，需要相互协调。

第一，两者的目标都是为了防范风险，但管理风险的性质又有所不同。宏观审慎政策和微观审慎监管的共同目标都是为了防范风险。但是，宏观审慎政策的主要目标是防范系统性风险，立足于解决金融体系的顺周期波动问题和跨市场风险传染对宏观经济造成的冲击；微观审慎监管的主要目标确保单个金融机构的稳健经营，降低因个别金融机构破产对存款人和投资者的损害。以银行业为例，宏观审慎政策主要关注银行业整体的信贷规模是否合理，以及它与相关资产价格的关系，由此判断整个银行体系是否稳健；而微观审慎监管则主要关注每家银行是否遵守相关信贷政策，以及信贷资产的集中度是否合理。在经济处于上行阶段，传统微观审慎监管会显示银行处于不良贷款较低、利润较高的良性发展阶段，但宏观审慎政策会要求银行建立缓冲，放缓增长速度；在经济处于萧条阶段，传统的微观审慎监管会维持甚至加强对个体金融机构的监管要求，以保护存款人和投资者的利益，但宏观审慎当局可能会放松监管要求，避免金融机构减少向实体经济的信贷投放和打折出售资产。[①] 如果两者不相互协调，政策效果可能产生相互干扰甚至互相抵消，不利于维护金融体系的整体稳定。

第二，两者的政策传导过程相似，但传导过程中存在信息差异。无论是宏观审慎政策的实施还是微观审慎监管，都需要作用于具体的金融机构才能实现其政策目标，都需要通过具体调控和监管举措来影响个体金融机构的行为，两者在传导机制上存在相似性。但是，宏观审慎管理当局在宏观经济运行状况和

① Osinski, Seal, & Hoogduin, 2013. Macroprudential and microprudential policies: Toward cohabitation, IMF staff discussion note.

整体金融风险判断上具有信息优势，微观监管部门在单个金融机构经营情况和风险判断上具有信息优势，宏观审慎政策的有效传导有必要以有效的微观审慎监管工具为基础，微观审慎监管有效性依赖于宏观审慎政策的有效性和宏观环境的稳定。如果将两者人为割裂，双方都难以及时获取全面、完整的信息，难以单独实现有效监管。只有将宏观审慎政策与微观审慎监管相互协调、有机结合，让微观审慎监管为宏观审慎政策提供必要的关于监管主体的信息，并确保宏观审慎政策落到实处，而宏观审慎管理当局在这些信息的基础上，进行系统性风险评断，通过风险预警的方式将相关信息反馈给微观审慎监管机构，为微观审慎监管提供逆周期、全局性和前瞻性决策建议，二者互相促进、相互协调，才能实现"1 + 1 > 2"的效果。宏观审慎政策与微观审慎监管的相关比较见表 8 - 3。

表 8 - 3　宏观审慎政策与微观审慎监管的比较

项 目	宏观审慎监管	微观审慎监管
直接目标	防范金融体系风险	防范单体机构风险
最终目标	确保经济平稳增长	保护消费者（或投资者）利益
风险模式	金融体系的内部风险（内生性）	单个金融机构风险（外生性）
机构之间的相关性	相关	不相关
审慎管理方法	金融体系，自上而下	单体机构，自下而上

资料来源：根据 C. Borio（2003）、欧俊等（2017）的相关文章及笔者的综合整理。

第三，两者的管理工具存在交叉，但运用的角度又有所不同。许多微观审慎监管工具，如资本充足率、资本流动性等，也被用于宏观审慎政策框架。但是，微观审慎监管和宏观审慎政策会从不同角度使用这些工具对金融机构提出各自不同的要求。以资本监管为例，宏观审慎政策关注的资本充足水平着眼于广义信贷增速和目标 GDP、CPI 增幅之间的比例关系，体现了逆周期资本缓冲和系统重要性金融机构资本附加等宏观审慎要素；微观审慎监管以《巴塞尔协议Ⅱ》为依据，着重要求个体金融机构必须具备资本充足水平，以应对未来风险事件可能带来的潜在损失。两者的管理指标存在交叉，都以金融机构为主要对象，如果人为割裂，不相互协调，很可能会出现政策之间相互"打架"，令被监管的金融机构无所适从。具体宏观审慎政策目标、工具及其与微观审慎监理工具的重叠如图8-1所示。

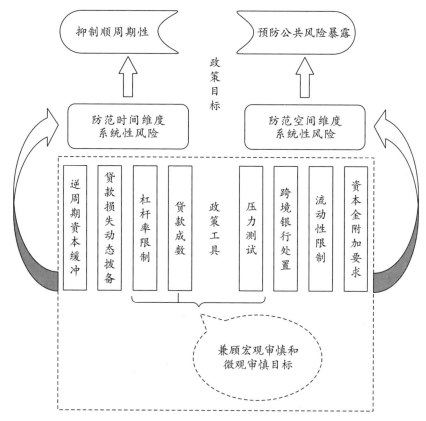

图8-1　宏观审慎政策目标、工具及其与微观审慎监理工具重叠图

资料来源：王兆星、李志辉. 中国金融监管制度优化设计研究［M］. 中国金融出版社，2016：293-294.

　　第四，两者均作用于金融机构，但不同机构适用的监管方法又有所不同。一般而言，金融机构可分为一般性金融机构和系统重要性金融机构。相对于一般性金融机构，系统重要性金融机构（SIFIs，systemically important financial institutions）是指那些由于自身规模较大、复杂性较高和系统关联性较强，其陷入危机或无序倒闭将对整个金融体系乃至实体经济活动产生巨大冲击和严重干扰的金融机构。[①] 金融稳定理事会（FSB）将系统重要性金融机构划为两个档次：全球系统重要性金融机构（G-SIFIs）、国内系统重要性金融机构（D-

　　① IMF, BIS, FSB, Guidance to Assess the Systemic Importance ofFinancial Institutions, Markets and Instruments：Initial Consider-ations, Report to the G20 Finance Ministers and Central BankGovernors, 2010.

SIFIs）。次贷危机后国际金融监管改革的一项重要内容就是将系统重要性金融
机构纳入宏观审慎监管，对其监管要求更严，审慎性标准更高，出现问题处置
也更坚决。而对于非系统重要性的一般金融机构，不一定都要采取宏观审慎监
管，不同特征金融机构适用不同类型的监管方式，两者需要配合协调，具体见
表8－4。

表8－4　不同特征金融机构适用的监管方式

机构的特征	代表性机构	微观审慎监管	宏观审慎监管
具有个体的系统性	系统重要性机构	需要	需要
作为一个群体部分的系统性	高杠杆基金	有限需要	需要
非系统性、非高杠杆、大型的机构	保险公司、养老基金	需要	不需要
小微的机构	无杠杆的小微机构	不需要	不需要

资料来源：根据 Brunnermeier al.（2009）、王兆星和李志辉（2016）的相关文章及笔者的综合
整理。

综上所述，由于宏观审慎政策与微观审慎监管在监管目标、作用对象、使
用工具、信息采集、政策传导等多方面存在紧密的联系，如果人为割裂，会产
生诸多问题，只有将两者有机结合、互相促进、相互补充，才能确保金融监管
的有效性。事实上，《巴塞尔协议Ⅲ》新标准最为重要的特征之一，就是注重
将资本充足率监管和流动性监管相结合，以及将宏观审慎政策和微观审慎监管
相结合。[①]

8.1.4　"双支柱"调控框架下金融监管组织结构有进一步改革必要

宏观审慎政策提出后，形成了金融调控的"第二支柱"，它直接作用于金
融体系本身，通过抑制顺周期行为和预防金融机构发生金融风险来维护金融稳
定，与货币政策相互补充、相互协调，构成金融"双支柱"调控框架，奠定
了新时代金融监管的全新格局。在"双支柱"调控框架下，我国金融监管组
织结构有进一步改革之必要。

---

① 参见况昕、高惺惟：《构建"双支柱"监管框架与金融风险防控》，《财经科学》2018 年第 4
期。

8.1.4.1　"双支柱"调控框架下宏观审慎协调机制有进一步改革的必要

国内首次对宏观审慎做出全面系统的阐述出现在中国人民银行发布的《中国金融稳定报告 2010》中。在该报告中，人民银行用"宏观审慎管理框架"来概括整个宏观审慎体系的内容，认为宏观审慎管理本质上属于宏观调控的组成部分之一，其主要构成包括三个部分：一是识别系统性风险的宏观审慎分析；二是应对系统性风险隐患的宏观审慎政策选择；三是用以实现宏观审慎政策目标的宏观审慎工具（图 8-2）。

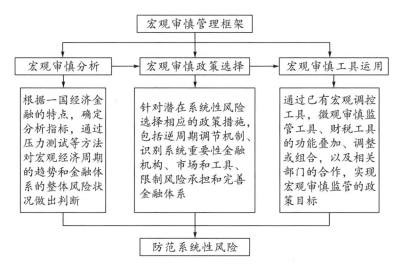

图 8-2　宏观审慎管理框架图

资料来源：中国人民银行金融稳定分析小组. 中国金融稳定报告 2010［M］. 中国金融出版社，2010：124.

王兆星和李志辉（2016）在其承担的国家社科基金重大项目中分析了人民银行提出的上述宏观审慎管理框架，认为该框架缺少了宏观审慎协调机制，这会导致政策冲突时没有一种有力的解决机制，导致宏观审慎政策在实施的过程中可能会缺乏有效的制度保障。在借鉴国际经验的基础之上，他们提出了宏观审慎监管框架应包括三项基本要素[①]：一是用于识别和监测系统性风险的宏观审慎分析与系统性风险识别；二是用于处置和化解系统性风险的宏观审慎政

---

① 参见王兆星、李志辉：《中国金融监管制度优化设计研究》，中国金融出版社，2016 年，第 82-83 页。

策工具箱建设；三是为保障宏观审慎监管顺利实施而做出的相关组织机构安排和政策协调机制（图8-3）。在"双支柱"调控框架下，确立合理的组织结构和协调体制，既是实施宏观审慎监管的基础，又是"双支柱"调控框架能否有效发挥作用的基础。宏观审慎的组织结构安排与政策协调机制，是与系统性风险识别、宏观审慎工具箱建设等内容同等重要的宏观审慎管理的有机组成部分。

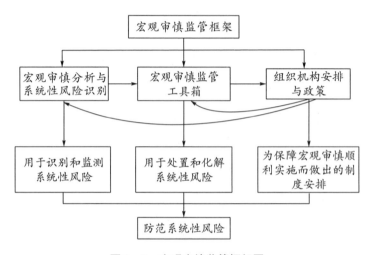

图8-3 宏观审慎监管框架图

资料来源：王兆星、李志辉. 中国金融监管制度优化设计研究［M］. 中国金融出版社，2016：83.

　　同时，宏观审慎工具并不是一种独立的、特殊的政策工具，而是对已有微观监管工具、宏观调控工具，以及财税会计工具的功能组合、调整或叠加，共同服务于防范系统性风险目标。[①] 实际上，对应以上划分标准，我们也可以按照审慎政策、货币政策和财政政策三大目标对宏观审慎管理的工具重新进行分类。其中，审慎政策可根据跨时间维度和跨行业维度划分为防范顺周期性风险和防范单个金融机构风险的工具分类；货币政策可划分为稳定价格和逆周期的工具分类；财政政策可划分为总需求管理和逆周期的工具分类。具体见表8-5。

---

　　① 参见中国人民银行金融稳定分析小组：《中国金融稳定报告2010》，中国金融出版社，2010年，第124-125页。

表 8-5　宏观审慎监管的工具分类

审慎政策		货币政策		财政政策	
目标Ⅰ：跨时间维度防范顺周期性风险	目标Ⅱ：跨行业维度防范个体金融机构风险	目标Ⅰ：价格稳定	目标Ⅱ：逆周期调控	目标Ⅰ：总需求管理	目标Ⅱ：逆周期调控
对应工具：①逆周期资本要求②前瞻性拨备制度③系统性资本计提④杠杆比率⑤贷款价值比（LTV）⑥稳健的金融基础设施	对应工具：①资本数量/质量②杠杆比率③流动性标准④信贷交易风险⑤限制银行自营交易⑥增强风险管理	对应工具：①政策性利率回购协议②抵押品政策储备金利率	经济繁荣期工具：①增加政策性利率②提高准备金率③收紧流动性	对应工具：①税收政策自动稳定器②酌情使用的财政政策	经济繁荣期工具：①降低债务水平②向金融部门征税
			经济萧条期工具：①下调政策性利率②降低准备金率③注入流动性④货币供应量宽松或信贷宽松⑤紧急流动性援助		经济萧条期工具：①资本注入②存款和债务担保③银行纾困方案④相机抉择的刺激性财政

资料来源：根据 Herve Hannoun（2010）、苗永旺（2012）的相关文章及笔者的综合整理。

　　从表 8-5 可以看出，"宏观审慎工具并非由某一机构单独掌握和运用而是由中央银行、金融监管机构、财税部门等不同部门分别掌握和实施"，需要相关部门"共同研究"和"统一决策"。[①] 虽然 2019 年 2 月 2 日《中国人民银行职能配置、内设机构和人员编制规定》（以下简称"三定方案"）明确由中国人民银行新设宏观审慎管理局牵头"建立宏观审慎管理框架，制定审慎监管基本制度"，但是，如前文所述，宏观审慎工具并非由人民银行单独掌握，银保监会、财政部等部门也掌握着部分宏观审慎政策工具，对宏观审慎政策具有较大影响，我国现行的宏观审慎管理架构并未对上述部门参与宏观审慎管理的协调机制做出明确的法律制度安排，需要进一步改革与探索，这是完善"双支柱"调控框架的重要内容。

---

　　① 参见中国人民银行金融稳定分析小组：《中国金融稳定报告 2010 》，中国金融出版社，2010年，第 125－126 页。

8.1.4.2 "双支柱"调控框架下系统重要性金融机构和金融控股集团的监管架构有进一步改革的必要

加强对系统重要性金融机构的宏观审慎监管，是世界各国在 2008 年国际金融危机后形成的重要共识。金融危机的事实表明，系统重要性金融机构由于业务规模庞大、市场地位举足轻重、内部运营关系复杂、外部关联性较高，一旦出现风险，会引发金融体系连锁反应，具备导致系统性危机的破坏力。[①] 正如美联储前主席伯南克所言："如果说本次金融危机的教训只有一个的话，那就是大型金融机构所带来的'大而不倒'问题必须加以解决。"

同时，系统重要性金融机构"大而不倒"（Too-Big-to-Fail，简称 TBTF）又会增加其机会主义倾向，它们为了获得更高的收益而去承担更大的风险，在出现风险时，利用自身的系统重要性"倒逼"政府予以救助，然后将高风险行为的成本转嫁给纳税人，实质上享受政府的潜在"担保"。Haldane 的研究显示，资产超过 1000 亿美元的全球 145 家大型银行获得了 90% 以上的政府救援资产。[②] 此外，市场参与者对系统重要性金融机构"大而不倒"的市场预期会进一步引发其他市场主体的机会主义行为，诱发它们将系统重要性机构视为"永不沉没的金融航母"，无视其市场风险进行盲目投资，使得市场经济的自我纠正机制和优胜劣汰机制在一定程度上失效。因此，对系统重要性金融机构的审慎监管，一直是防范系统性金融风险的重中之重。全球系统重要性银行（Global Systemically Important Banks，简称 G-SIBs）名单见表 8 - 6。

表 8 - 6　2018 年全球系统重要性银行名单

国别	金融机构名称	个数
美国	美国银行、纽约梅隆银行、花旗银行、高盛集团、摩根大通、摩根士丹利、道富银行、富国银行	8
英国	巴克莱银行、汇丰控股、渣打银行	3
法国	巴黎银行、法国农业信贷银行、法国人民银行、法国兴业银行	4
德国	德意志银行	1
瑞士	瑞士银行、瑞士信贷集团	2
意大利	裕信银行	1

[①] 参见贾彦东：《金融机构的系统重要性分析——金融网络中的系统风险衡量与成本分担》，《金融研究》2011 年第 10 期。

[②] 数据引自钟震：《系统重要性金融机构的基本特征与审慎监管——基于金融危机视角的反思》，《江海学刊》2013 年第 2 期。

国别	金融机构名称	个数
荷兰	ING 集团	1
西班牙	桑坦德银行	1
瑞典	北欧联合银行	1
加拿大	加拿大皇家银行	1
日本	三菱日联金融集团、三井住友金融集团	2
中国	中国工商银行、中国建设银行、中国银行、中国农业银行	4
合　计		29

资料来源：笔者根据巴塞尔委员会2018年全球系统重要性银行报告整理。

系统重要性金融机构作为一个全新概念，对其监管一直是金融监管领域的难题。它既不能按照机构进行简单分类，也不能按照功能进行直接监管，所以既不能直接套用机构型监管方法，也不能直接借用功能型监管的模式，对其监管应从微观和宏观两个层面同时着手，微观层面着眼于防范个体系统重要性金融机构的风险，宏观层面着眼于防范系统重要性金融机构对于整体金融体系的风险。虽然2019年的中国人民银行"三定方案"规定了由人民银行牵头建立系统重要性金融机构评估、识别和处置机制，但是不同于英、美等主要发达国家直接将认定的系统重要性金融机构纳入央行监管，我国的系统重要性金融机构识别、评估和救助在央行，日常监管却仍在金融监管部门，在"双支柱"调控框架下，系统重要性金融机构的监管协调机制仍需进一步完善。

除正式纳入系统重要性金融机构管理的银行、保险公司外，一些未纳入系统重要性金融机构管理的金融控股集团的监管也值得关注。金融控股集团由于集团内部结构和运营的复杂性，很难受到有效监管，集团内部的关联交易成为金融控股集团内各版块之间风险传染的重要纽带和途径，集团内某成员企业的危机极易向另一个成员企业传染。同时，金融控股集团通过股权投资、拆借回购、发行和持有金融债券、证券化衍生产品等，成为高度关联的金融网络中的一个重要节点，使得金融市场、金融机构和市场基础设施之间形成高度的关联性，极易将自身金融风险传染成系统性金融风险。[①] 虽然中国人民银行"三定方案"规定了由人民银行牵头金融控股公司等金融集团的基本规则拟订、监

---

① 参见王淯：《系统重要性金融机构国际监管改革进展及对我国的启示》，《金融发展评论》2011年第8期。

测分析、并表监管，但是，当前的金融监管组织结构仍然难以形成监管合力，具体表现在以下三个方面。

微观审慎监管机构的目标差异导致难以共同防范金融控股集团的系统性风险。例如，面对同一金融控股公司，银行监管机构强调银行系统的稳健性，保险监管机构强调保护投保人的利益，监管目标的差异导致监管标准不统一，银监机构通常对银行资本采用并表基础（on a consolidated basis）上的计算，银监机构通常对保险资本采用分离基础（on a solo basis）上的计算，这种目标差异如果协调不好会导致监管机构很难共同防范金融控股集团的系统性风险。

金融控股集团的主监管制度存在监管主体职权不清的问题。在对银行、保险监管的主监管制度下，对产业控股式金融控股公司的监管目前仍处于"监管空白"地带，央行的宏观监管职责并不清晰，财政部仅履行国有资产的出资人管理职责，对审慎监管和金融稳定涉足较少，监管合作仅采用监管备忘录的方式，监管协调和联动明显不足。

监管割裂导致信息披露和市场约束机制不到位。在我国当前的金融监管组织结构下，金融控股集团风险信息尚未形成统一的披露框架，也未形成明确的信息披露责任，信息披露追责侧重于金融机构，投资者民事赔偿权尚处于空白状态。存在国家信用"隐性担保"的情况下，道德风险广泛存在，投资人"搭便车"现象明显，市场约束机制不够完善。

因此，在"双支柱"调控框架下，金融控股公司等金融集团的监管协调机制仍需进一步完善。

8.2 "双支柱"调控框架下金融多头监管的动态博弈分析

自博弈论被引入经济学以来，就成了经济分析的重要工具。而金融监管本质上是由国家介入的金融交易的履约机制。下面，我们运用博弈理论工具分析"双支柱"调控框架下金融多头监管存在的协调问题。

8.2.1 微观审慎监管下监管机构与金融机构的动态博弈

在局部和个体金融风险演变为全局和整体的系统性风险之前的微观审慎监管阶段，中央银行的最后贷款人职能此时作为"保留选项"，并未参与金融监管，监管博弈主要在金融机构与监管机构之间展开。① 在分业监管体制下，监管博弈主要在该行业的金融机构与监管该行业的金融监管机构之间展开（例如，银行业就是在银行与银监会之间展开）。我们借用1994年诺贝尔经济学奖获得者之一的泽尔腾（Reinhard Selten）阐述的博弈模型②，来分析博弈关系，需要从三个方面来进行：第一，单个的监管机构；第二，金融监管机构；第三，逃避监管，等等。其中，前两者之间的博弈金融机构可以选择合规经营，也可以选择违规经营；监管机构可以选择监管，也可以选择不监管。但是，金融监管在实施的过程中是一项比较大的工程，在监管环节，不论是在现场，还是没有在现场，都需要依靠强大的成本作为支撑。好比，金融机构开展经营活动时，监管机构对其进行监督管理，一旦发现问题，就能通过相关法律法规对其进行资金处罚，比较严重的甚至可以采取强制停工进行整顿。以这种方式就可以实现金融秩序的有效管理。反之，金融机构开展活动，中规中矩，那么只需要缴纳少许的监管费用即可。由于受到成本和人员的限制，监管机构并不能无限制的对金融机构实施监管。如果金融机构违规经营，监管机构没有予以监管，那么金融机构可以获得 R 的私人收益；如果金融机构违规经营正好被监管机构实施监管发现，金融机构将受到 $-C$ 的惩罚损失；监管机构未实施监管时金融机构也未违规经营，可为社会节约 L 的监管成本；监管机构因未实施监管而金融机构违规经营，产生监管失职被上级单位处罚，监管机构的损失记为 $-P$。因此，双方都能以上述的两种形式进行选取，选取的策略就是监管机构在监管环节是否实施监管，金融机构是否存在违规的行为。双方的博弈情况如表8－7所示。

表8－7 单个监管机构与金融机构的博弈

		监管机构	
		不实施监管	实施监管
金融机构	违规经营	R, $-K$	$-C$, 0
	合规经营	0, L	0, 0

显然，这是一个非对称非零和博弈，不存在纯策略的纳什均衡，只能求解它的混合策略纳什均衡的概率分布。假设金融机构违规经营的概率为 P_t，那

① 当然，也有少部分国家在本轮宏观审慎金融监管改革之前就一直由中央银行负责金融监管，因所占比例较小，本书在此处分析时没有考虑这种特例情况。

② 参见谢识予：《经济博弈论》（第四版），复旦大学出版社，2017年，第55－58页。

么合规经营的概率就是$1 - P_t$，根据混合策略纳什均衡得分求解方法，有

$$P_t(-K) + (1 - P_t)L = P_t \times 0 + (1 - P_t) \times 0$$

解之得

$$P_t = \frac{L}{K + L}$$

如图 8-4 所示：

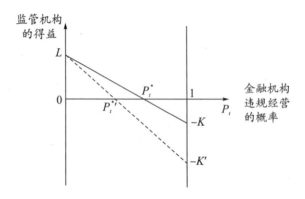

图 8-4　金融机构的混合策略

在图 8-4 中，金融机构出现的违规经营在横轴上表示出来，概率可以设为P_t活动区间 0~1，合规经营的概率则等于$1 - P_t$，纵轴则反映对应金融机构各种违规经营的概率，监管机构选择不实施监管通过策略取得理想状态下的收益。图 8-4 中，$L \sim K$两者之间的连线展现出的纵坐标，就是金融机构出现违规操作的概率。在这种情况下监管机构选择不实施监管的期望得益于$P_t(-D) + (1 - P_t)L$。可以看出，该线与横轴交点P_t^*就是金融机构选择违规经营的最佳概率，合规经营的最佳概率为$1 - P_t^*$。假设金融机构选择违规经营的概率大于P_t^*，监管机构选择不实施监管的期望得益小于 0，它肯定选择实施监管，从而金融机构的违规经营次次都会被处罚，因此是不可取的。反过来，如果金融机构出现违规操作的概率比P_t^*要小，那么监管机构不用对其进行监管活动策划的收益会比 0 大。此时，不实施监管具有成本优势，即使金融机构提高一些违规经营的概率，只要不大于P_t^*，一般情况下，监管机构做出的选择基本都是不对其实行监管，这时的金融机构出现违规操作的概率越大，其获利的机会也越大，因此他会让违规经营的概率趋向于P_t^*，均衡点是金融机构以概率P_t^*和$1 - P_t^*$分别选择违规经营和合规经营。此时，监管机构实施监管和不实施监管的期望得益都等于 0，混合策略的期望得益都相同。

同理，假设监管机构不实施监管的概率为 P_g，那么实施监管的概率就是 $1 - P_g$，根据混合策略纳什均衡得分求解方法，有

$$R \times P_g - C(1 - P_g) = P_g \times 0 + (1 - P_g) \times 0$$

解之得

$$P_g = \frac{C}{R + C}$$

如图 8-5 所示：

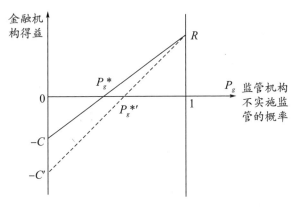

图 8-5　金融机构的混合策略

根据对上文的分析可以得知，当单个监管机构在和金融机构实行博弈的过程中，金融机构分别以概率 P_t^* 和 $1 - P_t^*$，随机选择违规经营与合规经营，监管机构分别以概率 P_t^* 和 $1 - P_t^*$ 随机选择不实施监管与实施监管时，两者都能利用有效的策略来获取相应的收益。由此就会出现混合策略纳什均衡，$(P_t = \frac{L}{K + L}, P_g = \frac{C}{R + C})$ 是该博弈唯一的纳什均衡。

监管机构与金融机构之间的混合策略博弈，还可以揭示一种"激励悖论"。假设政府通过立法加重对金融机构的处罚力度，也就是加大 C，在图 8-5 中即 $-C-C'$ 往下进行移动，假设监管机构在此环节，对原有的混合策略不进行优化，这时金融机构出现违规行为，所得收益会变为负值，"小偷"会停止违规经营。但是长期来看，金融机构减少违规经营会使监管机构更多选择不实施监管，以节约监管成本，最终监管机构会将不实施监管出现的概率增加到 P_g^*，这样一来，均衡点就会上升到另一个阶段，金融机构出现违规行为获得的理想收益与 0 持平。其就会对混合策略重新进行选择。但是，其混合策略中的概率分布会受到图 8-5 的影响，而不会受到 C 值的干涉。所以，我们便能

得知，政府部门对金融机构的监管只能在短期内获得较大收益。对长期违规率没有影响，长期作用是减少监管机构的监管成本。这种"激励悖论"对于制定政策和进行监管很有启发性，它也间接反映出监管机构不论怎么样施压，总会出现一些投机倒把的金融机构，不按照相关制度开展经营活动；站在监管机构的角度来讲，考虑成本问题，不能全方位地对金融机构进行监督管理，因此，只能采取概率的方式，对其进行监督。

当然，很难相信现实中的金融机构和监管机构有选择上述混合策略概率的"完全理性"能力，通过反复博弈摸索均衡概率也是不现实的。事实上，早在纳什（John Nash）提出纳什均衡概念时，就给出了关于纳什均衡的理性主义和群体行为两种解释。下面，我们运用有限理性的演化博弈来分析宏观审慎政策下中央银行与监管机构的博弈。

8.2.2 宏观审慎监管下中央银行与监管机构的协调困境

在 2008 年美国金融危机之前，世界各国普遍实施的是微观审慎监管，出发点主要侧重于微观角度，针对的是个体金融行为，并不是面对所有的金融体系。由于该理论是一种假定行为，通过个体金融机构创建有关机制，只能做到对其外的冲突进行规避，这样一来，可以使得所有的金融体系都处于比较安全的状态。经过一次次贷危机之后，引起了监管机构以及实务界的足够重视。个体金融机构不管是微观中出现溢出效应，还是出现审慎监管，都会受到外部以及周期的影响，冲击比较小的情况下，系统也有可能出现较为恶性的时间。2009 年，G20 伦敦会议公报将宏观审慎政策正式纳入文件，这代表宏观审慎政策在全球达成共识。① 由于监管部门不擅长宏观判断，而中央银行具有最全面的宏观经济数据和宏观经济管理经验，宏观审慎周期性问题应由央行负责判断，如果把政策的设计、执行分开，肯定会不顺畅，因此，央行在宏观审慎管理中扮演着重要角色（周小川，2016）。这样，央行不可避免地参与到金融监管中来，它与原先的金融监管机构会出现怎样的关系呢？我们通过构建一个两部门的博弈模型加以分析。首先，我们假设监管博弈在中央银行与该行业的监管机构之间展开（例如，银行业就是在央行与银监会之间展开）。如果在实施金融监管的过程中，两者采取的是合作方式，那么，两者之间都会获取相对应的收益。这里将收益设置为 r；如果两者之间合作意见不同，那么将获得的收益设置为 b；如果两者采取不合作，两者之间获得的收益基本为 1，但是监管

---

① 参见易宪容：《双支柱调控框架是未来金融稳定的保证》，《金融时报》2018 年 4 月 23 日。

部门考虑自身的利益，会使用一定的手段，增加收益，减少堆放收益。所以，这时得出的结论就是 $b > r > a > l$。如表 8-8 所示。

表 8-8　两家监管机构的收益矩阵

	参与方 2		
参与方 1		合作	不合作
	合作	r, r	a, b
	不合作	b, a	l, l

8.2.2.1　两家监管机构之间的静态博弈

由图 8-4 已知，博弈在策略下进行，会出现纳什均衡，产生的现象也就只有两种，即"合作""不合作"。如果 $2r > (a + b)$ 时，这种均衡策略并不是最佳选择。而监管部门一旦出现私利的行为，损害到对方利益，就会出现管制效率低下的情形。

但是纳什均衡出现的情况有两种，符合 1 标准的为"不合作与合作"，符合 2 标准的为"合作与不合作"。因此，双方都想实现利益最大化，这时就不能对博弈出现的结果进行准确的判断。简单来讲，就是在策略所处的界限中，博弈模型不能确定双方博弈的结果，并且不能对结果实行判断。在实行纳什均衡策略时，需要采取混合策略。

如果符合 1 标准的双方，合作出现的概率为 p，没有进行合作的概率为 $(1-p)$；符合 2 标准的双方，合作出现的概率设为 p，没有出现合作设为 $1-p$，这样一来，符合 1 标准的收益就能利用下列公式进行计算：

$$\pi_1 = p[qr + (1-q)a] + (1-p)[qb + (1-q)l]$$

符合 1 标准的双方，想要让收益实现最大化，就需要

$$\frac{d\pi_1}{dp} = 0$$

代入公式中计算得出：

$$p = \frac{a - l}{a + b - r - l}$$

同理可知：

$$q = \frac{a - l}{a + b - r - l}$$

8.2.2.2　双方监管机构实行动态博弈

静态博弈中，纳什均衡所表现的效率相对较低，为了使这一问题得到有效

的解决，我们在选取模型中采用的是无限重复博弈。根据这种策略就能得知，双方在选择合作时，监管机构初始的状态为（$t=0$）。将参与方设置为i，且符合（$i=1$，2）；假设（$t>0$）没有发现双方不合作行为，那么合作行为就会继续保持；假设（$t>0$）察觉到双方出现合作分歧，那么下一期使用的策略将会永久采用不合作。

以此为背景的情况下，如果折现的概率为δ（$0<\delta<1$），那么i合作之后产生的收益就能利用下列公式计算：

$$\pi = \sum_{t=0}^{\infty} r\delta^t$$

假设在T周期时，i选择的策略为不合作，那么当期的收益就能用下公式计算：

$$\pi' = \sum_{t=0}^{T-1} r\delta^t + b\delta^T + \sum_{t=T+1}^{\infty} \delta^t$$

根据上述就能计算出两种情况下，i收益差距

$$\triangle \pi = \pi - \pi' = (r-a)\frac{\delta^{T+1}}{1-\delta} + (r-b)\delta^T$$

所以，当$\delta > \dfrac{b-r}{b-a}$，这时，$\triangle\pi>0$。那么，$i$选择的策略根据数据显示，收益要比不合作高出很多，并且效率也有所提升。

可是，上文中所讲述的内容基本都是假定双方都是理性思考之后做出的策略，不仅需要参与方有非常好的处理能力，还需要有较强的判断能力以及思考能力。很明显，这样的策略对于参与者的能力要求相对较高。博弈参与方一般都不满足现代主流博弈论的"完全理性"的前提假设，而基本遵循"探索、学习、成熟"的监管和动态调整等行为逻辑，参与者都表现出"有限理性"，演化博弈把博弈理论分析和动态演化过程分析结合起来，这种分析框架与人们在现实决策活动中的实际行为模式更为接近（张衍和许清清，2015）。但是，假定的情况在有限性状态下，双方在开始之前，没有找到比较合适的策略，而是通过学习，将策略进行调整，博弈均衡就会受到结果的影响，所以，博弈均衡在这种状态下，可实现的稳定性比较高，并且具有较强的抗干扰能力。利用学习的方式，将整个环节进行调整，能够经得起干扰，促使稳定性较高。一般情况下，如果双方在博弈环节，学习速度相对较慢，在调整策略时，就可以采用复制动态生物进化的方式来实现。而有限性博弈与其基本相近，这样一来，可以将优先性博弈称之为进化博弈论。这时，假定i质地相同，将合作出现的

概率设置为 x，没有出现合作概率用（$1-x$）表示，那么得到的理想收益情况如下：

$$\bar{\pi} = [xr + (1-x)a][x - b + (1-x)i] \quad i = 1,2$$

所以，得到的复制方程如下：

$$F(x) \triangleq \frac{\mathrm{d}x}{\mathrm{d}t} = \{[xr + (1-x)a] - \bar{\pi}\}x$$

即

$$F(x) \triangleq \frac{\mathrm{d}x}{\mathrm{d}t} = x(1-x)[(r-b)x + (a-l)(1-x)]x$$

假设 $F(x)$ 与 0 相对等，复制动态稳定性就能很好地展现出来，但是，在稳定的策略中，需求比较小的，表现的稳定性比较强，利用数学公式可以将其认为 $F'(x^*) < 0$。所以，利用上述公式就能计算出三个均衡点的值为 $x_1^* = 0$，$x_2^* = 1$ 和 $x_3^* = \dfrac{a-l}{a+b-r-l}$，只有 $f'(x_3^*) = \dfrac{(a-l)(b-l)}{a+b-r-l}$，如图 8-6 所示，这种博弈所采取的策略为 $\dfrac{a-l}{a+b-r-l}$。

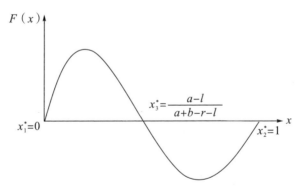

图 8-6　将动态博弈的稳定状态复制

根据以上分析，我们可以得出如下的结论。

第一，静态博弈过程中，信息较为完全，而纳什均衡表现的状态有两种，这时，金融监管机构在理性的状态下，根据对博弈结果的分析，展现出来的效率比较低，并非帕累托最优。经过对审慎监管在宏观条件下的研究，加上金融机构的不断增加，监管力度以及相关功能都能对这些机构的风险进行检测，但是，不能在第一时间发现。大型金融控股集团是系统性风险的重要来源，是宏观审慎监管的重点。[1] 但是对比较大型的金融机构，实行监管时，表现的效率相对较低，这主要是由于责任不明确所导致的。这是宏观审慎监管中存在的一个主要问题。

第二，当信息处在不完全状态下，经过静态博弈，将双方合作的概率设置为

$$p = q = \frac{a - l}{a + b - r - l}$$

这样一来，概率与 1 比较相近时，会出现以下两种情况。

当 $b \approx r$ 时，参与者出现合作分歧，另一方没有选择合作的参与者，获取收益相近，两方采取合作策略概率与 1 相近，这时博弈策略得出的均衡结果较为高效。

如果 b、r 两者之间出现不对等情况，假设 $(a - l) \gg (b - r)$，那么双方之间出现合作与不合作，产生的收益额差距还是比较大的。如果两方的合作概率与 1 对等，同样也能以最快的速度得到均衡结果。

第三，在动态博弈中，信息处于完全状态下，收益也能达到 $\delta > \frac{b - r}{b - a}$ 时，双方在博弈环节得出的均衡结果也是较为高效的。

第四，当信息处于不完全状态下，但是 $x_1^* = 0, x_2^* = 1$ 和 $x_3^* = \frac{a - l}{a + b - r - l}$ 满足这三种状态，也可以称之为多重状态，这时，x_3^* 就是唯一一个比较稳定的点位。所以，要想以最快的速度得到均衡结果，那么 x_3^* 增加得越大，表现越好。虽然这些均衡结果都是通过理论得到的，后面的三种状态在帕累托中经过研究是最佳的结果，但由于监管当局自身的局限性，"扳机策略"在现实中几乎无法实现，而寻找能让监管机构之间达成合作的机制，是本书的一个主要目的。

8.3 "双支柱"调控政策的动态优化分析：DSGE 模型

8.3.1 动态随机一般均衡模型简介

动态随机一般均衡模型（DSGE），是以微观和宏观经济理论为基础，采

---

[1] US Treasury, 2009, "Financial Regulatory Reform A New Foundation: Rebuilding Financial Supervision and Regulation".

用动态优化方法考察个行为主体（家庭、厂商等）的决策，即在家庭最大化其一生效用、厂商最大化其利润的假设下得到个行为主体的行为方程。各行为主体在决策时必须考虑其行为的当期影响，以及未来的后续影响，同时，现实经济中存在诸多的不确定性，因此，DSGE 模型在引入各种外生随机冲击的情况下，研究各主体之间的相互作用和相互影响。

动态随机一般均衡模型，顾名思义，就是指该模型具有三大特征。

动态。指经济个体考虑的是跨期最优选择（Intertemporal Optimal Choice）。因此，模型得以探讨经济体系中各变量如何随时间变化而变化的动态性质。

随机。指经济体系受到各种不同的外生随机冲击的影响。举例来说，可能的冲击有技术性冲击（Technology Shock）、货币政策冲击（Monetary Shock）或偏好冲击（PreferenceShock）等。

一般均衡。意指宏观经济体系中，消费者、厂商、政府与中央银行等每一个市场参与者，在根据其偏好及对未来的预期下，所做出最优选择的总和。

8.3.2 构建 DSGE 模型的基本原理

长期以来，经济建模过程中一个没有得到根本解决的问题是，经济模型不能同时兼顾微观经济分析和宏观经济分析两方面，传统的计量经济模型没有对各经济主体的行为决策进行微观理论上的刻画，特别是没有对经济主体的跨期优化问题进行详细的描述，因而在进行模型设定时并不是严格地依据理论上得到的行为方程，只是利用了最终得到的变量之间的相互关系，从而其在模型设定上缺乏微观基础。因此，传统的宏观预测模型受到卢卡斯的激烈批判。卢卡斯认为，利用加总的历史数据给出政策建议和经济预测，其结论值得怀疑。因为宏观系统本身是由大量具有能动性的微观主体组成，这里的微观主体既可以指居民消费者——他们可以根据物价变化和收入变化等改变自己的消费、储蓄行为，也可以指企业——它们可以根据物价、成本、市场需求变化来调整自己的生产。如果在建立预测模型时，罔顾这些微观主体应对政策和实际市场的反应，而只是机械地进行统计意义上的数量预测，其结果是非常不可靠的。统计方法成立的前提条件是历史再现，也就是过去和现在具有同样的机理才会反映出同样的经济效果。但是无论是企业还是居民甚至在面临类似经济形势下会做出不同的反应，原因当然各异，他们有学习、试错、反馈并修正的作用。所以过去有效的政策今天可能失灵，甚至有反效果。

卢卡斯批判的直接后果就是，宏观经济学的主流后来就完全放弃了传统的那套联立各种变量进入一个巨大的方程组，然后求解参数，得出一个描述关于

宏观各变量互相变化的"伪"规律，然后再以此进行预测。宏观经济学必须
寻求微观基础，从需求方和供给方的微观决策入手，刻画其面临各自约束的最
优决策，然后再对各个微观主体的决策行为进行加总，得到所谓的总供给和总
需求，然后利用市场出清的条件来求出价格、利率等影响双方的关键变量，从
而决定纳入失业、市场工资、居民收入等内生变量。在此基础上建立起来的数
量关系，虽然不能说就一定反映了各个变量之间的真实关系，但是至少在理论
和实践运用上前进了一大步。

于是，宏观经济学家从一些公认的对于微观主体的假设出发，建立模型并
推导出他们的决策并进行加总，然后反过来将实际数据代入其中来"凑"结
果。如果在现有参数下能很好解释一些重要的可观测数量，比如失业率，消费
占 GDP 比重，投资占 GDP 比重，实际利率等，那么我们就认为这个模型至少
能很好地刻画现有的经济。然后这套模型就好比是一个"实验室"，我们就可
以假设税率提高，或者财政补贴上升，会有怎样的政策效果。这就是构建
DSGE 模型的基本原理。

8.3.3 动态随机一般均衡模型的应用

目前无论是发达国家还是发展中国家的中央银行，都已经构建了一套自己
的 DSGE 模型，用以提供经济预测与政策分析。比如，欧洲中央银行
（European Central Bank，ECB）以 Smets and Wouters（2003，2007）模型为基
础，并发展出 New Area-Wide Model（NAWM）模型。美联储（The Federal
Reserve，Fed）有 Edge et al.（2008）模型及 Erceg et al.（2006）模型，瑞典中央
银行（Sveriges Riks bank）则采用了 Adolfson et al.（2008）模型。我国也建构了
自己的 DSGE 模型，该模型主要参照 CMR 模型建立，并在此基础上根据我国
实际情况进行了修正。更详细的介绍参见刘斌（2008）。各个国家的 DSGE 模
型见表 8 - 9。此外，一些国际机构如国际货币基金组织（International
MonetaryFund，IMF）也建构了相关的 DSGE 模型，包括 Global Economy Model
（GEM），Global Fiscal Model（GFM），以及 Global Integrated Monetary and
FiscalModel（GIMF）。

表 8 - 9　世界各国央行的 DSGE 模型

欧洲央行（European Central Bank）	Smets and Wouters（2003, 2007）模型，New-Area-Wide Model（NAWM）模型，Christiano et al.（2010）模型
美国（The Federal Reserve）	Edge et al.（2008）模型，Erceg et al.（2006）模型
加拿大（Bank of Canada）	Terms-of-Trade Economic Model（ToT Model）
英国（The Bank of England）	Bank of England Quarterly Model（BEGQM）
瑞典中央银行（Sveriges Riks bank）	Adolfson et al.（2008）
挪威（Norges Bank）	Models for Monetary Policy Analysis（MMPA）
新西兰（Reserve Bank of New Zealand）	Kiwi Inflation Targeting Technology（KITT）
西班牙（Bank of Spain）	BEMOD 模型
巴西（Central Bank of Brazil）	Stochastic Analytical Model with a Bayesian Approach（Samba）
智利（Central Bank of Chile）	Model for Analysis and Simulations（MAS）
秘鲁（Central Reserve Bank of Peru）	Aggregate General Equilibrium Model with Dollarization（AGEM - D）
泰国（Bank of Thailand）	Bank of Thailand DSGE Model
中国（The People's Bank of China）	Liu（2008）模型

资料来源：笔者综合整理。

8.3.4　基于 DSGE 模型的"双支柱"调控政策动态优化分析框架

随着现代宏观经济学的发展，传统的宏观经济学货币政策分析模型已经不能满足描述现实情况的需要，因此建立更全面更合理的模型对宏观经济进行描述和解释尤为重要。在此背景下，DSGE 模型应运而生，该模型从微观经济学的角度出发对宏观经济现象进行分析，考虑各个经济主体的最优化行为，包括代表性家庭效用最大化行为、代表性厂商利润最大化行为、中央银行的决策行为。行为主体决策时需要考虑当期的行为对当期以及未来的影响，因此在决策时要从动态的角度考虑决策的影响，并引入各种外生性随机冲击，这些冲击与经济主体的决策行为共同构成了模型的动态过程。构建 DSGE 模型一般包括微观主体的行为刻画、宏观行为方程的构建、模型求解、参数估计、经济模拟与政策选择等几个步骤。

8.3.4.1 微观主体的行为刻画

建立 DSGE 模型的首要任务是从理论上对经济主体的行为进行详细的描述，这些经济主体在一定的约束条件下（如资源约束、技术约束及信息约束等），对其目标函数进行优化，从而得到其行为方程。一般而言，经济主体大致可以分为以下几类：家庭、厂商、金融机构、政府及对外部门。其中，厂商可分为生产最终产品的厂商和生产中间产品的厂商；金融机构可分为商业银行及中央银行两类；对外部门可分出口商和进口商。

8.3.4.2 宏观行为方程的构建

由于凯恩斯主义长期占据宏观经济学的主流地位，因此，新凯恩斯模型也占据着宏观经济模型和宏观经济分析的主流地位。宏观行为方程可以由新凯恩斯模型来刻画，新凯恩斯模型可以用最为关键的三个核心方程来表示：

$$c_t = E_t c_t + 1 - \frac{1}{\sigma}(i_t - E_t \pi_{t+1})$$

$$\pi = \beta\theta E_t \pi_{t+1} + 1 + \frac{(1-\theta)(1-\beta\theta)}{\theta}mc_t$$

$$i_t = \phi_\pi \pi_t + \phi_y y_t$$

其中，第一个方程是欧拉方程（Euler Equation），第二个方程是新凯恩斯主义菲利普斯曲线（New Keynesian Phillips Curve），第三个方程是泰勒规则（Taylor Rule）。

布兰查德认为，从本质上讲，DSGE 模型引入的大部分模型设定，归根结底都是对上述三个方程从不同角度的修改和拓展（布兰查德，2017）。

8.3.4.3 模型求解

模型构建完成后，就需要对模型进行求解。动态随机一般均衡模型的求解可以归纳为两大步骤：第一步是用动态优化的方法，对上述各个经济行为主体在约束条件下的动态决策过程求解，得到一组具有理性预期的非线性方程式，这些方程式组合成刻画整个经济系统运行的均衡模型。

由于具有理性预期非线性方程组往往难以求出解析解，或者根本不存在解析解，当前比较主流的处理方法是运用数值方法求出模型的近似数值解。当前主流的做法是首先将非线性方程组在稳态值附近进行对数线性化或者一阶泰勒近似展开的处理方法，将相关变量表示成相对于其稳态值的对数线性化偏离形式，然后再基于校订的参数值，采取"BK"分解法对模型进行求解（Blanchard & Kahn，1980）。动态一般均衡模型的数值求解是一个极其复杂的过程，工作量巨大，好在现在已经有了比较成熟的求解软件，如 Matlab、

Mathematica、R 等。

8.3.4.4 参数估计

要求解动态随机一般均衡模型及模拟外生冲击的影响，就必须对模型中的相关参数进行赋值。我们所构建的模型是否能反映真实的经济运行情况，一方面取决于模型的理论基础，另一方面则取决于对参数的估计效果，因此，进行参数估计是非常重要的一项工作。目前，对参数的估计主要有两种方法：一种方法是直接对参数进行校准，包括利用经验数据观察得到参数值（例如，通过计算经验统计数据的长期均值），利用已有实证文献得到相关参数的估计值或直接利用模型的均衡条件计算得到参数值等；另一种方法是运用计量经济技术，将理论模型与实际经验数据相结合，从而拟合估计出相关参数的数值。

上述两种方法有着各自的优缺点。校准法的优点在于技术难度较低，并且方便后期对模型进行进一步的校正，但由于校准方法缺乏较为完善的统计推断的理论依据，参数存在随意设定和主观设定的可能，因此也受到了一定的质疑（Hansen & Heckman，1996）。随着计算技术的不断发展，近年来部分文献开始尝试运用计量经济技术对参数进行估计，但这种方法仍然存在许多问题。以当前运用计量经济技术对参数进行估计主要采取的极大似然估计和贝叶斯估计方法为例，极大似然估计往往会由于控制变量超过状态变量而产生随机奇异的问题，而贝叶斯估计则依赖于先验分布函数的选择，常常出现估计值与实际观察偏差较大的问题。由于动态随机一般均衡模型需要估计的参数往往较多，很难运用计量经济技术对所有参数进行估计，因此目前相关研究文献主要采用校准法对均衡模型的参数进行估计，或者将两种方法结合在一起运用，对模型参数进行估计。本书在估计模拟我国税收政策调整经济效应的动态随机一般均衡模型参数时，采用通过经验数据测算和利用相关实证文献估计结果相结合的校准方法。

8.3.4.5 经济模拟与政策选择

在对模型的参数进行估计以后，就可以运用模型模拟全要素生产率、财政政策和货币政策变动对经济系统的冲击效应。通过计算目标变量受冲击后的脉冲响应函数，就可以观察到目标变量受冲击后的动态变化特征，从而为政府制定实际宏观政策提供参考。本书构建的动态随机一般均衡模型是基于对我国实际经济参数的校准，模拟我国税收政策调整对经济系统中各主要经济变量的冲击效应，以探究我国政府在税收政策多目标均衡下的宏观税收政策调整方向。

8.4 "双支柱"调控框架下货币金融监管体制的国际镜鉴

8.4.1 英国"超级央行模式"

8.4.4.1 早期的非正式监管和后来的分业监管体制

英国是古典经济学的发源地，信奉亚当·斯密"自由竞争"理论，长期采取"自由放任"的金融监管原则。英格兰银行作为英国的中央银行曾长期是一家私营机构，直到 1946 年才被收归国有，并颁布了《英格兰银行法》，英格兰银行成为法定意义上的中央银行。但是，英格兰银行主要是凭借其极高的市场影响力对商业银行和金融机构的行为进行干预和约束（主要通过非正式的监管方式），主要的监管约束方式为自我管理、相互监督、约谈和劝诫。这种非正式的金融监管方式长期有效的主要原因有三个：一是此时期金融机构和金融产品较为单一，监管难度较小；二是此时期监管体系较为简单，由财政部管理英格兰银行，英格兰银行约束商业银行，组织间协调的难度较小；三是此时期英格兰银行的影响力足够大，可以凭借其公信力充分约束市场。

随着英国金融业变得越来越复杂，非正式金融监管已经不能适应金融业发展的要求，英国才颁布了《1979 年银行法》，赋予了英格兰银行在金融监管的法定地位，商业银行被分为"公众认可的"（Recognized）银行与"特许收储机构"（licenseddeposittakers），即所谓的"双层银行体系"（Two Tierbanking）。在这种体系中，英格兰银行仅对"特许收储机构"实行法定监管，而"公众认可的"银行仍然实行非正式监管方式，甚至是不监管。虽然新的监管体系赋予了英格兰银行金融监管过程中的法定地位，但英国并未摆脱非正式监管的传统思想，对商业银行的资本、流动性比例等指标没有要求，英格兰银行在监管中仍保持较充分的灵活性，英国金融监管仍然以非正式监管为主。

英国的正式金融监管体系形成后，长期保持分业经营和分业监管的模式，并由 9 家监管机构履行对银行业、保险业、证券投资业、房屋协会等机构的监管职能，即所谓的"九龙治水"模式。这 9 家监管机构分别是英格兰银行的审慎监管司（SSBE）、证券与投资管理局（SIB）、私人投资监管局（PIA）、投资监管局（IMRO）、证券与期货管理局（SFA）、房屋协会委员会（BSC）、财政部保险业董事会（IDT）、互助会委员会（FSC）和友好协会注册局（RFS）。其监管格局见表 8 - 10。

表 8 - 10 英国金融分业监管组织结构

英国金融分业监管组织结构			
监管部门	贸易工业部	贸易工业部	从公司法角度对金融机构进行监管
	"九龙治水"金融监管体系	英格兰银行的审慎监管司（SSBE）	履行对银行业、保险业、证券投资业、房屋协会等机构的监管职能
		证券与投资管理局（SIB）	
		私人投资监管局（PIA）	
		投资监管局（IMRO）	
		证券与期货管理局（SFA）	
		房屋协会委员会（BSC）	
		财政部保险业董事会（IDT）	
		互助会委员会（FSC）	
		友好协会注册局（RFS）	
	行业自律组织	英国银行协会（ABB）	银行业自律监管
		英国特许证券与投资协会（CISI）	证券投资行业自律监管
		英国伦敦保险协会	保险业自律监管
法律依据	《公司法》《1979 年信用协会法》《1982 年保险公司法》《1986 年金融服务法》《1986 年建筑业协会法》《1987 年银行法》《1992 年友好协会法》		

资料来源：笔者综合整理。

由表 8 - 10 可知，金融多头监管模式的典型代表是"九龙治水"下的英国金融监管体系。在金融混业经营逐步深化的过程中，这种分业监管体制出现了诸多问题。一是 9 家金融监管机构对应了不同的监管法律，发出指令的法律依据不同，有时甚至相互矛盾；二是不同监管机构之间沟通成本高、沟通时间长，且多数情况下最终难以达成共识，无法对市场进行有效监管。特别是在危机来临时无法通过协调达成一致行动，往往会错过应对危机的最佳时机；三是多家监管机构并存的情况下，每家监管机构都缺乏足够的权威，与英国发达的金融市场地位极不相称。

8.4.1.2 "金融服务局"设立后的"三驾马车"监管组织结构

1992 年的国际商业信贷银行倒闭事件和 1995 年的巴林银行倒闭事件暴露了英国"九龙治水"下的多头监管缺陷，1997 年，英国合并原有 9 家监管机构的金融监管职能，设立了英国金融服务管理局（FSA）——一个独立统一的金融监管机构。自此，英国金融监管职责从英格兰银行剥离并转移至金融服务管理局。2001 年 12 月 1 日起，金融服务管理局开始作为一个直接向英国财政部负责的独立的非政府组织行使其法定金融监管职责，直接负责对银行业、保险业和证券业进行监管，形成了对金融业统一监管的格局。此时，英国的金融监管组织结构发生了重大变化，形成了金融服务管理局、英格兰银行和财政部的"三驾马车"金融监管模式。在这种新监管体系中，金融监管职能主要由金融服务管理局履行，英格兰银行作为"监控者"仅履行部分与银行相关的监管职能，并负责监控整个金融体系的发展及稳定性，财政部负责任命金融服务补偿计划（FSCS）有限公司主席。金融服务补偿计划有限公司、金融服务管理局和英格兰银行分别对财政部负责。"三驾马车"的相关职责见表 8 - 11，具体组织结构框架见图 8 - 7。

表 8 - 11 英国"三驾马车"金融监管职责划分

英国"三驾马车"金融监管组织结构		
监管机构	金融服务管理局（FSA）	英国唯一的金融监管机构，直接负责对吸收存款业、保险业和证券投资业进行监管
	英格兰银行	主要负责货币政策的实施，作为银行"监控者"出现，仅履行部分与银行相关的监管职能
	英国财政部	负责任命金融服务赔偿计划（FSCS）有限公司主席
法律依据	《公司法》《1998 年英格兰银行法》《2000 年金融服务和市场法》	

资料来源：笔者综合整理。

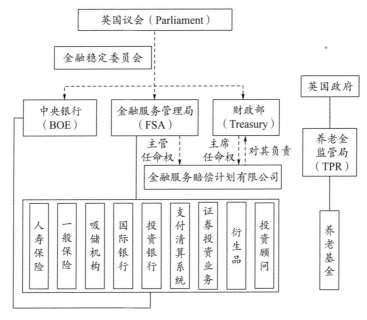

图8-7 英国"三驾马车"金融监管组织结构图

资料来源：杨燕青，肖顺喜. 中国金融风险与稳定报告（2016）［M］. 中国金融出版社，2016：181-182.

由表8-11和图8-7可知，这种监管组织结构充分考虑了英国金融混业程度日趋加深的现实，将货币政策制定职能和金融监管职能相分离，有利于不同监管机构各司其职。同时，英格兰银行、财政部与金融服务管理局之间签署了"谅解备忘录"，对各方的职责进行了划分，在协调制约机制有效的情况下，这种监管体系具有适应市场发展、权责分明、高效、相互制约的优点。然后，随着金融混业日益发展和金融创新不断深化，三方之间需要协调的事项日益增多，仅靠"谅解备忘录"建立的三方协调机制并未有效发挥作用，出现了内部不协调、外部沟通难、监管专业性低的局面。2008年全球金融危机爆发时"三驾马车"应对十分不力。

8.4.1.3 次贷危机后形成的"超级央行"模式

2008年全球金融危机后，英国对其金融监管组织结构做了重大改革，这一改革就是在2012年《金融服务法案》中确立的"超级央行"模式，即在英格兰银行内部设立金融政策委员会和审慎监管局，对宏观金融和微观金融进行统一监管。宏观审慎由金融政策委员会进行监管，主席由英格兰银行行长直接担任，主要关注金融系统整体的、系统性的风险，维护整体金融稳定。金融政策委员会包括11名成员，其中包括英格兰银行的三位副行长，分管货币政策、金融稳定和兼任审慎监管局局长；执行理事，负责金融稳定政策与风险；金融行为监管局局长；4名无投票权但可提建议的外部成员和来自财政部的代表。以提高被监管机构安全性和稳健性为首要目标的审慎监管局是英格兰银行的附属机构，负责对银行、保险公司、重要性投资公司等进行审慎监管，下设保险业监管、国际银行监管和英国吸储银行机构三大部门，分别负责三类机构的监管。同时，对于混业经营的大型金融机构，还成立专门的监管小组进行监管，监管小组由其主营业务的监管部门牵头、其他部门配合。

除英格兰银行及其内设金融政策委员会、审慎监管局外，另设金融行为监管局作为英格兰银行的补充。金融行为监管局对所有在英金融机构进行行为监管，对审慎监管局监管范围外的金融机构进行审慎监管，监管英国上市事宜并被赋予监管支付服务的职责。金融行为监管局与审慎监管局既相互独立，又保持密切合作，双方既可独立制定和执行监管政策，又同时接受金融政策委员会的协调。为保证监管政策得到有效落实，双方建立了诸多合作协调机制，包括签署备忘录、明确咨询义务、互派人员参加董事会、召开监管联席会议等正式机制，以及工作层面上进行日常的沟通等非正式机制。具体见图8-8。

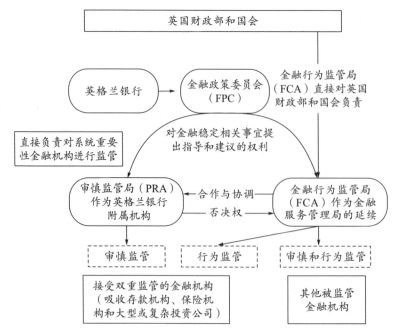

图8-8 英国"超级央行"监管架构图

资料来源：笔者根据英格兰银行网站介绍内容并结合牛慕鸿、徐昕、钟震（2018）的相关文章编制。

从图 8 - 8 可以看出，在新的监管组织架构中，英格兰银行是集货币政策、宏观和微观审慎监管于一身的"超级央行"，兼具宏观审慎监管与微观审慎监管的双重职能。其中，宏观审慎监管通过其金融政策委员会（FPC）来维持金融体系的稳定和活力，微观审慎监管则通过审慎监管局（PRA）具体执行。一旦金融政策委员会认为出现了影响金融稳定的潜在因素时，可以向金融行为监管局和审慎监管局发布指令，要求两者采取必要的措施完成宏观审慎监管。而两者则有义务实施其建议或做出相应解释。"超级央行"模式由单一机构来确定不同系统内产生的风险，并能及时采取措施，是国际金融监管组织结构改革的重要创新。

8.4.2 美国"双线多头"模式

8.4.2.1 20 世纪 30 年代前的自由放任金融监管时期

美国现代金融行业的发展始于 1782 年北美银行的成立，1782—1862 年为美国的"自由银行时期"，在这期间由美国第一银行和美国第二银行履行非正式的中央银行职能。随着商业贸易活动的日益发展，银行证券与货币之间的矛盾加剧，于是美国于 1864 年颁布了《国民银行法》，重新构建美国金融体系并设立了专门的金融监管机构，一个私营的国家银行系统开始履行这种非正式的中央银行职能。1913—1914 年，美国建立了联邦储备系统，成立美国联邦储备银行，正式履行中央银行职能，其宗旨是解决州银行与联邦银行固有矛盾引起的信用危机，也标志着美国金融监管制度的正式确立。

自由经济时期采用了自由放任的金融监管。在这种监管体系下，一方面市场上的金融机构几乎不受干预和限制地进行业务经营活动；另一方面，市场也可以不受政府控制地进行价格调节和利率调节等金融活动。由于市场的自由调节功能，金融市场上基本上不会出现行政命令；在市场准入条件、业务经营范围等方面也仅存在一些比较宽松、灵活的规定，这些规定类似于公司法。就连1913 年建立的美联储，其主要任务也不是管理整个监管体系，而只是发行钞票，建立全国支付清算系统以及承担最后贷款人，防止银行挤兑情况的发生。金融机构的微观行为就更不是监管的内容了。

20 世纪 30 年代以前，美国这种自由放任主义的金融监管理念与金融市场是契合的，因为当时仅有股票、债券等传统的金融产品，投资者们可以完全识别各金融产品的特点和风险，从而在了解和信任的基础上进行交易，即使在交易中心产生了纠纷，也可以轻易通过传统的合同法或者是信托法得以解决。随着垄断资本主义的自由发展，金融市场产生了更多复杂层次，金融产品也更加丰富，风险难以判断，自由放任主义的缺点逐渐暴露，金融市场处于无序竞争的状态，金融机构参差不齐，金融产品的价格脱离实际，证券业欺诈和投机现象十分严重。这也是 1929 年资本主义国家爆发经济危机的主要原因。经济危机使人们开始反思这种放任的经济政策，学术观念开始转变，为政府介入金融监管做了铺垫。

8.4.2.2　20 世纪 30 年代后形成的分业经营、分业监管时期

资本主义国家实行的完全市场政策和完全没有约束的自由竞争环境，最终导致 20 世纪 30 年代的经济危机，在这种背景下，凯恩斯主义经济学脱颖而出。凯恩斯主义对资本主义国家产生了巨大影响，为了增强金融发展的安全与稳定，各国纷纷开始加强政府宏观调控力度，干预市场经济。美国是受经济危机影响最大的国家，其从银行、证券监管入手，对金融监管制度做出的改革，主要表现在以下几个方面。

第一，银行业。美国于 1933 年出台了《格拉斯－斯蒂格尔法》，标志着美国全面进入分业经营、分业监管时期。商业银行不再有从事证券、保险业务的权利，也不得再开展投资银行业务。为了维持美国金融体系的稳定性和公众信心，美国建立了相关的存款保险制度，并设置了专门从事存款保险业务的企业——联邦存款保险公司（FDIC），专门为存款提供保险，检查和监督金融机构，接管倒闭机构。

第二，证券业。20 世纪 30 年代，美国国会分别通过了《1933 年证券法》和《1934 年证券交易法》，并成立了美国证券交易委员会（SEC），它是美国证券行业的最高监管机构，负责对全美证券业实施监督和管理工作。

第三，住房金融。美国颁布了《1932 年联邦住房贷款银行法》和《1934 年国民住房法》，创建了联邦住房贷款银行委员会（FHLBB），并建立了联邦储蓄贷款保险。

这一时期，美国通过严格的立法对金融业实施分业经营，在银行、证券等不同类别的金融业务之间建立严格的防火墙，然后按照不同的行业设立与之对应的金融监管机构，从而形成分业经营、分业监管的严格、全面金融监管格局，这种严格的监管体制保障了美国在这一时期没有发生大规模的系统性金融危机。

8.4.2.3　20 世纪 90 年代后形成的混业经营、分业监管时期

20 世纪 90 年代，全球金融自由化日益深化，美国严格的分业经营模式限制了本国金融业与外国的竞争，在金融业界反复呼吁下，美国于 1994 年通过了《里格－尼尔州际银行与分行效率法》，允许银行在全美范围内设立分支机

构和经营业务，彻底解除了"大萧条"后形成的关于银行经营地域的限制。1999 年，美国最终通过了以金融混业经营为核心的《金融服务现代化法》，允许成立金融控股公司，以下设子公司的形式开展银行、证券、资产管理、保险等金融业务，允许细分行业的金融机构之间交叉开展业务，这标志着已实行长达 66 年的分业经营体制被彻底打破，美国金融业全面进入了混业经营时代。但这一时期的金融分业监管组织结构并未发生根本性变化，由此形成了混业经营、分业监管的新格局。

金融经营与金融监管是一对对立统一的矛盾体，这一时期美国金融业全面进入混业经营阶段，但金融分业监管体制并未做出相应变革，导致两者出现不协调，为金融危机的爆发埋下隐患。新法案推出不到三年，美国相继出现安然事件和世通事件，更严重的是以担保债务凭证（CDO）和信用违约互换（CDS）为代表的金融创新产品被广泛运用于次贷市场，资产证券化和金融衍生品被大量用于风险转嫁，传统的分业监管模式根本无法对其进行风险识别和有效监管，风险的积累最终引发了自"大萧条"后最大规模的系统性金融风险。

8.4.2.4 次贷危机后形成的功能监管、监管协调阶段

2007 年的次贷危机使美国金融业受到了极大的冲击，美国政府和学界在深刻反思了美国金融监管体制的弊端后，于 2009 年通过了《多德－弗兰克法案》，该法案出台了限制金融业混业经营的条例，加强了金融监管机构之间的协调和沟通，设立了金融稳定监管委员会。主要改革措施如下。

新设金融稳定监督委员会（FSOC）监控系统性风险。金融稳定监督委员会的主要职责是应对金融体系中的系统性风险，并加快部门与部门之间的协调与合作，从而维持金融秩序的稳定。同时，设立隶属于财政部的金融研究办公室，通过对金融问题的细致研究支持金融稳定监管理事会的工作。监管对象也有所改变，具有系统重要性的保险公司、投资银行等金融机构也被纳入了监管体系，而原来的监管对象只有银行和银行控股公司。加强对系统重要性金融机构（SIFIs）的监管是本次改革的重要落脚点。

按功能实行分业监管。2008 年全球金融危机之后，美国的金融改革加强了对金融监管概念的理解，对原混业经营、分业监管的监管模式进行了重大改革，监管对象从按市场参与主体划分转变为按业务功能划分，对同种功能的同类业务制定相同的监管标准。

美联储成为监管的最高机构，其职能不仅包括宏观调控，还开始向中微观领域延伸。事实上，本次改革确立了美联储（FED）作为金融监管体系最高机

构的地位，美联储的监管范围除州注册的联储成员银行和外资银行外，还负责与金融稳定监督委员会监控系统风险；同时，美联储的监管范围还开始向中微观领域延伸，为了确保金融机构的健康运营，美联储可以对其资产结构做出规定；最后，为了增强其应对经济波动的能力，美联储还被赋予了一项重要权利，即对系统性重要机构提出监管标准，如对大型金融控股公司的资本金和流动性提出更高的要求。美国金融监管体系的变迁历程见表 8-12。

表 8-12 美国金融监管体系的变迁历程

时期	监管模式	标志性时间及特征
20 世纪 30 年代以前	自由放任的金融监管	1864 年颁布《国民银行法》，货币监理署正式建立，标志着美国金融监管制度开始建立；1913 年通过《联邦储备法案》，设立了联邦储备体系
20 世纪 30 年代至 90 年代	分业经营分业监管	1933 年《格拉斯—斯蒂格尔法案》将信贷业务与证券业务严格分离；《1934 年证券交易法》，成立美国证券交易委员会。（标志着美国全面进入分业经营、分业监管时期）虽然 20 世纪 70 年代兴起的金融自由化使得美国的金融业有一定程度的混业经营，但分业经营、分业监管仍占主导地位
20 世纪 90 年代至次贷危机前	混业经营分业监管	1999 年《金融服务现代化法案》彻底结束了银行、证券、保险分业经营的局面，标志着美国进入了混业经营、分业监管时期
次贷危机至今	功能监管监管协调	2010 年《多德—弗兰克法案》规定了功能监管，设立了金融稳定监管委员会，强化金融监管机构之间的沟通与协调，突出了防范系统性风险

资料来源：笔者根据相关资料整理。

8.4.3 印度"监管协调"模式

印度与中国同为发展中大国，具有相似的经济发展阶段和金融发展历程，在当前金融监管组织结构研究多以西方发达国家为案例的情形下，我们特别选取印度作为案例，对其金融监管组织结构的演进历程进行梳理，以期可以从中得到对我国金融监管组织结构改革有益的启发。

8.4.3.1　20 世纪 90 年代前印度的金融监管组织结构

印度独立后沿袭了英国殖民时期的金融体系，对金融业的监管逐步形成了两大监管体系，一是负责对全国银行体系实施监管的印度储备银行（RBI），另一个是负责对所有金融机构非传统性业务进行监管的证券交易委员会（SEBI）。印度储备银行除对全印银行业进行监管外，还是印度的中央银行。

证券交易委员会监管的非传统性业务包括证券发行业务、共同基金、政府债券交易、保险、信用卡业务及代理、金融担保等。可以看出，印度较早就建立了分业监管的金融监管体系。见图 8-9。

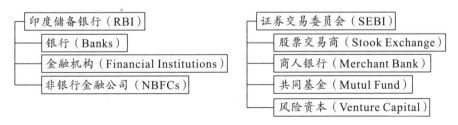

图 8-9　20 世纪 90 年代前印度的金融监管组织结构

资料来源：杨秀齐. 简评印度金融监管体系 [J]. 南亚研究季刊, 1999, (1): 2, 16-23.

8.4.3.2　20 世纪 90 年代后印度的金融监管组织结构

20 世纪 90 年代初，受国内经济形势恶化和全球经济一体化浪潮的影响，印度采取了自由化、市场化、全球化的经济调整政策，并通过 1991 年和 1997 年两次纳拉欣姆（Narasimhan）金融改革委员会推行金融体系改革。1999 年，印度成立了保险监管和发展局（IRDA）；2003 年，印度成立了养老基金监管和发展局（PFRDA）；加上消费者事务部（MCA）、远期市场委员会（FMC）、养老基金监管和发展局等监管机构，印度形成了分业经营、分业监管的格局。[①] 为了加强监管部门之间的协调，印度财政部于 1992 年组建了资本市场高层协调委员会（HLCC）。见图 8-10。

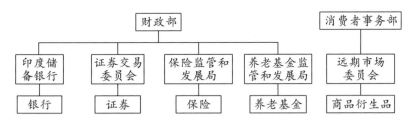

图 8-10　20 世纪 90 年代后印度的金融监管组织结构

资料来源：笔者根据 Draft Report of the Committee on Financial Sector Reforms（CFSR），Chapter 6：A Growth-Friendly Regulatory Framework 相关信息整理。

---

① A. Pandey, G. L. Sharma, V. K. Mehta, Financial System and its Regulation in India, McGraw Hill Education（India）Private Limited, 2016.

8.4.3.3　次贷危机后印度的金融监管组织结构

次贷危机后，为了加强金融协调，防范系统性金融风险，印度于 2010 年 12 月成立了金融稳定和发展委员会（FSDC），使其凌驾于印度储备银行、保险监管和发展局、印度证券交易委员会和养老金监管和发展局等监管机构之上，这种机制设计使金融稳定和发展委员会成为一个跨部门领导机关，便于统筹和协调各部门之间的金融监管。金融稳定和发展委员会主席由财政部部长担任，成员包括印度储备银行、保险监管和发展局、印度证券交易委员会和养老基金监管和发展局的负责人以及其他部门的负责人员。金融稳定和发展委员会下设的小组委员会取代之前的资本市场高层协调委员会。小组委员会主席由印度储备银行行长担任，金融稳定和发展委员会成员也是小组委员会成员。[①]

可以看出，印度当前的金融监管组织结构与我国较为相似，都是分业监管格局，都成立了跨部门的金融稳定委员会。不同点主要表现在：印度的中央银行同时兼具银行监管职能，我国是由央行和银保监会分任；印度金融稳定委员会主席由财政部部长担任，我国金融稳定委员会负责人为国务院分管金融工作的副总理；印度证券和商品衍生品由两个不同机构监管，我国是由证监会统一负责。

8.4.4　对国际典型监管模式的评析

梳理英国金融监管体制的演进脉络，我们发现呈现出"统一——分设—再统一监管"的趋势。20 世纪 30 年代以前，由于金融业不太发达，由央行统一实施金融监管；随着金融业的不断发展，金融创新日益复杂，单个金融监管机构已经无法完成繁杂的监管任务，只有专业化才能提高监管效率，于是就形成了针对不同特征的金融机构实施分业监管的格局；而伴随着金融混业经营的不断深化，金融创新层出不穷，各种金融业务不断渗透，分业监管已经无法应对这种变化，于是又出现了统一监管的趋势。梳理上述变化趋势，从表象看，是中央银行与金融监管机构之间的分合问题，如果从前文论述的协调视角剖析，是将不同的金融调控职能授予不同的机构还是授予一个统一的机构，哪个协调效果更好的问题。

首先，我们考察将货币政策和金融监管分别授予不同的机构还是授予一个统一的机构的协调效力问题。对这一问题的分析，2016 年诺贝尔经济学奖获得者、国际货币基金组织首席经济学家布兰查德（Olivier Blanchard）的观点较具代表性，布兰查德认为，自"大萧条"后货币政策和金融监管相分离的

---

① "Structure of Financial Stability and Development Council"，http://finmin. nic. in.

趋势很可能要得到扭转。因为通过控制杠杆率来控制金融机构风险，是金融监管的基本手段，货币政策对金融机构的杠杆率和风险承担具有潜在影响。如果由一个机构同时负责这两项职能，可以有效避免机构之间的协调问题，既能有效降低潜在风险，又能在危机救助时实现统一部署，而中央银行长期负责宏观经济调控与管理，是宏观审慎管理的"天然"候选人，那么组建"超级央行"解决金融监管长期存在的协调问题便是"釜底抽薪"之举（Olivier Blanchard et a1，2010）。国际清算银行、国际货币基金组织等国际机构也认为，从长期来看，中央银行维护币值稳定和维护金融稳定的目标是一致的，货币政策和宏观审慎政策能够相互补充、相互促进。一方面，货币政策保持宏观经济的稳定性能降低顺周期性问题所引起的金融体系脆弱性；另一方面，宏观审慎政策在一定程度上提高了金融体系的弹性，能够在金融动荡时维护宏观经济稳定，进而促进了货币政策的有效性，由中央银行同时负责货币政策和宏观审慎的"双支柱"调控，具有合理性（BIS，2009、2010；IMF，2009、2010）。

其次，我们考察是将金融监管和金融救助分别授予不同的机构还是授予一个统一的机构的协调效力问题。20世纪末，英国《英格兰银行法》颁布后，对金融机构监管权由英格兰银行移交给了金融服务管理局，其表面是货币政策与金融监管的分离，背后则体现的是事前事中审慎监管与事后危机解除的分离。当时理论界普遍认为，通过使用微观审慎监管手段（如调整资本充足率、坏账拨备率等）足以保证个体金融机构经营稳健，个体稳健就能保障金融体系的整体稳健，因此开始质疑危机救助机制是否有存在的必要。事后的金融危机证明，将金融监管和金融救助彻底分离在出现系统性风险时具有极大的协调成本——中央银行在对事前事中金融监管不知情的情况下实施救助，不是力度太小错过最佳救助时机，就是"大水漫灌"成为"冤大头"。所以，英国于2012年颁布了新的《金融服务法案》，正式确立了"超级央行"模式，历史转了一个圈，又回到了原点。而隐藏在其后的，是金融监管的协调问题。

总结美、印金融监管组织结构的演进历程，我们可以得到如下启示。

第一，都是从分业监管模式走向协调监管模式。1929—1933年世界经济危机后，世界上的主要国家均学习美国建立起金融分业监管的体制，印度作为后起的发展中国家，在自身金融监管体制的选择上也追随了美国的步伐。进入20世纪90年代，美国由分业经营、分业监管过渡为混业经营、分业监管，21世纪初发展为混业经营、协调监管。作为资本主义国家，印度金融监管组织结构的演进与美国极为相似，也是先经历混业经营、分业监管，进而过渡为混业经营、协调监管。从美、印两国的金融监管组织结构演进历程可以看出，多头监管的国家已经达成一个共识，即设立一个跨部门、独立的监管协调机构以加强各监管机构之间的协调。美、印、英三国金融监管协调机构的比较见表8-13。

表8-13　美、印、英金融监管协调机构比较

	美国	印度	英国
名称	金融稳定监管委员会（FSOC）	金融稳定和发展委员会（FSDC）	金融政策委员会（FPC）
职责	监测系统性风险，负责部门之间的监管协调	金融稳定、金融部门发展、跨部门金融监管协调	监测系统性风险，及时发出预警并提出政策建议，进行政策协调
牵头部门	财政部	财政部	英格兰银行
与央行关系	央行之上	央行之上	央行之下
成员构成	总计15人 财政部部长（主席）、美联储主席、金融消费者保护局局长、货币监理署署长、证券交易委员会主席、存款保险公司主席、商品期货交易委员会主席、联邦住房金融局局长、储蓄信贷监管机构负责人、独立的保险专家、金融研究办公室主要负责人、联邦保险办公室负责人，以及银行、证券、保险州监管机构的3名协调员	财政部部长（主席）、印度储备银行行长、保险监管和发展局局长、印度证券交易委员会主席、养老基金监管和发展局局长，以及其他部门负责人员	总计11人 中央银行行长（主席）、3名中央银行其他高级管理人员、审慎监管局CEO、1位财政部代表、4名外部成员（财政部提名）

资料来源：笔者根据相关资料整理。

第二，金融监管协调机构都凌驾于中央银行和监管机构之上。美联储前主席伯南克在《行动的勇气》（*The Courage to Act*）一书中说道："问题的根源不是混业经营，而是美国碎片化的分业监管。"在反思金融危机时，美国前财政部长盖特纳也认为，在分业监管系统中，整个金融系统的稳定无人问津，随处可见各种监管漏洞和各类势力的竞争与冲突。

美国前财政部长盖特纳在反思金融危机时也说道："美国的分业监管体系，充斥着各种漏洞和各种势力的角逐，充满着若隐若现的勾心斗角，然而却没人会为整个系统的稳定性负责。"[①]实践已经证明，在多头监管体系下，仅

---

① 转引自吴红毓然：《金融监管谋变》，《财新周刊》2018年第7期。

仅依靠监管机构之间的自发协调无法防范系统性风险，必须有一个机构从整体层面进行监管协调，为整个系统的稳定性负责。为了保证协调的权威和效果，这个机构须凌驾于中央银行和监管机构之上。这与"超级央行"模式中协调机构位于央行之下大相径庭。Hoo－kyu Rhu（2011）比较了将宏观审慎和监管协调机构设置在央行之下和之上的利弊。设置在央行之下，决策过程更快，责任更清晰，其他政策能保持中立；设置在央行之上，一个跨机构的独立实体有利于集中各方优势把重点放在金融稳定上，也能够加强监管机构之间的协调。具体比较见表8－14。

表8－14　宏观审慎和监管机构设置在央行之上与央行之下模式利弊比较

	央行之上	央行之下
决策的当机立断性	×	○
明确的角色与责任	×	○
行政与财政的独立性	△	○
相关机构的专业知识	○	×
中央银行的声誉	○	△
代表性国家	美国、印度	英国

资料来源：根据Hoo-kyu Rhu（2011）、王璟怡（2012）的相关文章及笔者的综合整理。

8.5　我国"货币政策＋宏观审慎政策"双支柱调控框架的优化分析

8.5.1　我国"双支柱"调控的实践现状

"双支柱"调控是随着宏观审慎监管的发展而出现的一种全新金融调控理念。2009年3月，我国加入巴塞尔委员会，开始研究如何强化宏观审慎管理的政策措施，并在2010年的《中共中央关于制定国民经济和社会发展的第十二个五年计划建议》中首次提出"构建逆周期的宏观审慎管理制度框架"。

2010年11月颁布的《金融业发展和改革"十二五"规划》中首次将"建立健全金融宏观审慎政策框架"放到了首要位置，要求进一步构建和完善逆周期的宏观审慎政策框架。该报告确定了我国金融监管体制未来的改革方向。

2011年，为配合危机期间刺激政策逐步退出，我国正式引入差别准备金动态调整机制。差别准备金动态调整机制实施了5年，与利率、公开市场操作、存款准备金率等货币政策工具相配合，有力地促进了货币信贷平稳增长，维护了整个金融体系的稳定性。

随着经济形势和金融业的发展变化，中国人民银行不断完善政策框架。2016年，实行5年之久的差别准备金动态调整机制升级为宏观审慎评估体系（MPA）。宏观审慎评估体系从资本和杠杆、资产负债、流动性、定价行为、资产质量、跨境融资风险、信贷政策执行情况七大方面对金融机构的行为进行多维度的引导和严格的监管。宏观审慎资本充足率是宏观审慎评估体系的核心，央行主要通过宏观审慎资本充足率来调控银行信贷增长。

2016年5月起，央行将全口径跨境融资宏观审慎管理范围扩大至全国范围的金融机构和企业，并对跨境融资进行逆周期调节，控制杠杆率和货币错配风险。2017年第一季度起，央行将表外理财纳入宏观审慎评估的广义信贷指标。

2017年10月18日，十九大报告中正式提出"健全货币政策和宏观审慎政策双支柱调控框架"，这是我国宏观调控和金融监管的重大创新，是未来一段时期指导金融改革发展的行动指南（周小川，2017）。我国"双支柱"调控框架如图8-11所示。

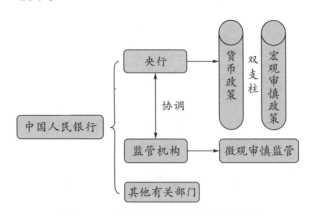

图8-11　我国"双支柱"调控框架图

资料来源：笔者综合绘制。

由图8-11可知，我国改革后的金融监管体系，既兼顾我国国情和历史路径，同时也参考了金融危机后部分国家的经验，对现存问题有很强的针对性，较为科学、合理，预计将有良好收效。宏观层面，由人民银行负责货币政策、宏观审慎政策（即"双支柱"），"双支柱"致力实现币值稳定和金融稳定，同时也在一定程度上参与审慎监管。微观层面，由银保监会、证监会负责具体的监管措施落实，这是"双支柱"的柱础。而宏观、微观之间的协调由金稳委等机构去实现。同时，银保监会主席兼任人行党委书记，也能从另一个方面促进宏观、微观之间的协调。货币政策、宏观审慎、微观监管三者明确分工又充分协调运作，金融监管的"双支柱"调控模式基本成型。

在"双支柱"调控框架下，由于央行并不直接负责金融监管，为了对可能导致系统性风险的金融市场行为进行全面监管，如把影子银行、房地产金融、互联网金融等纳入宏观审慎政策框架，银监会积极探索宏观审慎的有效形式，出台了具体的宏观审慎监管政策。见表8-15。

表8-15 我国银监会实施宏观审慎监管的具体内容

监管内容	监管政策	实施细节
加强对系统提示性风险的预警和提示	高度重视系统重要性机构对银行体系的影响	监管工作重心向大型商业银行和农村信用社等具有系统性和全局性影响的银行业金融机构倾斜
	提供窗口指导和风险提示	通过多种方式向银行业金融机构提示重大产业政策调整和风险信号，要求及时采取有效措施应对相关风险
	建设风险早期预警系统	银行业风险早期预警系统已开始运行，通过选定一系列银行风险逆警和提示系统
	利用压力测试评估银行体系风险	2007年下发《中国银行业压力测试指引》，指导商业银行根据本行风险状况和风险因素开展压力测试，并根据压力测试结果要求银行制订和实施抵御风险的应急方案和行动计划
开发宏观审慎监管的政策工具箱	增加逆周期资本缓冲	提出相机抉择的逆周期资本缓冲监管要求。在最低资本充足率8%要求的基础上，增加逆周期资本缓冲，要求中小商业银行总体资本充足率达到10%，具有系统重要性的大型商业银行总体资本充足率达到11%
	实施动态风险拨备	根据各类信贷资产实际损失率的测算，动态调整贷款损失准备，并将拨备覆盖率监管指标逐步从100%提高到130%再到150%
	引入杠杆率监管制度	2009年6月，根据巴塞尔委员会的最新研究进展，初步形成杠杆监管方案，要求商业银行表内外主要资产不得超过所有者权益的一定倍数，约束商业银行非理性的信贷扩张
	动态调整贷款价值（LTV）	2006年6月以来，多次会同有关部门根据房地产市场和贷款率风险状况，调整个人住房贷款乘数和利率要求

监管内容	监管政策	实施细节
加强对系统实施重要性金融	构建并表监管制度框架和新的动态监管指标体系	2008年，印发《银行并表监管指引（试行）》。2010年，结合危机国际金融监管改革最新建议，制定新监管指标动态监测制度，构建并表基础上动态监测系统重要性机构的监管指标体系。要求银行业金融机构计提相应的附加资本缓冲
	推动《巴塞尔协议Ⅱ》《巴塞尔协议Ⅲ》	2010年，完成系统重要性银行业金融机构巴塞尔协议实施情况的阶段性评估
	构建风险防火墙	审慎推进系统重要性机构综合经营试点，准入审查时强调在母行和监管附属机构间建立防火墙制度。
	收集信息数据	定期收集系统重要性机构并表口径各类报表，持续监测集团整体风险指标，对集团发展战略、组织架构、业务发展和风险状况进行信息收集和综合分析
	建立境内外监管机构信息共享机制	召开中国工商银行、中国银行监管（国际）联席会议，邀请境外东道国监管当局和境内跨业监管机构参加
坚持跨市场风险隔离，加强跨境业务风险监测和应对	夯实跨市场风险隔离制度的基础	强化信贷市场与资本市场的风险隔离，强化信贷市场与债券市场风险隔离，强化信贷市场与房地产市场的风险隔离等
	密切关注境外金融机构经营变化和重大风险事件	初步建立外资银行跨境风险传递应对机制

资料来源：王兆星、李志辉：《中国金融监管制度优化设计研究》，中国金融出版社，2016年，第475-476页。

"双支柱"调控框架形成后，我国随之进行了相应的金融监管机构改革。2018年通过的国务院机构改革方案将银监会和保监会的职责整合，组建中国银行保险监督管理委员会（简称银保监会），作为国务院直属事业单位。同时，将银监会和保监会拟订银行业、保险业重要法律法规草案和审慎监管基本制度的职责划入中国人民银行。这宣告了宏观审慎政策权限基本上划入央行，"双支柱"调控框架更加清晰完备，并且对微观审慎监管也有所参与。银保监会、证监会则实施微观监管职能，包括金融机构的微观审慎监管及消费者保护等行为监管。而宏观与微观之间，以及"一行两会"与其他有关部门之间的协调则由国务院金融稳定发表委员会（简称金稳委）负责，共同构成"一委一行两会"的金融监管体系。至此，酝酿已久的金融监管体系改革到2023年3月告一段落。具体见图8-12。

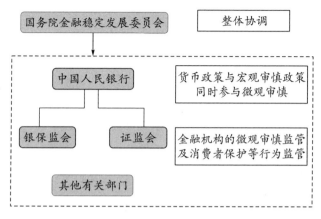

图 8 - 12 我国"一委一行两会"金融监管组织结构图

资料来源：笔者综合绘制。

根据图 8 - 12，将我国确立的新金融监管组织结构与众多西方发达国家相比较，最为相似的是英国模式①，英国在 2007 年金融危机后，参考澳大利亚等国家建立了"双支柱 + 双峰监管"模式。由英格兰银行负责货币政策、宏观审慎政策，形成"双支柱"调控；同时，英格兰银行下设审慎监管局，与英格兰银行之外设立的金融行为监管局共同构成"双峰监管"。英国改革后的金融监管组织结构见图 8 - 13。

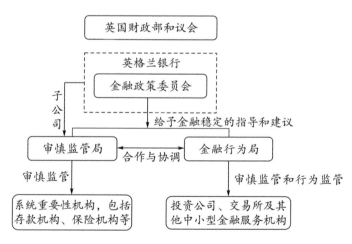

图 8 - 13 英国改革后的金融监管组织结构图

资料来源：黄志强. 英国金融监管改革新架构及其启示 [J]. 国际金融研究，2012 (5)：19 - 25.

---

① 参见《中国金融监管改革方案最快今夏推出 更倾向于英国央行架构》，"IMI 每日综述"，2016 年 3 月 30 日。

我国金融监管组织结构与英国的金融监管组织结构的主要区别有：

（1）微观监管不由两个机构负责"双峰监管"，微观审慎监管和行为监管均由监管机构（银保监会、证监会）负责（但监管机构内部有类似"双峰"的划分，比如内设分别负责审慎监管和消费者保护的部门），这主要是考虑我国金融机构发展程度与西方还有一定差距，有时在实际操作中，微观审慎与机构行为区分没那么清晰，执法检查也可一同进行，宜由一个机构统一负责。

（2）央行不直接负责微观审慎，而是宏观、微观均统一接受金稳委协调、指导，这是宏观、微观联结的关键点。

8.5.2 我国货币金融监管协调机制发展演进历程

自金融监管职能从人民银行分离之始，我国的金融监管合作就采用监管协调模式。2000年9月，为解决当时有关证券公司融资、保险资金入市等涉及多个监管部门的问题，人行、证监会、保监会等部门不定期地开展合作。2003年，银监会从人行分出单设之后，银监会代替人行参加联席会议，从此开始了"没有央行参加"的金融监管协调会议，但是，银、证、保三方联席会议开过两次后就一直处于中断状态。2008年，人民银行公布的"三定"方案让人行重回监管联席会议，并由其"会同银监会、证监会和保监会建立金融监管协调机制"，由于种种原因，该机制未能得到较好的落实。2013年8月15日，国务院批复同意建立由人民银行牵头的金融监管协调部际联席会议制度，我国的金融监管协调有了正式的制度安排。部际联席会议成立后，2016年我国还在国务院办公厅下设金融事务局，专司涉及"一行三会"的金融监管协调。然而，无论是部际联席会议还是国办下的金融事务局，其既定的监管协调功能发挥得并不尽如人意。于是，2017年7月15日的第五次全国金融工作会议设立了国务院层面的金融稳定发展委员会，金融监管协调迎来了超级"协调员"和"裁判员"。具体演进历程见表8-16。

表8-16 我国金融监管协调机制发展演进历程

时间	涉及部门	事件	达成的协议或成果
2000年9月	"一行二会"（央行、证监会、保监会）	规定每季度召开例会	解决有关证券公司融资、保险资金入市等问题
2003年6月	"三会"（银监会、证监会、保监会）	成立专门工作小组	起草了《银监会、证监会、保监会在金融监管方面分工合作的备忘录》

续表8-16

时间	涉及部门	事件	达成的协议或成果
2003年9月	"三会"（银监会、证监会、保监会）	召开第一次监管联席会议	确立了对金融控股公司的主监管制度，即依据集团公司主要业务性质归属相应监管机构负责
2004年3月	"三会"（银监会、证监会、保监会）	召开第二次监管联席会议	银行为符合条件的证券中介机构提供融资服务，保证保险资金审慎有序地进入资本市场
2007年1月	"一行三会"（央行、银监会、证监会、保监会）	全国金融工作会议	温家宝总理讲话提出"完善金融分业监管体制机制，加强监管协调配合"
2008年8月	"一行三会"（央行、银监会、证监会、保监会）	人民银行公布"三定"方案	人民银行会同"三会"、财政部建立健全金融监管协调机制，建立完善金融控股公司和交叉性金融业务的监管制度
2013年8月	"一行三会"（央行、银监会、证监会、保监会）	国务院同意建立金融监管协调部际联席会议制度	同意建立由人民银行牵头的金融监管协调部际联席会议制度，成员单位包括银监会、证监会、保监会、外汇局等
2016年1月	国务院办公厅、"一行三会"	成立国务院办公厅金融事务局	负责协调金融和经济监管机构工作，重点处理涉及"一行三会"的行政事务协调
2017年7月	"一行三会"（央行、银监会、证监会、保监会）	全国金融工作会议提议成立国务院金融稳定发展委员会	确定由国务院金融稳定发展委员会统领金融监管协调职能
2017年11月	金稳会、"一行三会"	国务院金稳会召开第一次全体会议	确定金融稳定发展委员会的主要职责与工作重点
2018年3月	金稳会、"一行三会"	构建"一委一行两会"的监管新架构	将银监会和保监会的职责整合，组建中国银行保险监督管理委员会，将银监会和保监会拟订银行业、保险业重要法律法规草案和审慎监管基本制度的职责划入人行

资料来源：笔者综合整理。

事实上，2008年为应对全球性金融危机，国务院主持成立了金融危机应对小组（Financial Crisis Response Group，FCRG），由国务院负责金融事务的副总理主持，成员来自人民银行、国家外汇管理局、国家发展改革委员会、财政部、银监会、证监会和保监会。金融监管协调部际联席会议制度的建立则是我国宏观审慎监管的另一个重要尝试。

2013 年 8 月，国务院批复建立由人民银行牵头，银监会、证监会、保监会和外汇局参加的金融监管协调部际联席会议制度，必要时可邀请发展改革委、财政部等有关部门参加。从国务院赋予联席会议的职责和任务看，部际联席会议实际上是为满足宏观审慎决策及监管的需要，在货币当局以及金融监管机构之间构建的协调组织。其主要职责是协调，包括做好货币政策和金融监管政策的协调和维护金融稳定及防范化解区域性、系统性金融风险的协调等。部际联席会议办公室设在人民银行，通过季度例会或临时性会议等方式履行工作职责。

党的十九大不仅把宏观审慎政策纳入中央的正式文件，更重要的是对此作了两大重要部署。一是对现有的金融监管机构在组织上及金融监管部门在职能上进行了全面重大调整。如成立国务院金融稳定发展委员会，成立银行保险监管委员会，把宏观审慎政策职能划归人民银行，把微观监管职能划归银保监会等。二是把"防范和化解系统性风险、守住不发生系统性金融风险的底线"作为未来几年经济工作最重要的任务。由此可见，我国的金融监管协调制度经历了"合作备忘录—部级联席会议—金委会牵头协调"三个阶段，三个阶段协调模式的比较见表 8－17、表 8－18 和表 8－19。

表 8－17　《三大监管机构金融监管分工合作备忘录》的主要内容

合作监管机构	中国银监会、中国证监会、中国保监会
指导原则	分业监管，职责明确，合作有序，规则透明，讲求实效
工作机制	建立银监会、证监会、保监会监管联席会议机制。监管联席会议成员由三方机构的主席组成，每季度召开一次例会，由主席或其授权的副主席参加，讨论和协调有关金融监管的重要事项，已出台政策的市场反应和效果评估，以及其他需要协调、通报和交流的事项。监管联席会议仅协调有关三方监管的重要事宜，原三方监管机构的职责分工和日常工作机制不变 银监会、证监会、保监会任何一方与金融业监管相关的重要政策、事项发生变化，或其监管机构行为的重大变化将会对他方监管机构的业务活动产生重大影响时，应及时通告他方。若政策变化涉及他方的监管职责和监管机构，应在政策调整前通过"会签"方式征询他方意见。对监管活动中出现的不同意见，三方应及时协调解决 建立银监会、证监会、保监会经常联系机制，由三方各指定一名综合部门负责人参加，综合相关职能部门的意见，为具体专业监管问题的讨论、协商提供联系渠道 银监会、证监会、保监会召开监管联席会议和经常联系机制会议时，可邀请人民银行、财政部或其他部委参加

资料来源：笔者根据《三大监管机构金融监管分工合作备忘录》整理。

表8-18 金融监管协调部际联席会议的制度安排

组成单位	联席会议由人民银行牵头，成员单位包括银监会、证监会、保监会、外汇局，必要时可邀请发展改革委、财政部等有关部门参加 人民银行行长担任联席会议召集人，各成员单位主要负责同志为组成人员，包括银监会主席、证监会主席、保监会主席和外汇局局长 联席会议联络员由成员单位有关司局负责同志担任。联席会议成员因工作变动需要调整的，由所在单位提出，联席会议确定 联席会议办公室设在人民银行，承担金融监管协调日常工作。
职责和任务	货币政策与金融监管政策之间的协调 金融监管政策、法律法规之间的协调 维护金融稳定和防范化解区域性系统性金融风险的协调 交叉性金融产品、跨市场金融创新的协调 金融信息共享和金融业综合统计体系的协调 国务院交办的其他事项
工作规则和要求	联席会议重点围绕金融监管开展工作，不改变现行金融监管体制，不替代、不削弱有关部门现行职责分工，不替代国务院决策，重大事项按程序报国务院。联席会议通过季度例会或临时会议等方式开展工作，落实国务院交办事项，履行工作职责。同时，还要求联席会议建立简报制度，及时汇报、通报金融监管协调信息和工作开展情况

资料来源：笔者根据中国人民银行报告整理。

表8-19 多层次宏观审慎政策协调机制的设计

宏观审慎监管职能	牵头机构	参与机构
系统性风险监测评估	人民银行	银监会、证监会、保监会、外汇局
动态调整差别准备金	人民银行	银监会
跨境资本流动监管	人民银行	银监会、证监会、保监会、外汇局
逆周期资本缓冲监管	银监会	人民银行
实施动态风险拨备	银监会	人民银行
杠杆率监管	银监会	人民银行
动态调整贷款价值比率	银监会	人民银行
系统重要性附加资本要求	主监管机构	相关监管机构

资料来源：笔者综合整理。

8.5.3 "双支柱"调控框架下我国货币金融监管体制的优化分析

防范和化解风险是金融业发展的永恒主题，各国金融监管制度演化的历史很大程度上就是与金融风险斗争的历史。预测、控制金融风险，维护金融稳健运行，需要社会多方面共同努力，而政策部门的有效监管和监管组织结构的合理性至关重要。习近平总书记深刻指出："透过现象看本质，当前的金融风险是经济金融周期性因素、结构性因素和体制性因素叠加共振的必然后果。"①2017 年 12 月召开的中央经济工作会议指出："后三年要重点抓好决胜全面建成小康社会的防范化解重大风险、精准脱贫、污染防治三大攻坚战。打好防范化解重大风险攻坚战，重点是防控金融风险点是防控金融风险。"当前，我国经济处于转变发展方式、优化经济结构、转换增长动力的关键时期，政策目标的多维性进一步凸显，不同目标间的联系日趋复杂。因此，需要协调运用财政、货币、监管、区域等多重政策工具，多管齐下地防范系统性金融风险。

本轮金融监管体制改革的根本目标是弥补宏观与微观的割裂，黏合两者之间致命的伤口。主要工作内容是对金融机构进行逆周期干预，在信贷（广义的，反映各种信用行为）过快扩张时及时遏制，并防止风险的进一步扩散。比如央行的 MPA，其基本原理就是将银行的广义信贷（包括大部分表内信用行为和表外理财）增速与资本充足率挂钩，资本充足率越高，则允许越高的广义信贷增速。而资本充足率有限的情况下，广义信贷增速也将被限制在一定上限之内。

但是，宏观审慎必然要求拥有微观上调节银行资产负债表的权利，并严加检查。否则，聪明绝顶的微观理性人，为了扩大盈利，总能找到突破宏观审慎框架的手段。比如，MPA 实施之后，所谓的银行"表表外"业务马上被发明出来，不在上述广义信贷统计范围内。如果放任其发展，那么 MPA 也将再次被绕开。因此，微观上确保银行行为合乎规范，不走歪门邪道，以及控制业务顺周期性，都是极其必要的。换言之，"双支柱"调控框架的效果建立在关键的柱础之上，即微观监管，共同构成"双支柱 + 柱础"模式。单凭央行一己之力不可能有效实现宏观审慎监管。英国选取的方法，是把微观审慎监管置于央行金融政策委员会指导之下，而我国，则是让"'双支柱' + 微观审慎监管"均由金稳委统一领导，且央行也能参与审慎监管。其根本目标均是为了实现宏观、微观之间的完美协调。

深刻理解了上述关系之后，我们再来观察此次金融监管体系改革方案，便可认识到其具有多项符合逻辑的正面意义。

把拟订银行业、保险业重要法律法规草案和审慎监管基本制度的职责划入人民银行，人民银行也参与部分微观审慎监管工作，相当于是宏观、微观监管规则制定与"双支柱"更加紧密，宏观、微观的割裂有望缓解。

---

① 习近平：《习近平谈治国理政》（第 2 卷），外文出版社，2020 年，第 232 页。

同时，把规划与发展行业的职能从监管机构剥离，以免与其从严的监管取向冲突，有助于监管"长牙齿"。毕竟，同一监管机构又要发展本行业，又要监管本行业，这是有目标冲突的。

监管机构"长牙齿"之后，在金稳委统一指导下，有望严厉矫正金融机构行为上的扭曲，使政策传导更为通畅有效，有利于"双支柱"调控框架的最终落实。当然，离真正的畅通无阻，还需要较长时间的努力。

党的二十大报告提出：深化金融体制改革，建设现代中央银行制度，加强和完善现代金融监管，强化金融稳定保障体系，依法将各类金融活动全部纳入监管，守住不发生系统性风险底线。为贯彻党的二十大精神，2023 年 3 月，中共中央、国务院印发了《党和国家机构改革方案》。方案决定在中国银行保险监督管理委员会的基础上，组建国家金融监督管理总局和中央金融委员会，不再保留中国银行保险监督管理委员会、国务院金融稳定发展委员会及其办事机构。2023 年 5 月 18 日，国家金融监督管理总局揭牌。2023 年 9 月 24 日，根据《党和国家机构改革方案》，报经党中央、国务院批准，不再保留国务院金融稳定发展委员会及其办事机构。将国务院金融稳定发展委员会办公室职责，划入中央金融委员会办公室；将设在中国人民银行的国务院金融稳定发展委员会办公室秘书局，划入中央金融委员会办公室。至此，经过多年探索具有新时代中国特色社会主义的金融监管体系正式形成。

9 结论与展望

9.1 主要结论

  经过 40 多年的改革开放，我国货币和财政两大当局均基本建立了接近市场化的组织体系和管理架构，调控理念也逐步趋于现代化，两大体系内官员的管理水平也日益提升，两大当局的调控实力和机构地位也有了大幅提升。我国的两大政策均应着眼于长期稳定，货币政策和财政政策要与经济发展形势相适应，不同的经济发展阶段，具有不同的政策需求，不能单独就政策论政策，政策的研究、制定和实施必须符合经济发展阶段特色，适应经济发展形势，没有完美的货币政策和财政政策，只有与经济发展相适应的货币政策和财政政策才能起到预期的宏观调控作用。在新常态下，经济金融全球化的背景中，两大政策体系的协调与配合又具有了全新的内涵。在宏观调控上亦是如此，随着新常态的不断深入，两大政策当局在政策制定、实施的协调机制仍有待持续优化。我们认为，货币政策、财政政策与协调机制的建立，应当是一个循序渐进的过程，不可能迎刃而解，必须依据我国经济发展的实际而适时调整。根据前述分析，直至目前，在影响产出经济发展方面，财政政策较之货币政策更为直接快速，但总体影响效果不如货币政策。这也提示我们要正确看待宏观经济调控的作用。宏观经济政策的主要作用，并不是要依靠它们作为带动经济发展的驱动力，而是在保持经济环境基本稳定的条件下，为解决供给面和其他领域的问题提供有力支撑，创造必要条件。

  政府的税收政策目标均衡是动态变化的，这由经济发展水平决定并受到经济波动、财政收支、民生和政治需求和国际税收竞争的影响。从短期来看，为应对国内经济下行压力和国际税收竞争，我国税收政策目标均衡将会偏向与促进经济增长目标，实施以减税为主基调的税收政策，但这种偏离的程度会受到民生支出需求和财政赤字空间的制约。从长期来看，随着我国经济发展水平由高速增长期迈入成熟期，我国的税收政策目标均衡将会逐渐偏向与增进社会福利水平目标，宏观税负水平将会逐渐提高，以满足调节收入分配和不断扩大的公共支出需要。

目前，关于金融监管组织结构的争议实际上是没有也不可能有唯一的"解"。因为不同的金融监管制度对于处在不同发展阶段、国内经济特征不同、对外经济关系模式不同的国家，其影响和福利效应都是不一样的。换言之，最优金融监管组织结构随国家及其发展状况的不同而不同，没有一个放之四海而皆准的最优金融监管制度。一个国家金融监管组织结构的选择，实际上是受金融经济信息结构、政治经济体制、历史传统、政府及其能力、政治约束、法律环境等诸因素共同作用的结果。研究金融监管组织结构的选择，需要将这些因素纳入一个共同的分析框架。从表面看，金融监管组织结构的选择是决策当局相机抉择的结果；但实际上，金融监管制度的净收益与可持续性决定了对金融监管组织结构的选择具有内生性特征。更重要的是，金融监管组织结构的选择是一个动态的转换过程，具有历史阶段性。如同其他经济监管制度一样，金融监管的制度变迁反映了决策者和公众偏好的改变。金融监管组织结构的选择不是一劳永逸的，没有某一种金融监管组织结构适合于同一时期的所有国家或同一国家的所有时期。从长期来看，金融监管组织结构是内生制度安排，各国都会自愿或非自愿地改变其金融监管组织结构，而特定的金融监管组织结构可能只适合某一个特定时期和特定国家的需要。我们与其寻找这样一种最优金融监管组织结构，不如具体分析各种金融监管组织结构在不同发展阶段的适用性与可持续性，描绘出金融监管组织结构演变的动态路径，揭示其内生性，并对具体的国家提出金融监管组织结构选择的具体发展方向，这样对于解释和解决发展中国家的金融监管组织结构的选择困境，也许更有意义。

9.2　研究展望

本书基于目标均衡的视角构建财政政策与货币政策的动态目标均衡理论，并在此基础上，构建动态随机一般均衡模型模拟分析了我国财政政策与货币政策调整的经济效应。由于理论水平和分析技术的限制，本书只是对理论和实证分析框架做了初步探索，并未形成一套较为完善的财政政策与货币政策调整效应分析体系，因此存在进一步细化研究的空间。

　　尽管本书在理论分析部分界定了财政政策与货币政策的主要政策目标，但是由于对社会福利在经验测度和模型处理上尚没有找到好的方法，本书在模拟分析部分并没有关注增进社会福利的税收政策目标。因此，构建能反映我国广大人民对社会福利评价的社会福利函数，并将其导入对税收政策调整的实证模型中，成为有待进一步解决的问题。

　　动态随机一般均衡模型是建立在一定理论假设基础之上的，因此模拟的经济环境和实际经济运行情况存在差别。本书是在封闭经济条件下构建的动态随机一般均衡模型中，不失一般性的模拟税收政策变动的经济效应。把货币政策、国际贸易、汇率等因素纳入分析框架，分析这些经济变量与财政政策和货币政策之间的协同效应将是未来的拓展方向。

参考文献

巴曙松，朱虹，2018. 金融监管模式的演进［J］. 中国金融（7）：23 - 25.

白钦先，2000. 20 世纪金融监管理论与实践的回顾和展望［J］. 城市金融论坛（5）：8 - 15.

本书编写组，2015. 中国共产党第十八届中央委员会第五次全体会议公报［M］. 北京：人民出版社.

卜永祥，2016. "金融监管体制改革研究"问题与方向［EB/OL］.（2016 - 02 - 23）［2023 - 09 - 25］. https://opinion. caixin. com/2016 - 02 - 23/100911617. html.

布坎南，2009. 公共物品的需求与供给［M］. 上海：上海人民出版社.

曹凤岐，2016. 关于"十三五"金融改革的一些探讨［J］. 金融论坛（4）：5 - 6.

常健，2010. "后危机"时代我国金融监管体系的完善——以中央银行为核心的思考［J］. 华中科技大学学报（社会科学版）（1）：47 - 52.

陈岱孙，厉以宁，1991. 国际金融学说史［M］. 北京：中国金融出版社.

陈帆，2010. 基于契约关系的 PPP 项目治理机制研究［D］. 广州：中南大学.

陈建华，2001. 金融监管有效性研究［D］. 成都：西南财经大学.

陈三毛，钱晓萍，2017. 宏观审慎监管组织体制的构建路径研究［J］. 金融监管研究（4）：58 - 69.

陈雨露，2015. 重建宏观经济学的"金融支柱"［J］. 国际金融研究（6）：3 - 11.

崔启斌，程维妙，2017. 近半数银行家赞成调整"一行三会"［N］. 北京商报 02 - 27（7）.

崔之元，1999. "看不见的手"的范式悖论［M］，北京：经济科学出版社.

戴相龙，黄达，1998. 中华金融辞库［M］. 北京：中国金融出版社.

道格拉斯·诺思，1994. 制度、制度变迁与经济绩效［M］. 刘守英，译. 上海：上海三联书店.

邓小平，1993．1991 年视察上海时的讲话//邓小平文选：第 3 卷［M］．北京：人民出版社．

丁德圣，2013．次贷危机后国内外金融监管思路和模式研究［D］．沈阳：辽宁大学．

丁建臣，赵丹丹，2018．"双支柱"调控框架下防范和化解系统性金融风险的政策建议［J］．经济纵横（5）：107 - 113．

杜尔劳夫，布卢姆，2016．新帕尔格雷夫经济大辞典［M］．第 2 版．北京：经济科学出版社．

段志国，2016．分权背景下的地方金融监管权研究［D］．北京：中央财经大学．

恩诺克·查理士，格林·约翰，1999．银行业的稳健与货币政策———全球经济中的一些问题及经验教训［M］．朱忠，等译．北京：中国金融出版社．

范亚舟，2018．宏观审慎监管下我国金融监管机构改革及需进一步解决的问题［J］．武汉金融（7）：40 - 44．

弗尔南德斯，冈萨雷斯，阿鲁纳达，2003．零担货运运输业中的准一体化［C］//梅纳尔．制度、契约与组织——从新制度经济学角度的透视［M］．刘刚，等译．北京：经济科学出版社：344．

傅立文，2006．信息、激励与金融监管制度选择［D］．长春：吉林大学．

高明生，2005．金融监管架构的选择与监管传导机制研究［D］．天津：南开大学．

葛奇，1985．弗里德曼的货币主义理论［J］．社会科学（6）：46 - 48．

顾海峰，2010．基于金融混业视角的金融监管创新路径：功能监管论［J］．金融理论与实践（10）：25 - 29．

国务院发展研究中心"我国金融监管架构重构研究"课题组，2016．我国金融监管框架改革的初步设想［J］．发展研究（6）：8 - 12．

哈特，格罗斯曼，1996．所有权的成本和收益：纵向一体化和横向一体化的理论［C］//陈郁．企业制度与市场组织——交易费用经济学文选［M］．上海：上海人民出版社．

贺卫，伍山林，2003．制度经济学［M］．北京：机械工业出版社．

胡滨，2016．中国金融监管报告（2016）［M］．北京：社会科学文献出版社．

胡怀邦，2008．银行监管：国际经验与中国实践［M］．北京：中国金融出版社．

贾晓雯，2018．双峰监管：理论起源、演进及英国监管改革实践［J］．海南金融（5）：69 - 74．

江春，许立成，2005．金融监管与金融发展：理论框架与实证检验［J］．金融研究（4）：79 - 88．

坎南，2009．公共物品的需求与供给［M］．上海：上海人民出版社．

孔萌萌，2011．金融监管体系演进轨迹：国际经验及启示［J］．改革（12）：59 - 65．

况昕，高惺惟，2018．构建"双支柱"监管框架与金融风险防控［J］．财经科学（4）：29 - 38．

李宝良，郭其友，2016. 冲突与合作经济治理的契约解决之道——2016年度诺贝尔经济学奖得主主要经济理论贡献述评 [J]. 外国经济与管理 (11)：115 - 126.

李波，2016. 以宏观审慎为核心，推进金融监管体制改革 [N]. 第一财经日报 02 - 05 (A10).

李成，2008. 金融监管理论的发展演进及其展望 [J]. 西安交通大学学报 (社会科学版) (4)：22 - 28.

李德尚玉，2016. 设立权威、超脱、精干、专业的金融监管协调机构 [N]. 第一财经日报 03 - 21 (A11).

李宏，2006. 开放经济下中国金融监管与微观市场 [M]. 北京：中国金融出版社.

李继翠，2009. 民间金融管制的理论基础探讨 [J]. 东岳论丛 (11)：121 - 124.

李建强，张淑翠，秦海林. 货币政策、宏观审慎与财政政策协调配合——基于DSGE策略博弈分析与福利评价 [J]. 财政研究 (12)：19 - 34.

李奇霖，钟林楠. 自由与束缚间的抉择：金融危机激荡百年，就是一部监管政策轮回史 [EB/OL]. (2017 - 11 - 9) [2023 - 9 - 25]. http://www.sohu.com/a/203135994_ 117959.

李松龄，1993. 市场经济与货币主义 [J]. 金融科学 (3)：18 - 19.

廖凡，2008. 竞争、冲突与协调——金融混业监管模式的选择 [J]. 北京大学学报 (哲学社会科学版) (5)：109 - 115.

刘波，1999. 资本市场结构：理论与现实选择 [M]. 上海：复旦大学出版社.

刘婵婵，2016. 宏观审慎政策框架及其有效性研究：一个文献综述 [J]. 上海金融 (9)：44 - 51.

刘利刚，2015. 反对成立超级金管局，银监会并入央行可行 (下) [EB/OL]. (2015 - 12 - 04) [2023 - 9 - 24.] http://chinacef.cn/index.php/index/article/article_ id/296512 - 04.

刘锡良，刘雷，2017. 金融监管组织结构研究评述 [J]. 经济学动态 (1).

刘泽云，2011. 巴塞尔协议Ⅲ、宏观审慎监管与政府财政角色安排 [D]. 北京：财政部财政科学研究所.

卢现祥，朱巧玲，2012. 新制度经济学 [M]. 第2版. 北京：北京大学出版社.

满海红，2008. 金融监管理论研究——金融结构变迁下的金融监管 [M]. 沈阳：辽宁大学出版社.

毛振华，袁海霞，等，2017. 金融监管需加强四大关系协调 [J]. 金融世界 (10)：42 - 46.

美国金融危机调查委员会. 美国金融危机调查报告 [M]. 北京：中信出版社，2012.

明明，王诗雨，2017. 双支柱金融调控政策框架探究 [J]. 中国金融 (11)：36 - 38.

聂辉华，2017. 契约理论的起源、发展和分歧 [J]. 经济社会体制比较 (1)：1 - 11.

聂辉华，2005. 声誉、契约与组织 [M]. 北京：中国人民大学出版社.

聂辉华，2005. 新制度经济学中不完全契约理论的分歧与融合——以威廉姆森和哈特为代表的两种进路 [J]. 中国人民大学学报 (1)：81 - 86.

皮斯托·卡塔琳娜，许成钢，2002. 不完备法律——一种概念性分析框架及其在金融市场
　　监管发展中的应用［J］. 比较（3）：116－117.

齐小东，2010. 区域金融监管体制的优化与选择：基于公共品的视角［J］. 金融理论与实
　　践（12）：31－34.

萨缪尔森，诺德豪斯，2012. 经济学［M］. 第19版. 北京：商务印书馆.

沈庆劼，2010. 监管套利：中国金融套利的主要模式［J］. 人文杂志（5）：81.

舒米罗·安迪，刘倩云，2016. 双峰监管：一个理论分析视角［J］. 金融服务法评论
　　（8）：281－293.

宋翠玲，2007. 银行挤兑模型、外部性与对策取向［J］. 华东经济管理（12）：136－139.

孙焕民，2004. 金融监管的国际协作：实践与理论探索［D］. 成都：西南财经大学.

泰勒·迈克尔，胡春艳，系磊，2001. 金融监管一体化——来自北欧各国的经验［J］. 国
　　外社会科学（1）：94－96.

王东风，2007. 国外金融脆弱性理论研究综述［J］. 国外社会科学（5）：49－56.

王东风，汪德军，2007. 海曼·明斯基的金融不稳定假说之评析［J］. 沈阳师范大学学报
　　（社会科学版）（2）：111－113.

王广谦，1999. 中央银行学［M］. 北京：高等教育出版社.

王国刚，2016. 金融监管框架改革的重心［J］. 中国金融（10）：49－51.

王璟怡，2012. 宏观审慎与货币政策协调的研究动态综述［J］. 上海金融（11）：58－
　　64，117.

王丽颖，2015. 十八世纪的法版QE［N］：国际金融报05－11（22）.

王庆海，1998. 深刻的偏激——货币主义的重新解读［J］. 辽宁大学学报（哲学社会科学
　　版）（1）：33－35.

王曙光，2004. 金融自由化中的政府金融监管和法律框架［J］. 北京大学学报（哲学社会
　　科学版）（1）：20－25.

王兆刚，2004. 金融监管：契约理论的视角［J］. 浙江金融（4）：12－15..

王兆星，2013. 国际金融监管改革的理论与实践逻辑［J］. 中国金融（12）：22－24.

王兆星，2013. 结构性改革：金融分业混业的中间路线——国际金融监管改革系列谈之九
　　［J］. 中国金融（20）：20－23.

王志成，徐权，赵文发，2016. 对中国金融监管体制改革的几点思考［J］. 国际金融研究
　　（7）：33－40.

王忠生，2008. 我国金融监管制度变迁研究［D］. 长沙：湖南大学.

威廉姆森，1991. 比较经济组织：对离散组织结构选择的分析［J］. 管理科学季刊（2）：
　　269－296.

吴汉洪，徐国兴，2005. 不完全契约成因研究综述［J］. 经济学动态（11）：98－101.

吴金鹏，张谊浩，2004. 国际金融监管集中程度的实证分析及其启示［J］上海金融

（12）：45－47.

吴培新，2011. 资产价格泡沫、货币政策和宏观审慎监管：最新研究进展［J］. 上海金融
（5）：53－59.

习近平，2015. 关于《中共中央关于制定国民经济和社会发展第十三个五年规划的建议》
的说明［N］. 人民日报11－04（1）.

夏斌，2003. 银监会成立后的监管协调制度安排［J］. 上海金融（4）：9－10.

项卫星，傅立文，2005. 金融监管中的信息与激励——对现代金融监管理论发展的一个综
述［J］. 国际金融研究（4）：51－57.

肖璞，2013. 后危机时代中国有效金融监管问题研究［D］. 长沙：湖南大学.

谢平，蔡浩仪，2003. 金融经营模式及监管体制研究［M］. 北京：中国金融出版社.

谢平，杨硕，2017. 中国金融监管改革的十二个热点问题［J］. 新金融评论（4）：1－33.

谢识予，2017. 经济博弈论［M］. 第4版. 上海：复旦大学出版社.

徐联初，2000. 金融外部性问题与中央银行监管的理论基础［J］. 武汉金融（1）：4.

许成钢，2001. 法律、执法与金融监管——介绍"法律的不完备性"理论［J］. 经济社会
体制比较（5）：1－12.

许成钢，2017. 新制度经济学的过去和未来［J］. 比较（5）：57－61.

杨宏力，2012. 不完全契约理论前沿进展［J］. 经济学动态（1）：96－99.

杨天宇，2000. 斯蒂格利茨的政府干预理论评析［J］. 学术论坛（2）：24－27.

易宪容，2018. "双支柱"宏观调控新框架的理论研究［J］. 浙江社会科学（7）：37－
45，156.

易宪容，2018. 双支柱调控框架是未来金融稳定的保证［EB/OL］. （2018－04－23）［2023－
9－27］. https：//www. financialnews. com. cn/ll/gdsj/201804/t20180423_ 136936. html.

尹龙，2005. 金融创新理论的发展与金融监管体制演进［J］. 金融研究（3）：7－15.

于立，肖兴志，2001. 规制理论发展综述［J］. 财经问题研究（1）：17－24.

于永宁，2010. 后危机时代金融变革之道［D］. 长春：吉林大学.

张承惠，2016. 金融监管框架重构思考［J］. 中国金融（10）：46－48.

张承惠，陈道富，等，2016. 我国金融监管架构重构研究［M］. 北京：中国发展出版社.

张承惠，王刚，2016. 日本金融监管架构的变迁与启示［N］. 中国经济时报06－13
（A05）.

张杰，2011. 制度金融理论的新发展：文献述评［J］. 经济研究（3）：145－159.

张敏锋，2014. 我国宏观审慎政策有效性研究［D］. 泉州：华侨大学.

张敏锋，林宏山，2017. 基于DSGE模型的"货币政策＋宏观审慎政策"双支柱调控政策
协调配合研究［J］. 上海金融（12）：3－9.

张鹏，2011. 金融监管组织架构优化的路径选择［J］. 金融论坛（11）：31－37.

张鹏，2013. 金融监管体系变迁的国际比较研究——基于结构视角的分析［M］. 北京：中

国财政金融出版社.

张琦, 2015. 公共物品理论的分歧与融合 [J]. 经济学动态 (11): 152 - 153.

张衔, 2009. 动态经济学导论 [M]. 成都: 四川大学出版社.

张衔, 许清清, 2015. 基于非对称博弈模型的劳资关系研究——兼论"囚徒困境"的局限性 [J]. 财经问题研究 (5): 124 - 128.

张晓慧, 2010. 从中央银行政策框架的演变看构建宏观审慎性政策体系 [J]. 中国金融 (23): 13 - 16.

张晓朴, 卢钊, 2012. 金融监管体制选择: 国际比较、良好原则与借鉴 [J]. 国际金融研究 (9): 79 - 87.

张晓艳, 刘明, 2009. 农村民间金融契约治理机制探析 [J]. 经济问题 (7): 74 - 77.

张瑜. 从"双支柱"理解监管: 历史、现在与未来 [EB/OL]. (2018 - 2 - 13) [2029 - 09 - 27]. http://www. imi. ruc. edu. cn/bf/zy/IMIsd86/11d0701f29524908b0ff8a27e0f43bdf. htm.

赵海宽, 孙维廉, 2003. 构建对金融控股公司的监管体系 [J]. 中国金融 (1): 34 - 35.

中国人民银行货币政策分析小组, 2018. 中国货币政策执行报告 (2017 年第三季度) [M]. 北京: 中国金融出版社.

中国银行业协会, 普华永道《中国银行家调查报告》课题组, 2017. 中国银行家调查报告 (2016) [M]. 北京: 中国金融出版社.

周道许, 2000. 现代金融监管体制研究 [M]. 北京: 中国金融出版社.

周伟, 2003. 金融监管的协调论: 理论分析框架及中国的现状 [J]. 财经科学 (5): 6 - 10.

周小川, 2011. 金融政策对金融危机的响应: 宏观审慎政策框架的形成背景、内在逻辑和主要内容 [J]. 金融研究 (1): 1 - 14.

周小川, 2016. 人民币汇率改革、宏观审慎政策框架和数字货币 [N]. 财新周刊 (6): 52 - 61.

周小川, 2017. 守住不发生系统性金融风险的底线 [N]. 人民日报 11 - 22 (6).

周治富, 2017. 理解中国金融改革——一个制度金融学范式的解释框架 [J]. 金融监管研究 (2): 93 - 108.

庄毓敏, 纪崴, 2008. 金融监管组织结构优化: 模型分析与政策建议 [J]. 财贸经济 (6): 33 - 36, 128.

Acharya, V. A Theory of Systemic Risk and Design ofPrudential Bank Regulation. CEPR Discussion Papers No7164, 2009.

Agur M I, Sharma M S. Rules, Discretion, and Macro-prudential Policy. IMF Working Paper, 2013: No. 65.

AndrewCrockeet. Marrrying the micro-andmacro-prudential dimensions of financial stability. BIS Review, 2000 (76).

Angelini P, Nicoletti-Altimari S, Visco I. 22. Macroprudential, Microprudential and Monetary Policies: Confcts, Complementarities and Trade-Offs. Stability of the Financial System: Illusion or Feasible Concept, 2013: 474.

BIS. Recent Innovations in International Banking [Z]. BIS Report, 1986.

Blanchard, O, G Dell'Ariccia, and P Mauro (2010), "Rethinking Macroeconomic Policy". IMF Staff Position Note SPN/10/03, 12 February.

Blanchard, O. et al (2010), "Rethinking macroeconomic policy", Journal of Money, Credit and Banking42 (s1): 199 - 215.

Borio C. Implementing a macroprudential framework: Blending boldness and realism. Capitalism and Society, 2011, 6 (1): 1 - 25.

Borio, C and H. Zhu (2008), "Capital regulation, risk-taking and monetary policy: a missing link in the transmission mechanism?" BIS Working Paper No. 268.

Borio, C and W White (2009), Assessing the Risk of Banking Crises-Revisited. BIS Quarterly Review, 29 - 46.

Borio, Claudio, 2003, "Towards a Macroprudential Framework for Financial Supervision and Regulation Towards Regulation", Working Paper, BIS.

Brunnermeier, M, Y Sannikov. A Macroeconomic Mod el with a Financial Sector. Mimeo, Princeton University, November, 2009.

C. Borio. The Macroprudential Approachto Regulation and Supervision: Where Do We Stand? New Frontiers in Regulation and Official Oversight of the Financial System [Z]. Central Banking Publications, Forthcoming, 2008.

C. Borio. Towards a Macroprudential Frameworkfor Financial Supervision and Regulation? [J]. CEsifo EconomicStudies, 2003, 49 (12): 181.

Caruana, J., 2014, Macroprudential Policy: Opportunities and Challenges, BIS Speeches.

Charles bean, MatthiasPaustian, Adrian Penalver, and Tim Taylor (2010), "Monetary Policy after the Fall," Paper Presented at "Macroeconomic Challenges: The Decade Ahead," a symposium sponsored by the Federal Reserve Bank of Kansas City, held in jackson Hole, Wyo., August 26 - 28.

CharlesGoodhart, 2002, The Organizational Structure of Banking Supervision, Economic Notes 31 (1): 1 - 32.

Claudio E VBorio and Ilhyock Shim, 2007, What can macroprudential policy do to support monetary policy? C, BIS Working Papers.

Coase, R. H, The problem of social cost. Journal of Law and Economics, 1960 (3): 1 - 44.

Colinellis. Crisis liquidity provision in the US and euro area-evolving the role of lender of last resort [EB/OL]. http://pifs. law. harvard. edu/wp-content/uploads/2017/03/LoLR-Ellis. pdf.

Dana Foarta & Takuo Sugaya. Unification versus Separation of Regulatory Institutions [EB/OL]. February 15, 2017 Working Paper No. 3550. https://www. gsb. stanford. edu/faculty-research/working-papers/unification-versus-separation-regulatory-institutions.

de Haan J, Houben A, van der Molen R. Governance of macroprudential policy. Zeitschrift für ffentliches Recht, 2012, 67 (2).

DiamondDouglas. W. , Dybvig Philip. H. Bank Runs, Deposit Insurance, and Liquidity [J]. Journal of Political Economy, 1983, (6).

Donato Masciandaro, Davide Romelli. Central bankers as supervisors: Do crises matter? . European Journal of Political Economy. 2018 (52) : 120 - 140.

Donato Masciandaro. Determinants of Financial Supervision Regimes: Markets, Institutions, Politics, Law or Geography? [EB/OL]. http://papers. ssrn. com/sol3/papers. cfm?abstract_ id = 957050,2007 - 01 - 03.

Erlend Nier and Heedon Kang, 2016, Monetary and macroprudential policies—exploring interations, C, BIS working paper.

Fama, E, "What's Different about Banks?", Journal of Monetary Economics, 15 (1), January, 1985.

FSB, IMF, and BIS, Macroprudential Policy Tools and Frameworks, Progress Report to G20, 2011.

G. J. Stigler. The Theory of Economic Regulation. The Bell Journal of Economics and Management, 1971, (2).

G30. The Structure of Financial Supervision: Approaches and Challenges in a Global Marketplace [R]. Washing-ton, DC, 2008: 10 - 70.

Gary Becker, crime andpunishment: an economic approach, Journal of Political Economy, 1968 (76).

Goodhart, Charles, H. Philipp, T. Llewellyn David etc. Financial Regulation: Why, How and Where Now?" [M]. London; NewYork: Routledge, 1998.

Greenwald, B. and Joseph Stiglitz. Externalities in economics with imperfect information and incomplete markets [J]. Quartey Journal of Economics 101: 229 - 264.

HAUSMANN R, GAVIN M. The roots of Banking Crises: The Macroeconomic Context, Inter-American Development Bank [R]. Research Department Publications, 1996.

Henry Thornton, 1802. "An Inquiry into the Nature and Effects of the Paper Credit of Great Britain", Nabu Press (2011Edition).

Hoo-kyu Rhu, Macroprudential policy framework, 2011. 12.

Howell · Jackson. Regulation in a Multi-Sectored Financial Services Industry: An Exploratory Essay [J]. Harvard Law School. Discussion papers, 1999.

Hyman P. Minsky. "The Financial-Instability Hypothesis: Capitalist processes and the behavior of the economy" in Kindleberger and Laffargue, editors, Financial Crises , 1982.

IMF, Macroprudential Policy: An Organizing Framework, IMF Policy Paper, 2011.

IMF, BIS & FSB. Macroprudential Policy Tools and Frameworks [Z]. Progress Report to Gzo, October 2011.

IMF, Towards Effective Macroprudential Policy Frameworks; An Assessment of Stylized

Institutional Models, IMF Working Paper No. 250, 2011b, pp. 35 – 36.

IMF. Macroprudential Policy: An Organizing Framework [R]. Background Paper, 2011: 37 – 38.

IMF. Transmission of Liquidity Shocks: Evidence from the 2007 Subprime Crisis [R]. IMF Working Paper 08/200, 2008.

Ingves, S, G Lind, M Shirakawa, J Caruana, GO Martinez (2009), "Lessons Learned from Previous Banking Crises: Sweden, Japan, Spain and Mexico", Group of Thirty, Occasional Paper 79, Washington DC.

Jacome, L. , E. Nier, and P. Imam, Building Blocks for Effective Macroprudential Policies in Latin America: Institutional Considerations, IMF Working Paper, WP/12/183, 2012.

Jacome, L. , E. Nier, and P. Imam, Building Blocks for Effective Macroprudential Policies in Latin America: Institutional Considerations, IMF Working Paper, WP/12/183, 2012.

JeannineBaillliu, Cesaire Meh and Yahong Zhang, 2012, Macroprudential Rules and monetary Policy when financial Frictions Matter, Bank of Canada working papers.

Jong Ku Kang, the relation between monetary andmacropru-dential policy, KDI Journal of Economic Policy 39 (1): 19 – 40.

Kahn, C. &J. Santo (2005), "Allocating bank regulatory powers: Lender of last resort, deposit insurance and supervision", European Economic Review49 (8): 2107 – 2136.

Lars E. O. Svensson, 2015, Monetary policy and macroprudential policy: different and separate, C, macroprudential monetary policy.

Lastra, R. (2003), "The governance structure for financial regulation and supervision in Europe", Columbia Journal of European Law, Vol. 10, pp. 49 – 68.

Lim, C. , R. Ramchand, H. Wang, and X. Wu, Institutional Arrangements for Macroprudential Policy in Asia, IMF Working Paper, WP/13/165, 2013.

Loisely, O, A Pommeretz and F Portierx (2009), "Monetary policy and herd behavior in new-tech investment". Mimeo, Banque de France, November.

MariaConcella Chiuri, The Macroeconomic Impact of Bank Capital Requirements in Emerging Economies: Past Evidence to Assess the Future, September, 2000.

Matthew D. Alder, EricA. Posner. Cost-benefit Analysis: Legal, Economic and Philosophical erspectives. Chicago, Illinois: University of Chicago Press, 2001.

Mayes, David G. and Geoffrey E. Wood. The Structure of Financial Regulation [M]. Routledge International Stud-ies in Money and Banking, 2007.

MichaelBordo, Barry Eichengreen, Daniela Klingebiel and Martinez Peria, 2001. "Is the crisis problem growing more severe?", Ecnomic Policy (32): 51 – 82.

Michael Taylor and Alex Fleming, Integrated Financial Supervision: Lessons from Northern European Experience, World Bank Policy Research Working Paper, No. 2223, November 1999.

NeilCourtis, 1999, How Countries Supervise Their Bankers Insurers and Securities Markets,

Central Banking Publications Ltd. .

Nier E. , 2009. Financial Stability Frame-works and the role of Central Banks: Lessons fromthe Crisis, IMF working paper 09/07.

North, D. C. 1991: "Institutions," Journal of Economic Perspectives, 5 (Winter): 97 − 112.

Otaviano Canuto, Matheus Cavallari, 2013, Monetary policy and macroprudential regulation: whither emerging markets, C, IMF working paper.

Papa N'Diaye, 2009, Countercyclical MacroPrudential Policies in a Supporting Role to Monetary Policy, C, IMF Working Paper.

Paul Levine and Diana Lima, 2015, Policy mandates for macroprudential and monetary policies in a new Keynesian framework, C, ECB working paper.

Pistor, Katharina and Chenggang Xu, Law Enforcement under Incomplete Law: Theory and Evidence from Financial Market Regulation, Columbia Law School mimeo, 2002.

Ponce, J. & M. Rennert (2015), "Systemic banks and thelender of last resort", Journal of Banking & Finance 50 (1): 286 − 297.

Prakash Kannan, Pau Rabanal, and Alasdair Scott, 2009, Monetary and Macroprudential Policy Rules in a Model with House Price Booms, IMF Working Paper.

R. Chatov, "Government Regulation: Process and Substantive Impact", Research in Corporate Social Performance and Policy, Vol. 1, JAI Press INC.

Repullo, R. (2000), "Who should act as lender of last resort? An incomplete contracts model", Journal of Money, Creditand Banking32 (3): 580 − 605.

Schwartz, 1999. "Assessing the IMF's Crisis Prevention and Management Record", in: W. hunter& G.

See XavierFreixas, Curzio Giannini, Glenn Hoggarth, Farouk Soussa. Lender of last Resort: A Review of Literature [J]. Financial stability Review, 1999, Vol 99: 151 − 167.

Stephen Morris, Hyun Song Shin. Illiquidity compo · nent of credit. International Economic Review, 2016, (4).

The Group of Thirty, 2008, The structure of financial supervision approaches and challenges in a global marketplace. https://doi. org/10. 1016/B978 − 0 − 08 − 098304 − 2. 00025 − 0.

Trichet (2009), "Credible alertness revisited", intervention at the symposium "Financial stability and macroeconomic policy", Jackson Hole, Wyoming, August 2009.

Ueda K, Valencia F. Central Bank Independence and Macro-Prudential Regulation. IMF Working Papers, 2012: No. 101.

US Treasury, 2009, "Financial Regulatory Reform A New Foundation: Rebuilding Financial Supervision and Regulation".